U0153094

科技與法律

The Law

徐國楨 著

二版序

　　日前媒體報導有一位雙手殘廢，卻一年三百六十五天，天天從台中搭國光號到台北賣花的阿伯，連颱風天也不中斷，面對人生挫折，未自我放棄，其隨遇而安，自力更生努力的精神，深值吾人感佩，讓我在公務之餘，更能自我激勵。

　　在民主法治社會，了解法律，正如習武一般，主要目的在於防身，而非攻擊他人。由於社會嬗變，無論是個人或科技企業都處於利益衝突糾葛環境中，亟須對刑事司法及基本法律概念有基本之認識與了解。身處於複雜又人心不古時代，保身之道，必須厚實自我防衛力量，要去除外在對個人或科技企業之侵權行為，須具備防制機先之觀念，以維護自身權益及科技研發成果。

　　本書自2011年出版迄今，業已售罄，時隔二年，相關統計數據已有更新之必要，趁此機會，參考最新法務統計、司法院統計年報、法務部調查局洗錢防制及經濟犯罪工作年報資料，予以修訂，以符合參考運用之實用性。

徐國楨

2014.2.28.謹誌於

法務部調查局

自　序

我的生涯故事

　　我的故鄉在好山好水的南投縣國姓鄉北山村，自幼即終日嬉戲於青山綠水旁，生性樂觀充滿活力。由於父親因病早逝，母親承繼負債累累的雜貨店勉力經營持家，當時家中經濟狀況很差，母親多次想將我這個未曾見過父親的遺腹子送給他人領養，但在一歲左右的某日，母親看到我學走路可愛的模樣時，才打消將我送給他人領養的念頭。母親守著陽光守著雜貨店鋪，堅忍帶領五個小孩長大成人，我排行老么，個性及人生觀受母親影響深遠。

　　在國中時期，非常地困惑為何學校要將美術課、音樂課、課外活動的時間都挪去上數學、理化課等，我親自到校長室向校長請益此一問題，校長卻告訴我：如果你不想上課的話，就去「放牛班」報到。隔日我口中含著口香糖到教務處與李姓組長說明我與校長的對談內容，李組長先告訴我：「跟老師談話，嘴巴裡不要嚼口香糖」，隨後表示，你可以到「放牛班」了，並立即要我將原來教室的課桌椅搬到「放牛班」報到，從此我就過著無比快樂的「放牛班」生涯。

　　在「放牛班」上課，真的是放牛吃草，各科的考試都只是選擇題或是非題，而且只要找出一定的規律，其他的題目就可以不用再看了。例如：前幾題的答案是：「ABC、CBA」，按規律一直寫到底，就可以得到滿分，但雖然如此，還是有很多人考不及格，這就是所謂的放牛班，因為很多同學連題目都懶得看。因此，我從來不知升學的壓力為何，國中畢業後即順利踏入社會工作。任職於台北市某大飯店擔任行李員的練習生，那是一家國際級觀光大飯店，外國人的行李都很大件，我因為先天不足，後天營養失調，個子較小，在搬運行李時常都提不動，所以經常被行李壓倒，16歲的年紀，就感受到職場上必須刻苦的精神。

　　工作一年後受到公司同儕的鼓勵，決定返鄉念埔里高中。由於鄉下學

校欠缺讀書風氣，加上學校風景秀麗，並無課業壓力，且當時校園民歌盛行，樂於與原住民同學彈吉他唱歌，高中階段也是快樂無憂無慮地學習。畢業時理所當然地成為拒絕聯考的小子，又再度步入職場，在台北市某家觀光飯店西餐廳當服務生一年後，受徵召於金門服兵役二年，度過二年看海的日子，此時思想已較為成熟。退伍後謀職數度受挫，每天一大早買二份報紙，拿著紅色簽字筆，圈劃出認為符合自己的工作目標後，即開始打電話詢問，逐一前往應徵面試，但所獲得的答案大都是等候通知。最後勉強找到一份在工廠擔任警衛的工作，暫時應急，免於空腹之饑，也真正感受到，若無一技之長或繼續努力，恐會被社會淘汰。因此，下定決心，以半工半讀策略，投考大學夜間部，受到幸運之神的眷顧，在國、高中英文很少考及格的我，居然考上東海大學外文系，連自己都嚇著了。自此改變了我後半生的生涯發展，尤其在第一學年結束時，竟然得到全班第一名的「書卷獎」，這是我生平念書以來的第一次。在大學夜間部期間，也是長期在台中市一家飯店工讀，經常上大夜班，常常是下課後趕赴上班，上課與上班多年來都是與星辰為伴。為了兼顧工作與興趣在大二時主動轉至社會系，但大學生涯，開啟了真正自己想主動念書的契機。

　　一句讚美鼓勵的話，可能會讓一個人勇往直前，而幾句責備的言語，亦可能使人從此怨天尤人，放棄追求目標。在大學期間有一位心理系的女老師，記得她天生右腳行動不便，有一天下課時，她告訴我：「你可以多參加公職考試，因為你字寫得漂亮，會較占優勢」，這幾句鼓勵的話，不僅讓我印象深刻，更增添我上進的信心。於是在大學畢業那年即考入法務部調查局，取得公務員資格後，回顧過去求學、就業及成長的困境，決定把握機會繼續進修，利用任公職較穩定及機關鼓勵進修的機會，以在職方式攻讀國立中正大學犯罪防治研究所碩士、博士，完成了自己不斷定下的夢想與目標。

　　在多年的司法調查職場經驗中，有感於社會問題並非僅以法律即能有效解決，以犯罪行為而言，雖能以法律的追訴收嚇阻之效，但是要導正視聽預防於無形，則須藉助教育的推行與落實。以個人而言，我成長於貧窮家庭、父親早逝、年少即踏入萬花筒社會，為何在青少年時期沒有變壞而

犯罪？其實我如同一般少年，曾好玩地成群偷採他人的果樹，但在早期這種行為較不會被移送警察局，只是會受到家長的責備而已，少年成長的過程是需要被教育與原諒的，刑罰並不是最好的方法。家庭、社會及外在的環境，對一個人的生涯發展確實密切相關，我謹記鄉村的純樸與母親的提醒，也常自我約制，終未被社會的大染缸影響對自己的期許。

近年來我以個人工作上的體驗及犯罪學之研究心得，在公務機關及學校進行專題演講，提供個人經驗與大家分享，鼓勵青少年勤學向上，只要不放棄，人生是擁有無限的可能性。

個人一向以對人性關懷的理念惕勉自我，認為擁有專業並不足以服務社會。有專業更要具備經驗，然有專業與經驗，亦仍然不足以奉獻社會，造福人群。唯有專業、經驗，結合對人性的關懷，才能真正進入問題核心，了解問題根源所在。如此提出之見解與論述，方能說服人心，進而導正偏差，我以對人性的關懷做為待人處事的座右銘。

書　序

　　自2007年取得國立中正大學犯罪學博士學位後，即在國立彰化師範大學育成中心暨電機工程學系碩士在職專班擔任兼任助理教授。任教系所雖為理工科系，但在教學期間深深地體會到理工專業人員也亟欲了解刑事司法與司法人員。

　　在與同學們教學相長的日子裡，我嘗試將刑事司法與科技研發做結合，同學們不僅具有高度的興趣，也展現出強烈的求知欲望，科技與司法的融合，應是當代科技研發與管理不可忽略的課題。

　　國立彰化師範大學進修學院陳院長財榮及電機工程學系蕭教授瑛星，以前瞻性的視野，由具刑事司法實務背景人員，與科技專業及在職進修教育結合，開啟了司法與科技的新理念，對科技管理及研發，應具有極正面之意義。

　　近年來社會上發生許多科技產業與司法衝突的個案，足以顯示科技與司法的互動是不可避免的，科技人員除了埋首科技研發領域之餘，也應對基本的刑事司法運作，司法偵查有所了解，從預防的概念，避免被害或涉入司法問題，以維護科技研發成果，並保障自身權益。

　　本書從科技產業對司法的抨擊為開端，娓娓道出科技與司法的相關性，主要內容包括：當代科技管理應融入司法的觀念、介紹司法機關與司法人員，俾對刑事司法有基本的概念。以預防的觀念探討刑事偵查作為，並詳述與當代科技有關的犯罪類型、針對與科技密切相關的智慧財產權及侵權訴訟攻防提供實務上的見解，未以科技企業有關的司法個案，逐一深入剖析訴訟策略與攻防實務。

　　綜合而言，本書主要特色在於強調科技與司法互動關係的重要性，科技企業的永續經營必須以預防的觀念，深入地了解刑事司法組織及其運作，尤其在具體實際案例的攻防策略中，對於可能發生的侵權行為，預作防範，省思如何趨吉避兇，化險為夷的妥適之道。

　　本書從巨視的角度，創新前瞻的論述方式，深入探討企業在司法事

件中，如何確保自身權益的策略，以全方位角度及實務性取向，對刑事司法及個案進行雙向分析，無論是應用於學校教學及科技企業或對一般人而言，本書都深具可讀性。

　　由於科技發展日新月異，個人知識有限，本書雖經多方斟酌與勘誤，掛漏之處仍在所難免，尚祈各方先進不吝賜正。

徐國楨

2011.1.1.謹誌於

法務部檢察司

contents 目 次

第一篇

導　論

第一輯　當代科技觀

案例

　　近日科技界大老，透過新聞媒體，刊登巨幅廣告，強烈批判司法不公，引爆科技與司法衝突話題，是司法體制病了，還是人民對司法蠻橫的反撲！

　　其實科技與司法可以雙贏，只是兩者應再深入地了解對方！

1-1-1　科技與司法

　　聯電榮譽董事長曹興誠，在2009年9月1日，透過新聞媒體刊登大幅廣告，批判司法機關偵查作為不當，搜索違反公平正義。其痛批檢方披的是「法律的外衣」，做的是「黑道的行徑」。

　　此一嚴厲抨擊司法機關的大動作，立刻引起社會輿論譁然，更引發社會各界熱烈的討論，對於司法機關以強制力搜索科技產業，頓時燃起科技企業與刑事司法的論戰。

　　據媒體報導，臺灣新竹地方法院檢察署在2009年8月27日，以涉嫌司法案件，對聯電辦公處所、私人住所及聯電相關的創投公司進行強制搜索。

　　曹董事長認為，檢方的搜索行動，是「黑道砸店」、「法律的外衣」、「黑道的行徑」，在各大報刊登半版廣告，大肆抨擊檢調的作為。

　　被指摘的司法機關，對於外界的批評，也立刻予以還擊，指稱對於曹董事長利用媒體廣告，攻訐司法偵查中案件，將研究是否涉及刑法侮辱公務員及公署罪，雙方隔空交火，互不相讓。

這起科技企業對司法機關的反撲，突顯出科技企業的經營管理，與司法機關間的互動問題，究竟科技產業與司法是敵是友，從此一事件，確實值得深思。

換言之，當代科技企業，應納入對司法機關的了解，司法機關，也須以更寬廣的思維，了解科技產業面臨經營生存的處境，彼此都應給對方多一份體諒與了解，以避免衝突，畢竟科技與司法的對立，傷害的是國家的發展、社會的進步、人民的福址。

聯電是世界一流的晶圓專業公司，臺灣第一家上市的半導體公司，在臺灣半導體業發展史上，扮演舉足輕重的角色。該公司卻多次因司法案件，被司法機關以強制處分權，搜索公司營運處所，引爆了當代科技企業與司法的糾葛。要避免衝突，科技的管理應以預防的觀念，植入對司法的認知與概念，防範於機先，避免企業受到司法的強勢介入，影響到公司正常的營運與發展。

司法機關在偵查案件時，依法行政，高舉維護公平正義大旗，行使司法的追訴偵查，當予肯定。

但啟動司法偵查，應相對地思考法律的比例原則，尤其臺灣強調人權法治，司法偵查作為，必須接受社會的公評與檢驗，以符合理性，民主法治的社會。

以聯電被司法機關追訴調查案件為例，當事人及公司之利害關係人，對於司法機關的搜索是否符合程序正義，表達其個人意見，應屬言論自由之範疇，司法機關應更謙卑地體認司法偵查對人民造成的傷害、恐懼與焦慮。

由於司法機關擁有法律的授權，得以追訴犯罪的理由，強勢侵入手無寸鐵的人民生活領域。

司法機關對重要的科技公司企業，啟動司法偵查，若以搜索的強制處分，進行案件偵查時，往往對公司造成重重打擊，若發生寒蟬效應，對科技業信心，可能會有負面效應，尤其搜索國際性廠商，應更慎重，並考慮其必要性原則與比例原則。

由於科技發展日新月異，企業經營以全球化的布局，因應劇烈之競

爭，在追求企業整體發展時，或於經營體制的營運過程中，難免衍生許多的利益紛爭，在民主法治社會，這些衝突也必須透過司法的機制，謀求解決。換言之，科技發展也不能欠缺法律的規範。

當代科技管理的概念，應在於重新體認與刑事司法的互動關係，並建立雙重預防的觀點，一方面要以積極的防範作為，構築防火牆，避免衍生司法案件，致企業受到司法機關的強行介入。

另一方面，從司法管理的角度，預防企業治理時發生影響公司權益的侵權行為，以全方位的科技管理新概念，讓企業文化發展永續經營。

1-1-2 科技與法律

科技發展是全球化時代的趨勢，臺灣為提升科技產業的競爭力，成立新竹科學工業園區、中部科學工業園區、南部科學工業園區等，在全球布局的科技思維之下，科技發展在不同階段的產業研發過程中，科技產業都顯現出強烈的法律服務需求。

由於長久以來法律對於社會變遷的反映一般較為遲緩，法律對於當代各類科技發展之對應，也是同樣不足。為使科技研發管理與法律接軌，在各大學亦紛紛成立科技法律研究所，致力於有關智慧財產權的保護與研究，以因應時代及產業的實際需求。

臺灣屬於開放經濟體，與世界各國貿易占整體經濟比重甚高，國際商業往來十分頻繁，臺灣廠商製造產品亦行銷世界各地，在全球運籌，拓展全球市場的需求下，廠商在追求企業發展與利益前提下，必然會涉及許多的法律問題，科技產業與法律的關係在未來將更愈趨密不可分。

法律乃是經世致用之學，法律的主要功能，在於規範現實的生活，法律必須回歸到真實生活世界裡的實際規範運作狀況，才符合法律之目的。因此生活與法律可謂息息相關，在面對不斷變動的科技發展時代，商場如戰場，如何在商業交易中確保企業的權益，實屬重要，企業及從業人員都應對法律有更深層的認知。

　　法律並非僅在於解決社會的紛爭與人際間的衝突，應以更積極的態度提供社會與人際互動時能夠合作共生的發展機制。換言之，法律應能服務於社會與科技的發展，而不是成為社會進步與科技發展的障礙。

　　法律應思考如何在現實生活中展現其公平與正義的真諦，啟動司法程序偵辦案件，並不能代表就是司法正義的彰顯。若執法的手段方式粗魯過當，無法獲得社會的認同，不僅將造成人民反彈，執法本身就已經破壞了公平與正義精神，更遑論要彰顯何種正義。

　　精緻的司法，並不是依賴律定法律條文，條款安排的妥適完備，或嚴謹的法律構成要件，其主要關鍵繫乎執法者的人文素養。法律人擁有專業與知識，惟專業與知識會讓人產生偏見與自大。執法者須審慎謙卑，避免法律的專業知識，讓自己偏執而高傲。大人者應不失其赤子之心，法律人亦應保有其赤子之心，執法者擁有公權力，更應具有以天下蒼生為念的人文關懷理念。

　　從科技與法律的哲學觀點而言，應思考科技或法律的目標為何，到底要為社會及人類的文明留下什麼，法律因應社會的變遷，不斷地律定新的法律規範，新興法律不斷研修制定，企圖趕上社會與科技的迅速發展。身處於變遷及複雜的社會演進，法律應不是僅在於解決衝突、利益、侵權、公平、正義等問題。

　　徒法不足以自行，法律與執法者的認知，應在於省思如何能深入人心，進而說服人心，而能引領人性趨於至善之路，才是法律的終極目標。

第二篇

科技與刑事司法篇

第一輯　科技與刑事司法

案例

　　阿國在科技業服務多年，近來與同業談論，科技產業與刑事司法的問題，阿國對刑事司法感到十分陌生，完全不清楚什麼是刑事司法。阿國認為許多事，都是因為不了解彼此，而產生誤解，而引發衝突不斷，透過溝通與了解，可以化干戈為玉帛。阿國覺得，當代科技企業，免不了會與司法有所互動，對產業所處的環境，與刑事司法體系的了解，不但可以知己知彼，也可趨吉避凶。

2-1-1　刑事司法概念

　　什麼是刑事司法，為何要了解刑事司法，就像是法律到底在保護誰，一般人需要了解法律嗎？法律又能保護好人嗎，為何社會需要法律，刑事司法存在的目的又是什麼。

　　法律學者告訴我們，人類的社會需要法律，法律存在的目的，在於維護社會的公平正義，保障人權及各種權益。但事實上是否如此，相信有很多的討論空間。尤其當今社會各界，對於司法的公平性，仍存在有高度的不信任感。

　　一般民眾認為，司法人員的客觀性不足，且對於司法人員，欠缺有效的監督機制，導致司法人員，獨攬人民之生殺大權，個人權益，企業經營，稍有不慎，極易受到司法任意性的侵害，甚至於讓人身陷囹圄。

　　學者哈特（Hart）曾指出，刑事司法對有權勢及貧苦無依者，有二條不同之傳送帶（Transmission Belt），其一是貧窮無權勢者，傳送帶之運

送相當順暢，並且在短時間，即可將犯罪嫌疑人，傳送到監獄。其二有權勢、富有者之傳送帶，傳送速度則顯得較緩慢，即使傳送，其最後停泊點亦較舒適，例如可在外役監服刑，或在監獄中可擔任較輕鬆的工作。

但不管是權勢者或貧苦者，都可能在司法偵查過程中，受到不當的侵害，縱然過程與最後停泊點或有不同，司法對人權產生的侵害，則不分權勢者或貧苦者。

民主與法治如鳥之雙翼，車之兩輪，缺一不可。希臘神話中的正義女神賽米絲（Themis），一手拿劍、一手拿天秤，她代表擁有權柄維護公平正義。但在十六世紀以後，雙眼被蒙起來，導因於當時司法極其黑暗，用正義女神的雙眼被矇蔽，諷刺司法的黑暗。足以顯示，刑事司法體系若能悍衛司法正義，社會則不生紛亂，社會公平，安定的秩序才得以建立。

刑事司法體系的重要使命，在於保障民主自由，正義的最後一道防線，健全的刑事司法體系攸關現代民主法治與社會的公平正義。司法機關擁有國家賦予之侵入、限制、剝奪人民自由與財產之基本權，其機關組織運作與執法人員，直接影響到憲法保障人民之基本權利。

刑事司法體系，組織龐雜，表面上各機關依其權責自行其事，實則各機關間，互動密切，甚至是互為影響。例如司法警察機關，針對酒後駕車、違反智慧財產權法，特定犯罪雷厲風行查察，將影響犯罪率。檢察官起訴、法官定罪、矯正機關受刑人人數，整體犯罪數量，均會產生質量上的變動。

刑事司法機關能不能健全運作，會影響人民對司法的信賴感。以犯罪學為例，在犯罪學研究中，對於刑事司法體系（Criminal Justice System）的制度及成員，在犯罪問題研究策略中一直占有重要之地位。

所謂的刑事司法體系，通常指的是法院、地檢署、警察機關、調查局、監獄矯正機關，具有組織編制與法定職掌人員所組成之刑事司法體系。由於各機關性質、目的及人員各司其職，背景不同，所以一般統稱為刑事司法體系（Criminal Justice System）。

刑事司法體系組織，是一公務體系之科層體制，各有其組織法，執行其法定職權。

　　刑事司法體系之形成，主要是在刑事偵查與審判、犯罪矯正各體系間有其相關性、連續性，故而形塑成刑事司法體系。

　　司法警察機關、調查機關，主動獲知犯罪訊息，或從媒體及目前炙手可熱的名嘴爆料，得知犯罪資料，就必須展開犯罪的偵查行為。[1]

　　刑事司法機關，在案件偵查階段，基於秘密原則[2]，一般人並不會知道自己正受到偵查。

　　在刑事司法偵查過程中，因個案需要，司法警察機關、調查機關基於法律授權，會以傳喚、約談、強制拘提、聲請羈押、通訊監察、搜索票來執行案件的偵查。

　　偵查階段，核發拘票、聲請羈押、通訊監察書，由檢察官提出，羈押、通訊監察書、搜索票是否准予執行，則須由法官准駁。

　　案件移送地檢署，檢察官依職權，對當事人偵查起訴、不起訴、附條件緩起訴等處分。

　　案件經移送法院經法官審判確定，若須執行拘役或有期徒刑，則由法務部所屬之看守所及監獄執行，迄服刑完畢，出監接受更生保護，完成整個刑事司法的程序，為目前一般通稱的「刑事司法體系」。

2-1-2　刑事司法目標

　　當代科技管理，對於臺灣社會的刑事司法體系，應有相當的認識，多一些了解，避免將刑事司法機關視為冷酷的衙門，刑事司法體系的流程架構如圖2-1-1所示。

　　民主法治社會，刑事司法是維繫社會秩序，人民權益的重要機制，雖然目前一般人，普遍對司法信賴感仍不高，但是近年來臺灣在司法改革

1　刑事訴訟法第228條第1項規定：「檢察官因告訴、告發、自首或其他情事知有犯罪嫌疑者，應即開始偵查。前項偵查，檢察官得限期命檢察事務官、第二百三十條之司法警察官或第二百三十一條之司法警察調查犯罪情形及蒐集證據，並提出報告。必要時，得將相關卷證一併發交。」

2　刑事訴訟法第245條規定：「偵查，不公開之。」

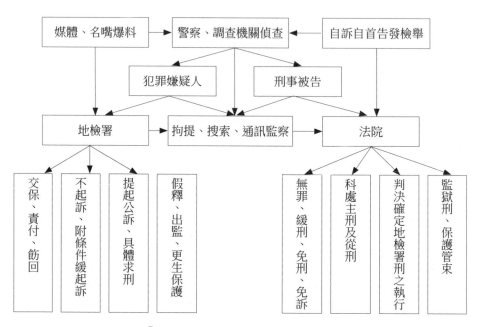

圖 2-1-1 刑事司法體系流程架構

資料來源：徐國楨，2014。

上，確實也有所進步。人民對於司法的疑慮，在強調法治，人權保障的社會，司法機關應更深切反省，以符合民眾的需要。

　　刑事司法體系的目標，除了上述的犯罪預防，對犯罪者處遇，一般傳統性目的之外，在社會快速變遷與發展下，刑事司法體系亦因應社會之變革，不僅在組織上有所調整，且其目標亦須適切於當代之社會，其主要目標架構如圖2-1-2所示。

　　科技產業，對於刑事司法目標的了解，可以縮短與司法的距離，增加對司法的認識，多一分的了解，就可以少一分的敵意。刑事司法體系，更應了解本身的目標，如此司法才能符合社會期待，而不是空談法治與人權。

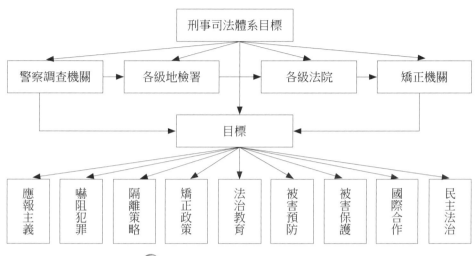

 2-1-2 刑事司法體系目標架構

資料來源：徐國楨，2014。

一、應報主義

　　殺人者償命來！應報主義，主要在於給予犯罪者懲罰，甚至是剝奪犯罪者的生命權，處以極刑。

　　犯罪者，違反社會規範，刑法法典。不僅是道德上的問題，更是嚴肅的違法行為。行為人必須因犯罪時，得到的快樂，被司法追訴後，付出受懲罰、痛苦的代價。犯罪者因犯罪所獲得的利益，同時給予罪有應得相稱的處罰，所謂「以牙還牙」。

　　應報主義，是迎合社會大眾支持者道德上的訴求，若犯罪者無法給予懲罰，得以坐享犯罪成果，似乎違反要求一般人必須遵守社會規範的正當性，應報主義在當代社會，仍然是對犯罪者存在的固有觀念。

二、嚇阻犯罪

　　刑罰如果沒有威嚇性，對犯罪行為就不會有嚇阻作用，古典犯罪學及當今犯罪學都認為刑罰必須具威嚇性，才能嚇阻犯罪，古諺也說明殺雞儆猴的威嚇作用。

　　刑事司法體系，若無法對犯罪產生嚇阻作用，犯罪當然會更加氾濫。

一名犯罪者在評估是不是決定要實施犯罪，通常都是經過本身的思考，因此稱之為理性的抉擇。考慮犯罪後能得到多少的利益，被逮捕的風險機率有多高，經過詳細的評量後，最後才決定犯罪的行為。

當刑事司法能夠切斷犯罪者的利益，同時提升逮捕、起訴、審判的效率，對嚇阻犯罪，將更具成效。例如，在探討貪污犯罪、重大經濟犯罪、洗錢犯罪時，都強調對犯罪所得的追徵與沒收，主要目的就是讓犯罪者除了受到司法追訴外，更無法享受犯罪不法所得，藉剝奪犯罪者的自由，不法所得財產，達到嚇阻犯罪目的。

提升犯罪者對犯罪風險的認知，達到刑罰的迅速性（Swiftness）、確定性（Certainty）、嚴屬性（Severity），才能達到嚇阻犯罪的效果。

三、隔離策略

犯罪者經法院裁判定罪後，執行有期徒刑、拘役，係於監獄內執行，以使其改悔向上，之後能適應社會生活為目的，因此隔離犯罪者乃刑事司法體系目標之一。

隔離具有高度危險性，有再犯之虞的犯罪者，普遍地受到一般人的認同。例如性侵害犯罪者、殺人及暴力犯罪、職業性犯罪者，對於在短時間內，難以防止的再犯罪者，對這些人實施監禁隔離，減少犯罪事件發生，有助社區安全，社會正常秩序的維護。

四、矯正政策

刑事司法體系並不是只有將犯罪人施以隔離監禁以為滿足，仍然必須考慮受刑人刑期結束後的復歸社會問題。

為了避免再犯，受刑人的矯正問題，在監期間的教化，應注意重返社會時，適應社會應具備的知識，技能培養，使更生人能面對新的社會生活，脫離犯罪的淵藪。

臺灣目前的犯罪矯正體系，已能夠提供完整的教化功能，並結合民間社會資源，投入參與教化受刑人工作，社會大眾對於民間及宗教團體，紛紛加入教化行列，普遍給予高度的認同。

受刑人雖然在矯正機關內，有良好的教化教育，並能有好的行為表

現。但是出監獄之後，由於受到社會習性的感染、家庭成員接受度的不同，過去友伴的再度聯繫誘惑、都影響著更生人是否能順利獲得就業，過著新生活，矯正犯罪者問題，很大的關鍵是在於出監後與社會的生活聯結。

五、法治教育

刑事司法體系目標，除了對犯罪者進行追訴處罰，以產生嚇阻作用，控制犯罪，降低再犯率，也必須從預防犯罪的面向思考，加強對於法治教育的宣導。

一旦犯罪者進入監獄後，再施以教化，雖然是亡羊補牢，但是近年來，無論是司法院或法務部，都積極推動法治教育，法務部各地方法院檢察署，更是在每逢選舉時，直接向候選人宣導反賄選。

刑事司法體系，深知法治教育，是預防犯罪的根本之道，只有行為人深刻體認遵守法律的認知時，法律的規範，才能發揮約制的作用。

六、被害預防

由於社會愈趨複雜化，個人成為被害人的機率愈高，如何預防被害，已成為現代人的重要觀念之一。

防範犯罪問題，刑事司法體系也積極推動被害預防的宣導，例如在防衛設施較差的偏遠地區，對夜歸婦女，於年關將近之時，呼籲民眾提高警覺，嚴防竊賊入侵。

金融行庫、金飾業者，注意安全措施，加強對環境空間，情境預防，都可以避免被害。

刑事司法體系，強化宣導與教育一般民眾，避免自己成為被害人，預防被害的觀念，是當代刑事司法體系的重要目標。

七、被害保護

刑事司法體系，雖然主要是針對加害者，施以刑罰。但近年來也特別注重對被害人的撫慰。

對於犯罪被害人，或因犯罪而死亡者，對遺屬權益的保障也日益重

視。

　　保護犯罪被害人，是先進民主國家努力的目標，在世界潮流所趨之下，對犯罪被害人的保護，亦成為現代刑事司法體系的目標之一。

八、國際合作

　　在國際化的世界潮流下，刑事司法體系逐漸跨出屬地主義的思維，與國際接軌合作。無論是洗錢犯罪、網路科技犯罪、跨國販毒集團等犯罪型態，或是對重大經濟犯罪的追緝，都必須突破既有的犯罪偵查模式，透過國際合作，才能順利取得犯罪證據或引渡犯罪者。

　　在犯罪愈趨國際化的情況下，刑事司法體系，也將國際合作列為施政之重要目標。

九、民主法治

　　刑事司法體系應捍衛司法正義，讓民主政治得以延續，政權在法治的規範下，和平移轉輪替，建立社會公平與安定的秩序，是刑事司法體系的重要使命，也是保障民主與自由民意的最後一道防線。健全的刑事司法體系攸關現代民主法治的發展，維繫民主法治的平衡與永續發展，更是刑事司法體系的最終目標。

第二輯　科技與刑事司法組織

案例

　　阿國一向認為司法機關是冷酷的衙門，所以不太了解司法組織，但近來部分同業科技公司陸續發生洩漏公司研發機密事件，僱主與員工對簿公堂，經常要跑法院。阿國體認到，應該進一步地了解司法組織，也許科技與刑事司法機關，可以攜手合作。

　　阿國想到現代司法，都強調所謂的科技辦案，那麼科技當然與司法機關會有合作的空間，監聽、錄影、錄音、電腦資訊、遠端視訊偵訊、矯正機關的遠端醫療設施等，都說明了科技與刑事司法組織，並非完全沒有交集，只是彼此需要更多的了解，去除對刑事司法組織刻板印象，科技產業可以與刑事司法組織合作，人才的交流，科技的交流，可以共創雙贏。

2-2-1　警察機關

　　官兵抓強盜，是大家兒時最普遍的遊戲，隱喻著社會需要有正式的組織，以規範和對抗非正式的犯罪組織。在現代社會官兵的正式組織就是警察機關，偏差或犯罪行為者，正如早期的盜匪，會受到正式組織及社會的譴責和處罰。

　　警察機關劃分，約可分為各縣市（含五都直轄市）警察局、專業警察局（鐵路、公路、航空、刑事等）及掌管保安業務之保安警察總隊等。

　　就其任務區分（行政警察機關）警察局，為勤務規劃監督機構、分局為勤務規劃監督，重點勤務執行機構、分駐（派出）所，則為勤務執行機構。由於警察任務的特殊性，警察組織為合乎時代與環境的需要，完成警

察維護治安之任務，警察組織之形成有其特性。

在警察體系中，以刑事警察在刑事案件偵查中，占居重要的地位，刑事警察均有「刑責區」，係刑事警察之基本單位。刑責區依據警察勤務條例第6條規定，刑事警察得配合警勤區劃分其責任區，刑責區為刑事警察勤務基本單位，由偵查佐一人負責。

警察工作之特性，有別於一般公務員之行政工作，警察工作有七種特性：危險性、辛勞性、引誘性、緊急性、主動性、機動性、服務性[3]。

警察體系，刑事警察在刑事案件偵查中，占居重要的地位，刑事警察，指預防偵查刑事，偵辦案件的警察人員。

臺灣現行刑事警察，主要工作為違序處理，刑事偵查、輔導重點治安人口、諮詢布置、鑑識、重大刑案管制偵破、國際刑警合作[4]。警察分局設偵查隊，為犯罪偵防基本勤務執行單位，負責執行轄區犯罪偵防任務。依據「刑事警察偵防責任區分」之規定，刑責區偵查佐（分隊長）於其責任區內，執行下列任務：

一、推展警民關係，加強警民合作，遴選忠誠可靠，熱心公益人士諮詢布置，蒐集情報。

二、加強查訪監（考）管份子，防止再犯。

三、發掘可疑之人、事、地、物，加強監控查察，發現犯罪，進行偵破。

四、刑案發生後，積極清查，發掘破案線索。

五、取締重大色情，與職業性之賭場。

六、取締報奉核定之流氓。

七、查緝各類逃犯。

綜合而言，刑事警察偵查隊，有其一定之刑責區，刑責區偵查員，於責任區內執行各項犯罪之偵查，刑事警察主要工作，為刑事案件之偵查，刑事警察之工作特性，即在於犯罪之偵查，警察組織及刑事警察特性可再歸納如下：（如圖2-2-1）

3　李湧清，1995，警察勤務之研究。桃園：中央警察大學出版社。
4　陳金靜，2005，刑事警察人員核心職能與組織效能之研究。高雄師範大學成人教育研究所碩士論文。

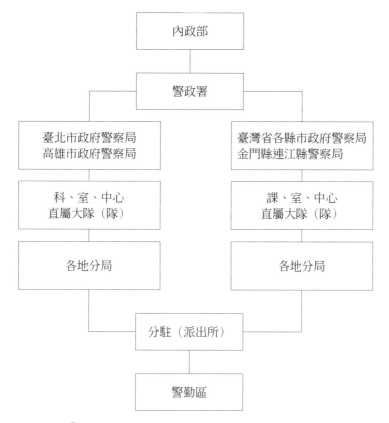

圖 2-2-1 警察機關體系行政隸屬及業務督導

資料來源：徐國楨，2014。

一、警察組織是整體刑事司法體系一環，警察機關具刑事司法權力，
　　賦有維護社會治安、協助司法機關偵查犯罪之責。

二、警察組織依據任務需要，依地域劃分專業警察，及行政警察，依
　　分工執行各項警察勤務活動。

三、警察組織有別於一般行政機關，具有特殊任務之工作特性，警察
　　工作特性，也有別於一般之行政工作特性。

四、刑事警察屬專業性之警察工作，其工作特性有別於一般之行政警
　　察、刑事警察負責各項刑案之偵查，舉凡涉嫌人之偵訊、犯罪事
　　實調查，都必須由刑事警察主導負責完成。

五、刑事警察有其專責之刑責區，職司各項犯罪之偵查，工作特性屬
　　外勤性質，具機動性且多變性。

六、刑事警察在警察組織系統內，在案件偵辦方面具有其專業性及權
　　威性。

七、犯罪偵查是刑事警察的重點工作之一，刑事警察須具備偵查工作
　　之法律，及偵查技巧等專業能力。

2-2-2　調查機關

　　調查機關是指法務部調查局，依據調查局組織法規定，調查局負責特
定事項的查察[5]。

　　調查機關依法偵查案件，著重於偵辦貪污、瀆職、賄選、經濟犯罪、
毒品犯罪、洗錢犯罪、電腦犯罪等重大犯罪。調查機關體系行政隸屬，業
務督導如圖2-2-2所示。

5　中華民國96年12月19日總統華總一義字第09600170531號令修正公布名稱及全文16條。第2條
　　規定：法務部調查局（以下簡稱本局）掌理下列事項：一、內亂防制事項。二、外患防制事
　　項。三、洩漏國家機密防制事項。四、貪瀆防制及賄選查察事項。五、重大經濟犯罪防制事
　　項。六、毒品防制事項。七、洗錢防制事項。八、電腦犯罪防制、資安鑑識及資通安全處理
　　事項。九、組織犯罪防制之協同辦理事項。十、國內安全調查事項。十一、機關保防業務及
　　全國保防、國民保防教育之協調、執行事項。十二、國內、外相關機構之協調聯繫、國際合
　　作、涉外國家安全調查及跨國犯罪案件協助查緝事項。十三、兩岸情勢及犯罪活動資料之蒐
　　集、建檔、研析事項。十四、國內安全及犯罪調查、防制之諮詢規劃、管理事項。十五、化
　　學、文書、物理、法醫鑑識及科技支援事項。十六、通訊監察及蒐證器材管理支援事項。
　　十七、本局財產、文書、檔案、出納、庶務管理事項。十八、本局工作宣導、受理陳情檢
　　舉、接待參觀、新聞聯繫處理、為民服務及其他公共事務事項。十九、調查人員風紀考核、
　　業務監督與查察事項。二十、上級機關特交有關國家安全及國家利益之調查、保防事項。

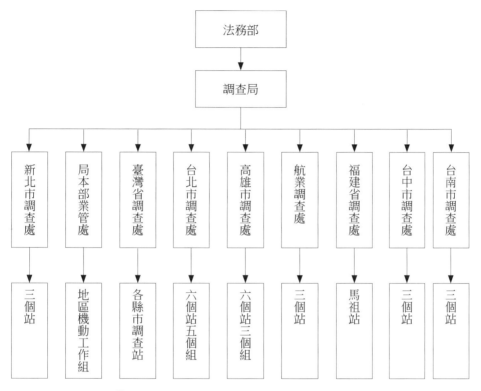

圖 2-2-2 調查機關體系行政隸屬及業務督導

資料來源：徐國楨，2014。

2-2-3　檢察機關

　　法院組織法第60條規定：「檢察官的職權為實施偵查、提起公訴、實行公訴、協助自訴、擔當自訴及指揮刑事裁判之執行。其他法令所定職務之執行。」

　　檢察機關基於檢察一體原則[6]，檢察總長及檢察長具有指揮監督所屬

6　法院組織法第63條規定：「檢察總長依本法及其他法律之規定，指揮監督該署檢察官及高等法院以下各級法院及分院檢察署檢察官。檢察長依本法及其他法律之規定，指揮監督該署檢察官及其所屬檢察署檢察官。檢察官應服從前二項指揮監督長官之命令。」

檢察官權責。檢察一體的運用，關係著司法正義的實現，司法行政應只是負責政策的決定者。

司法偵查權，為司法權的一部分，兩者並無隸屬關係，政策在未形成律之前，並無任何規範效力，檢察官並不得依據政策即啟動行使偵查權。

司法行政部門不能要求檢察體系對特定案件執行或暫緩執行，係屬行政干預司法行為。

司法行政人員並不能任意審查檢察官行使偵查權是否妥適，行政過度介入司法案件的控管模式，將造成檢察官疲於應付行政管控，而忽略查案，此將與檢察官應負的社會正義責任，背道而馳。

檢察一體制度不能被執政者操控，檢察一體的運作，若被不當誤用、濫用，人民將對檢察體系失去信心，司法信賴感將更低落。「檢察一體」應避免行政官僚控制，如果檢察官偵查任何刑事案件，在結案時都必須將案件卷證送交給主任檢察官、檢察長核閱，可能會造成檢察官的偵查權成為執政者操控的工具。檢察機關體系行政隸屬，如圖2-2-3所示。

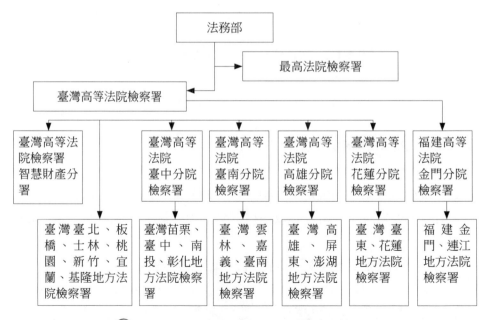

圖2-2-3 檢察機關體系行政隸屬及業務督導

資料來源：徐國楨，2014。

2-2-4　審判機關

司法院掌理「解釋權」、「審判權」、「懲戒權」、「司法行政權」，其中審判權有如下：

一、總統、副總統彈劾及政黨違憲解散案件

由司法院大法官組成憲法法庭審理。

二、民事、刑事訴訟

設最高法院、高等法院及其分院、地方法院及其分院掌理，原則採三級三審，例外採三級二審制，以第一、二審為事實審，第三審為法律審。自1999年10月3日起最高法院、高等法院及其分院並受理不服軍事法院宣告有期徒刑以上之軍法上訴案件。

三、行政訴訟

設最高行政法院及高等行政法院掌理，採二級二審制，以高等行政法院為事實審，最高行政法院為法律審。

法官為終身職，超出黨派，依據法律獨立審判，不受任何干涉。司法院民、刑事審判系統如圖2-2-4所示，除了所犯為內亂、外患、妨害國交罪其第一審管轄權為高等法院外，地方法院於刑事案件有第一審管轄權。[7]

四、智慧財產訴訟

司法院為達成保障智慧財產權，處理智財案件之立法目標，智慧財產法院組織法及智慧財產案件審理法於2007年3月28日制定公布後，即積極進行法院籌設之軟硬體規劃。智慧財產法院於2008年7月1日正式成立。

智慧財產權具有國際性、迅速性、技術性及專業性之特質，臺灣為保障智慧財產權，設立了智慧財產權法院，專門負責審理有關智慧財產的案件。

7　刑事訴訟法第4條規定：「地方法院於刑事案件，有第一審管轄權。但下列案件，第一審管轄權屬於高等法院：一、內亂罪。二、外患罪。三、妨害國交罪。」

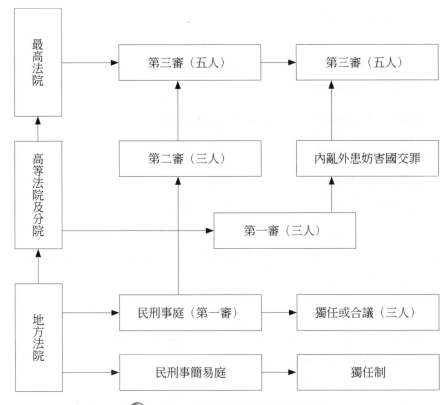

圖 2-2-4 司法院民刑事審判系統

資料來源：徐國楨，2014。

　　智慧財產法院是一集合民事、刑事與行政訴訟事件於一法院審理之專業法院。依智慧財產權法院組織法第3條規定掌理與智慧財產權有關之第一、二審民事事件、第二審刑事案件、第一審行政訴訟及強制執行事件，以及其他依法律規定或經司法院指定由智慧財產權法院管轄之案件，其層級定位為高等法院層級[8]。而與之對應的地檢署，依同法第5條規定為高等

8　智慧財產法院組織法第3條規定：「智慧財產法院管轄案件如下：一、依專利法、商標法、著作權法、光碟管理條例、營業秘密法、積體電路電路布局保護法、植物品種及種苗法或公平交易法所保護之智慧財產權益所生之第一審及第二審民事訴訟事件。二、因刑法第二百五十三條至第二百五十五條、第三百十七條、第三百十八條之罪或違反商標法、著作權法、公平交易法第三十五條第一項關於第二十條第一項及第三十六條關於第十九條第五款案

法院檢察署智慧財產分署[9]。

為便利民眾使用智慧財產法院，避免民眾奔波之訟累，司法院依2007年3月28日制定公布之智慧財產法院組織法第31條規定：「智慧財產法院於必要時，得在管轄區域內指定地點臨時開庭。」[10]

司法院之審判權與人民權利義務密切相關，其對重大刑案的判決對社會長治久安，具有深遠的影響，所謂的司法正義，必須在司法審判中獲得實現，否則將淪為空談。有鑑於此，司法院2009年[11]提出審判行政上的施政計畫願景，綜述如下：

一、強化審級功能，提高審判績效

刑事審判落實嚴謹證據法則、強化交互詰問法庭活動，使第一審成為事實審審判中心。

督促所屬法院妥適辦理刑事審判業務，保障人民訴訟權益。強化事實審法院認定事實之功能，貫徹第三審法院法律審之原則，對於重大案件速審速結，以提升審判效能。

督促各級法院妥速審理重大金融犯罪及其他涉及專業之案件，以保障人民權益，及時實現社會正義。

督促智慧財產法院合法、迅速審理智慧財產案件，落實保障智慧財產權。督促所屬法院妥適審理少年保護事件、少年刑事案件及辦理少年觀護業務，以保障少年權益。

件，不服地方法院依通常、簡式審判或協商程序所為之第一審裁判而上訴或抗告之刑事案件。但少年刑事案件，不在此限。三、因專利法、商標法、著作權法、光碟管理條例、積體電路電路布局保護法、植物品種及種苗法或公平交易法涉及智慧財產權所生之第一審行政訴訟事件及強制執行事件。四、其他依法律規定或經司法院指定由智慧財產法院管轄之案件。」

9 智慧財產法院組織法第5條規定：「智慧財產法院對應設置高等法院檢察署智慧財產分署，其類別及員額依附表之規定。」

10 中華民國97年4月7日院台廳司一字第0970007585號令訂定發布，智慧財產法院臨時開庭辦法第2條規定：「本辦法所稱臨時開庭，指智慧財產法院，定期或不定期在管轄區域內，利用自有辦公處所或借用其他法院（以下稱出借機關）辦公處所開庭，受理依法應由智慧財產法院管轄之智慧財產案件。智慧財產法院分院有臨時開庭必要者，準用本辦法規定。」

11 司法院，2009，施政計畫綱要，審判行政。

二、積極推動新制，增進司法效能

持續舉辦刑事訴訟實施情形專題訪視及座談會，分析評估及檢討施行成效。

配合法律修正施行，規劃各項配套措施並舉辦研討會，充分宣導新法的精神及內涵，並彙整最高法院見解，提供第一、二審法官參考，期使實務運作順暢。繼續推動法官審判專業化，以提高裁判品質。

三、建構專業法庭，妥速審結案件

擇定都會型地方法院，置專業法庭，專責處理重大金融、工程犯罪及社會矚目重大訴訟案件，期使案件妥速審結，提升司法效能。

四、落實重要業務，有效疏減訟源

監督考核交通、檢肅流氓、組織犯罪防制條例及社會秩序維護法等案件之行政業務事宜。

督導所屬地方（少年）法院落實少年事件處理法安置輔導、保護管束、親職教育等處分之執行，提升少年觀護業務效能。

五、因應社會需要，審慎研修法規

研究修正刑事訴訟法、少年事件處理法、司法人員人事條例、行政訴訟法、智慧財產案件審理法，使各該法案及制度更臻完備。

六、充實審判資訊，提升裁判品質

建置司法智識庫，以法學概念或關鍵詞，連結具有參考價值之裁判、論著、相關法條、辦案心得、外國案例及學說等法學資料，俾利法官精確、迅速取得法學資訊。

積極研修、編撰「刑事訴訟文書格式及其製作方法」，提供法官辦案參考，以減少審判實務運作疏失，提升司法威信。

七、維護司法人權，提升司法形象

蒐集刑事司法人權保障之相關資料，適時檢討改進刑事司法人權問題。持續協助辦理律師職前及在職訓練，期提升律師專業素養，落實保障

人民權益。持續督促法律扶助基金會積極辦理強制辯護案件檢警第1次訊問律師在場，以保障被告訴訟權益。

2-2-5　矯正機關

一、矯正司機關組織

　　矯正機關體系行政隸屬及業務督導如圖2-2-5所示，目前法務部所屬矯正機關總數共計49所，其機關名稱、收容對象性質不甚相同，簡述如下：

　　（一）監獄（24所）收容經刑事判決確定之受刑人，目前計有臺北、桃園、桃園女子、新竹、臺中、臺中女子、彰化、雲林、雲林第二、嘉義、臺南、明德外役、高雄、高雄第二、高雄女子、屏東、臺東、花蓮、自強外役、宜蘭、基隆、澎湖、綠島、金門等24所監獄。

　　（二）戒治所（4所）收容犯毒品危害防制條例第10條之罪，經檢察官聲請法院裁定強制戒治者，目前計有新店、臺中、高雄、臺東等4所戒治所。

　　（三）少年輔育院（2所）收容經少年法院（庭）判處感化教育之犯罪少年，目前計有桃園、彰化等2所少年輔育院。

　　（四）少年矯正學校（2所）收容經少年法院（庭）判處感化教育之犯罪少年及一般少年受刑人，目前計有明陽、誠正等2所少年矯正學校。

　　（五）技能訓練所（3所）收容強制工作處分人及受感訓處分人，目前計有泰源、東成、岩灣等3所技能訓練所。

　　（六）看守所（12所）收容刑事被告，目前計有臺北、士林、新竹、苗栗、臺中、彰化、南投、嘉義、臺南、屏東、花蓮、基隆等12所看守所。

　　（七）少年觀護所（2所）收容少年被告，目前計有臺北、臺南等2所專設少年觀護所。

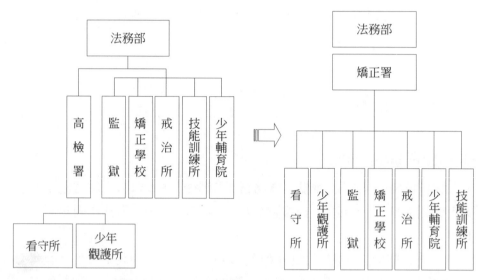

圖 2-2-5 矯正機關體系行政隸屬及業務督導

資料來源：徐國禎，2014。

　　監獄、矯正學校、戒治所、少年輔育院、技能訓練所、看守所及少年觀護所同屬矯正體系，現階段前五種矯正機關直屬法務部，至於後二者卻隸屬於「臺灣高等法院檢察署」，分別由不同的機關及單位共同督導。

二、矯正機關未來發展

　　法務部矯正司為整合矯正機關體系及資源，經多年爭取推動成立矯正署，已於2010年8月通過法務部組織法修正案以及法務部矯正署組織法，矯正司升格為法務部轄下的3級機關，專責督導全臺灣70幾所的矯正機關。

　　矯正機關運作成效之良窳，攸關政府整體抗制犯罪之成敗，國際犯罪矯正趨勢，如美國、法國、英國、瑞典、義大利、加拿大、紐西蘭、南非、韓國、泰國、新加坡、中國大陸等，均設置獨立之專責機關負責督導管轄矯正機關，為矯正現代化專業化之表徵，彰顯行刑矯正的特質[12]。

---

12 法務部矯正司說帖，2008，邁向矯正新紀元，催生法務部矯正署。

　　矯正署於100年1月1日正式掛牌運作，有關矯正機關未來發展，綜述如下：[13]

（一）建立「再犯預測模型」，落實假釋制度功能

　　鑑於我國採「寬嚴併濟」之刑事政策及「恩赦式」之假釋制度，有關悛悔實據要件之審核不應侷限於形式化的法定刑期要件及累進處遇分數計算之窠臼，擬配合「再犯預測模型之建立」，並針對出獄受刑人之再犯問題進行相關預測因子之實證研究，輔以歷年來假釋出獄人再犯罪之統計數據，對於特定再犯率偏高罪名之受刑人，就其具體研究結果作為假釋案件審核之因應對策，維持司法公義，並落實行刑矯治之功能。

（二）籌設「超高度安全管理監獄」

　　設置超高度安全管理監獄專責收容長刑期受刑人，將其與一般受刑人分界收容可以節省戒護收容人運動之警力及管理風險。

　　加強各項安全設施，如舍房及通道均裝置監視器，以加強監視及節省戒護警力；增加外圍牆之高度、厚度及裝設高靈敏度之警戒系統，以防止收容人脫逃等。

（三）賡續執行改善監所計畫，擴增收容處所

　　為因應矯正機關持續超額收容情形，紓解擁擠，仍將繼續進行擴增收容處所之計畫。

（四）落實技能訓練職類檢討及調整，提升收容人就業率

　　各矯正機關開辦之訓練職類，由當地職訓機構或就業服務中心提供最新訓練與就業資訊，加以檢討調整，使收容人技能訓練朝多元化、精簡及務實之方向發展，以避免與社會脫節及浪費訓練資源。

---

13 法務部矯正司，2008，重要措施，未來發展方向。

（五）建立技能訓練與作業結合處遇方式

為使收容人達到訓練、實習、製造之連貫性工作經驗，出監所後即能投入就業市場，為矯正既定之政策及努力目標，各矯正機關對於技能訓練結訓學員於重新配業時，均應優先配業至與技能訓練相關之作業場所，或使其繼續研習進階之實用技能，另與民間廠商建教合作，開辦相關之作業生產項目，提供收容人實際操作經驗。

（六）更生保護系統銜接，延續技能訓練績效

針對技能訓練參訓收容人，協調更生保護會協助派員進入監所實施就業輔導，以加強即將出矯正機關收容人之就業準備及職前教育，並可針對適合推薦就業者再商請協力雇主進入矯正機關與收容人面談，尋覓適合之就業媒合機會，另於收容人出矯正機關後請更生保護會定期追蹤其就業情形，發揮技能訓練與更生就業結合之成效。

刑事司法組織近來強調科技辦案與服務，另矯正機關內擁有豐富的人力資源，依法務部2010年9月統計，目前在監受刑人有6萬5,287人。科技產業可與刑事司法組織合作，提供刑事司法科技需求與支援，更可擴大與矯正機關的合作，由科技業者提供基礎的科技技術，讓受刑人學習接受一定的技職訓練，取得專業證照，除了可以協助更生人的就業或自行創業外，也可解決科技產業基層人力欠缺問題，科技與刑事司法的合作，是未來值得發展的目標。

第三輯　科技與刑事司法人員

案例

　　阿國心中一直有個疑問，司法人員好像都很難相處，對一般老百姓也都姿態很高，所以對於刑事司法人員的職務內容，不太了解。警察、調查官有什麼不同，司法官的角色又是什麼，在民主法治社會，阿國認為還是要利用機會，多了解司法人員，以增進自己對司法人員的認識。

　　阿國在職場打滾多年，深刻體驗到人性複雜，人心最難捉摸，如果能了解刑事司法人員，科企產業，若遇到刑事司法問題，也許較可迎刃而解！當代科技產業，對執法之警察人員、調查官、檢察官、法官，應該要有基本的了解，這是知己知彼的重要觀念。

2-3-1　刑事司法人員

　　在了解刑事司法制度後，必須進一步探討操作司法的執法人員。

　　刑事司法體系人員，若被標籤具有偏否的立場，所謂的選擇性辦案，自由心證，無法為眾人信服時，司法公信力難期會有說服力。

　　法律及制度必須由人操作，才能發揮功效。刑事司法組織、法律規定，都必須由人來運作，司法正義方能實現。

　　徒有法制，司法人員素質良窳，攸關司法公平正義，不適任之司法人員，將成為迫害人權的元兇。

　　刑事司法體系人員，其個人素質、養成教育、歷練背景、個人社會化過程，將影響個人執行職務的客觀性、判斷能力。

　　司法人員如果只有法學專業知識，然性格特異，思慮不成熟，經驗不足，則難期有公平的判斷力。

刑事司法體系人員權力的濫用，將造成社會衝突對立。因此，就刑事司法體系人員本身的言行，對犯罪防制而論，就具有一定的影響。

2-3-2 警察人員

刑事司法體系，從流程架構中顯示，警察人員[14]是在刑事司法體系中，最先發動犯罪偵查的人員。

一般刑事案件，警察人員受理民眾報案，即依法進行調查，再將犯罪事實及證據，依刑事訴訟法規定，移送具管轄權的地檢署，由檢察官進行追訴偵查，啟動一連串的刑事司法流程。

警察人員除了應主動調查犯罪外，也必須接受司法警察官、檢察官的指揮偵查犯罪。司法警察依法所進行之犯罪調查結果，也須向司法警察官，或該管轄地之地檢署檢察官報告。

警察組織是警察行政組織的簡稱，是國家或地方自治團體，為行使警察職權所構成之警察機關，其關於各機關為警察行政活動之簡稱[15]。

2-3-3 調查官

調查官，所指的就是法務部調查局的調查官，依法務部調查局組織法第2條規定，掌理特定犯罪事項之調查，調查官於執行職務時，具有司法警察官之身分[16]。換言之，調查官只有在執行特定犯罪事項的調查，才具

---

14 刑事訴訟法第231條規定：「下列各員為司法警察，應受檢察官及司法警察官之命令，偵查犯罪：一、警察。二、憲兵。三、依法令關於特定事項，得行司法警察之職權者。司法警察知有犯罪嫌疑者，應即開始調查，並將調查之情形報告該管檢察官及司法警察官。實施前項調查有必要時，得封鎖犯罪現場，並為即時之勘察。」

15 陳立中，1991，警察行政法。自印：第32-34頁。

16 刑事訴訟法第229條規定：「下列各員，於其管轄區域內為司法警察官，有協助檢察官偵查犯罪之職權：一、警政署署長、警察局局長或警察總隊總隊長。二、憲兵隊長官。三、依法令關於特定事項，得行相當於前二款司法警察官之職權者。前項司法警察官，應將調查之

有司法警察官身分[17]。一般如竊盜、性侵害犯罪，非屬特定犯罪事項，非屬調查局職掌事項，調查官則無法進行偵查。

調查官具有司法警察官身分，除了應主動調查犯罪外，亦須接受檢察官之指揮偵查犯罪。

司法警察官，依法所進行之拘提、逮捕、搜索、通訊監察等偵查方式，都必須向管轄地之地方法院檢察署檢察官提出報告。

2-3-4 司法官

依司法人員人事條例規定，司法人員指最高法院以下各級法院及檢察署之司法官、公設辯護人及其他司法人員。稱司法官，指下列各款人員：一、最高法院院長、兼任庭長之法官、法官。二、最高法院檢察署檢察總長、主任檢察官、檢察官。三、高等法院以下各級法院及其分院兼任院長或庭長之法官、法官。四、高等法院以下各級法院及其分院檢察署檢察長、主任檢察官、檢察官。

檢察官為刑事司法體系，偵查之主體，刑事訴訟法第228條規定，檢察官因告訴、告發、自首或其他情事，知有犯罪嫌疑者，應即開始偵查。

檢察官依調度司法警察條例第1條規定，可指揮司法警察[18]，偵查刑事案件。

檢察官與司法警察機關執行職務聯繫辦法第2條規定[19]，辦理刑事案

結果，移送該管檢察官；如接受被拘提或逮捕之犯罪嫌疑人，除有特別規定外，應解送該管檢察官。但檢察官命其解送者，應即解送。被告或犯罪嫌疑人未經拘提或逮捕者，不得解送。」

17 法務部調查局組織法第17條規定：「本局局長、副局長及薦任職以上人員，於執行犯罪調查職務時，視同刑事訴訟法第二百二十九條之司法警察官。本局所屬省（市）縣（市）調查處、站之調查處處長、調查站主任、工作站主任及薦任職以上人員，於執行犯罪調查職務時，分別視同刑事訴訟法第二百二十九條、第二百三十條之司法警察官。本局及所屬機關委任職人員，於執行犯罪調查職務時，視同刑事訴訟法第二百三十一條之司法警察。」

18 調度司法警察條例第1條規定：「檢察官因辦理偵查執行事件，有指揮司法警察官、命令司法警察之權，推事於辦理刑事案件時亦同。」

19 各級法院檢察署檢察官與司法警察機關辦理刑事案件，應隨時交換意見，並指定人員切實聯

件，檢察官與司法警察機關，應隨時確實聯繫。顯示司法的偵查與追訴，檢察官在整體刑事司法，位居偵查的主要地位。

2-3-5　司法人員心理

一、先入為主

司法人員由於長時間偵辦不法案件，接觸對象多為犯罪者，容易對人性觀存有「人性本惡」之刻板印象，及先入為主觀念，司法人員容易陷入司法專業的迷失。

近年來，社會發達，民眾愈了解以法律途徑保護自我權益，因此司法訴訟案件大增，造成司法人員工作上的極大負荷，但司法人員仍應審慎注意本身之專業迷失，罪疑唯輕，應更予尊重證據法則及對人權之保障。

二、證據唯一心理

司法調查係以證據作為事實判斷的核心，只要能提供一絲一毫的事證供司法人員佐證，就可以讓在案件調查中的當事人在司法案件中脫身，因此當事人應注意如何即時保全證據。

科技管理透過對司法人員心理特性的了解，不管是個人與個人、個人與企業、企業與同業間，當發現將有刑事、民事、智慧財產權爭議事件時，應即採取風險管理，了解事實證據，判斷是非，是釐清責任的重要關鍵概念。

證據的準備與取得，必須事先構築完善的防火牆，防範事過境遷，證

繄。檢察機關與司法警察機關為加強聯繫，應定期舉行下列檢警聯席會議：一、全國高層檢警聯席會議：每年一至二次由最高法院檢察署檢察總長召集所屬各級法院檢察署檢察長與警政署、調查局、憲兵司令部及其所屬機關相關首長、主管，分別或聯合舉行會議，就犯罪偵查及預防之政策性問題或地區檢警聯席會議提報之通盤性問題討論研商。二、地區檢警聯席會議：各地方法院檢察署與各直轄市、縣（市）警察局每年輪流舉辦一次，由地方法院檢察署檢察長召集檢察機關及相關司法警察機關代表舉行會議，並邀請該管地方法院代表列席，就犯罪偵查及預防之各項問題討論研商。檢察官或司法警察官因偵辦案件認為有必要時，亦得按事件性質之不同，請求所屬機關首長依前項規定召開臨時檢警聯席會議。

據滅失，機先蒐集完整的事證資料，將可使個人或企業立於不敗之地。

三、不受批評心理

憤怒，是人性正常之情緒反應。情緒的反應，是一種知覺，強烈的情緒反應，會令人感到不舒服。憤怒的產生，是一個人受到挫折，傷害或恐懼的結果。

司法人員掌握司法大權，基於法律授權，得以發動偵查，執行審判，每一個司法作為，對人民的權益都影響十分深遠，就算是最平常的傳喚證人的通知書，就足以讓當事人寢食難安，焦慮不安。

如此擁有高度權力的司法人員，是不容易接受別人的批評，一般人也都對司法人員有所敬畏，因為每個人知道，得罪司法人員，將陷自己於不利的境地。司法人員也一向自視甚高，其擁有解釋法律，認定證據的權力，權威性不容他人任意挑戰，司法人員普遍都有不受他人批評的心理。

2-3-6　司法副文化

副文化會帶來不同一般型態之行為規範，這種不同型態之規範，使得一個人在特定環境下，會採取不同的因應作為[20]。

根據社會學習理論，個人之行為模式是經由學習而來，司法工作具有高度的專業性，對專業的學習可從養成教育及司法實務的學習中了解。犯罪者為了避免受到刑罰追訴，對犯罪行為均會否認與抗辯，司法人員若非具備偵查的專業知能，會影響犯罪偵查效能。在司法副文化中，若認為人性本惡，則對人類行為較容易有負面的判斷。

司法副文化中若存在自大與高傲，司法人僅固守自己象牙塔的生活，不親近社會現實生活，將難以巨視寬廣的角度，深刻地了解人性。體認司法副文化的存在，對司法人員的認識，會有更深度的了解。

---

20 Wolfgang & Ferracuti, 1967, p.104.

第三篇

科技與刑事偵查篇

第一輯　科技與刑事偵訊

案例

　　阿國在科技公司擔任經理多年，一直平安無事，但某日上班時，卻收到警察局寄發的通知書，上面寫著要阿國在指定的時間，攜帶國民身分證，到警察局報到。

　　阿國感到十分困惑，將通知書拿給老闆看，除了向老闆事先請假外，也向老闆請教，警察局問案的情況，但是老闆也不知道什麼是偵訊，兩人都認為應該向專家請教，了解什麼是偵訊。

3-1-1　什麼是偵訊

　　偵訊是與警察聊天嗎？還是會被關在燈光灰暗的房間內，被幾個彪形大漢問話？

　　偵訊（interrogation），是指司法警察機關為偵查特定之犯罪案件，由司法警察人員質問涉嫌犯罪之嫌疑人。偵訊不同於一般之對話，偵訊是由偵訊者提出問題質問，被偵訊者只能依照問題回答，由偵訊者主導提問，被偵訊者回答，在偵訊的過程中，被偵訊者並沒有發問的餘地，對偵訊者的提問也不能有任何的質疑。

　　偵訊係拘束犯罪嫌疑人或被告在特定處所接受質問，故偵訊須由負責犯罪偵查之司法警察人員才能擔任，為公權力之行使。

　　刑事偵查，是以檢察官為偵查主體；偵訊主體，即有指揮偵查權之檢察官，並包括司法警察官。偵訊是偵查犯罪的重要程序之一，偵訊必須依

據法定程序執行，違反程序正義的偵訊，偵訊所得到的證據，可能會被認為是違法取證，不能視為證據。

偵訊的主要目的，也是在於讓犯罪嫌疑人充分陳述，除調查犯罪事實真相外，同時也是讓被告或嫌疑人，辯明之機會。

偵訊實際上就是偵訊者與被偵訊者，雙方透過語言的溝通，針對某一特定事實，調查並釐清事實的真相。

偵訊者與被偵訊者，在偵訊過程中，雙方立場因角色地位不同，有時係屬合作關係，但也常處於對立之處境。當偵訊者以攻擊的角色，進行偵訊時，被偵訊者則屬防禦的一方，被偵訊者與偵訊者即展開攻防戰。而誰是攻擊者，或是防禦的角色並不是絕對的，其主要因素取決於雙方的法律認知、背景經歷、專業知識。

偵訊是司法警察機關依法執行公權力，對犯罪嫌疑人，或潛在性之訴訟關係人，依法進行詢問的一項偵查作為。偵訊必須依據刑事訴訟法相關規定進行，以確保程序正義，及依法行政的重要原則。任何違反刑事訴訟法的偵訊作為，例如對當事人以強暴、脅迫、利誘、詐欺，所獲得的偵訊內容，都不會被採納為證據。

偵訊是由偵訊者居於控制之地位，偵訊是由偵訊者主動發起，被偵訊者是被動地接受偵訊，雙方在立足點上並非一致，偵訊可說是對被偵訊者，一場體力、耐力、智慧的重大考驗[1]。

3-1-2　誰是偵訊者

誰有資格對一般人進行偵訊，縣政府或鄉鎮公所的公務員可以對老百姓偵訊嗎？

偵訊是針對特定的違法案件，依照刑事訴訟法規定，對特定的當事人所進行的訊問。偵訊工作屬於司法專業性（profession）的一項工作，偵

1　徐國楨，2008，揭開偵訊的神秘面紗——暴力篇，五南圖書出版股份有限公司。

訊工作者必須具備法律的專業教育。

　　偵訊也是一項艱鉅的工作，偵訊人員不但要有問話的技巧，而且還要能察顏觀色，以及判斷被訊問者真偽的智慧。偵訊並非人人可以勝任，偵訊人員也必須具備各種豐富的知識，包括法律、經濟、工業、科學等。

　　負責偵訊的人員，除了要具備基本的法律素養之外，對於所要詢問的案情內容，也必須有深入的了解。換言之，偵訊不僅是對當事人的詢問而已，更是考驗偵查人員，是否具備專業訓練、專業知識背景的具體表現。

　　廣義的偵訊，是指具有偵查權之檢察官，或具有司法警察官及司法警察身分，協助偵查犯罪的警察人員，對確定或不確定之犯罪嫌疑人，或證人、告訴人、告發人等，以偵訊技巧，運用質問的方式，藉以發現犯罪事實真相。偵訊者必須以任意性、合法性方式，取得受訊問人的自白或陳述，並當場作成筆錄，或予以錄音錄影紀錄存證，而形成供述證據或證據文書。

　　而狹義的偵訊，是指司法警察官、司法警察，對確定或不確定之犯罪嫌疑人，或證人、告訴人、告發人等，依法通知到場，逮捕、拘提，強制當事人到場，接受訊問有關犯罪事實，蒐集證據，並查證真偽，以證明犯罪，確定嫌疑人，並依法移送當事人，由偵審機關接續審理。

　　在知識經濟時代，偵訊人員對於相關領域的專業知識，必須不斷地充實。一個不懂電腦科技、財務金融、土木工程、機械工程的偵查人員，當然無法對有關案件的犯罪嫌疑人進行詢問。因此，偵訊者身分必須是具備專業性，且為法律上授權的司法警察人員。

　　綜合而言，偵訊者必須是任職於司法機關，負責偵查任務的檢察官、檢察事務官、司法警察、調查官。具有公務員身分，法律上規定具備司法警察身分者，才符合偵訊之資格[2]。

2　刑事訴訟法第229條規定：「下列各員，於其管轄區域內為司法警察官，有協助檢察官偵查犯罪之職權：一、警政署署長、警察局局長或警察總隊總隊長。二、憲兵隊隊官。三、依法令關於特定事項，得行相當於前二款司法警察官之職權者。前項司法警察官，應將調查之結果，移送該管檢察官；如接受被拘提或逮捕之犯罪嫌疑人，除有特別規定外，應解送該管檢察官。但檢察官命其解送者，應即解送。被告或犯罪嫌疑人未經拘提或逮捕者，不得解送。」

3-1-3 偵訊不公開

偵訊不公開，如果當事人被刑求，被言語羞辱，誰能為當事人舉證，誰能保障當事人的安全！

偵訊是針對涉嫌的違法案件進行偵查，司法警察機關的偵查作為，一向以秘密為原則，受到不公開之規範[3]。

由於偵訊不公開，偵訊過程中，若無委任律師到場，除了被偵訊者之外，偵訊中發生何事？外界可能一無所知，司法警察機關的偵訊，社會大眾經常質疑在偵訊時，會發生刑求逼供、疲勞偵訊、不當偵訊之爭議。

偵訊過程中，除了暴力的刑求逼供，疲勞偵訊外，在偵訊時也經常發生偵訊者在偵訊時，言詞刻薄，態度惡劣，更有以羞辱之言詞，對被偵訊者進行人身攻擊，此種精神上的壓迫，被偵訊者在接受司法追訴過程中，在偵訊時亦可能身心受創。

雖然偵查以不公開為原則，但有許多人質疑，為何每天新聞媒體仍大肆報導許多司法案件偵查的內容，難道這不是偵查中應保守的秘密嗎？以2010年6月間發生的「中研院院士涉嫌圖利」案件為例，司法機關即被外界批評違反偵查不公開原則。

究竟偵查中哪些部分可以公開？哪些部分不可以公開？當然司法人員本身有其自我拿捏的解釋與基於公眾利益需要公開之理由。

依法令或為維護公共利益或保護合法權益事項，司法人員得公開偵查中獲悉之事項[4]，但是公開的尺度是否過當，在實務上都衍生諸多的爭議

刑事訴訟法第230條規定：「下列各員為司法警察官，應受檢察官之指揮，偵查犯罪：一、警察官長。二、憲兵隊官長、士官。三、依法令關於特定事項，得行司法警察官之職權者。前項司法警察官知有犯罪嫌疑者，應即開始調查，並將調查之情形報告該管檢察官及前條之司法警察官。實施前項調查有必要時，得封鎖犯罪現場，並為即時之勘察。」

刑事訴訟法第231條規定：「下列各員為司法警察，應受檢察官及司法警察官之命令，偵查犯罪：一、警察。二、憲兵。三、依法令關於特定事項，得行司法警察之職權者。司法警察知有犯罪嫌疑者，應即開始調查，並將調查之情形報告該管檢察官及司法警察官。實施前項調查有必要時，得封鎖犯罪現場，並為即時之勘察。」

3　刑事訴訟法第245條第1項規定：「偵查不公開之」。

4　刑事訴訟法245條第3項規定：「檢察官、檢察事務官、司法警察官、司法警察、辯護人、告

與批評，在公開偵查中的資訊時，除了要以犯罪偵查的考量外，也要特別
著重對人權名譽的保障及社會觀感。

案件偵查中，除了有關影響公共利益，相關的訊息必須立即發布，以
避免更多人受害，偵查中之內容當然應予公布，但是對當事人的私密及衝
擊到家人隱私部分，仍應注意維護。

所謂偵查、偵訊不公開之，是否即形成司法警察機關能免於接受公評
之保護傘。事實上並不然，在民主法治下，司法警察機關雖依法對犯罪行
為進行追訴，但其法定程序及偵查過程方式，仍受到法律的嚴謹規範。

3-1-4　偵訊人權

當事人接受司法機關的偵訊，能否保障人權，這應是一般人最關心的
問題。當事人也許要問偵訊有哪些人權？以下幾個問題，可作為偵訊人權
問題的省思。

1.可以拒絕偵訊嗎？我可以不講話嗎？

2.偵訊時誰可以在場？

3.偵訊當天剛好有事，可以不前往司法機關嗎？

4.到司法機關接受偵訊，要準備哪些資料或物品？

5.到司法警察機關接受偵訊，會發生什麼樣可怕的狀況？

6.到司法警察機關接受偵訊後，可以回家嗎？

7.偵訊人員會不會故意冤枉我，讓我受到司法追訴？

以上這些疑問，相信是一般人都會想問的幾個問題，這也是正常的反
應，任何人知道自己要到司法警察機關接受偵訊時，都會存有這些疑問？
而這些問題，也都與偵訊的人權，具有密切的關係。

偵訊是將當事人拘束在特定處所，偵訊未結束前，司法機關不會讓當

訴代理人或其他於偵查程序依法執行職務之人員，除依法令或為維護公共利益或保護合法權
益有必要者外，不得公開揭露偵查中因執行職務知悉之事項。」

事人離開，而且當事人必須專注地回答偵訊的問題，偵訊對當事人而言具有強制作用，偵訊的人權問題，在民主法治社會，應該要特別重視保障被偵訊者的人權問題。

偵訊人權，首先必須讓當事人了解，在接受偵訊時有何防禦權，因為司法人員經國家考試及格，具有法律專業背景，職場的專業訓練。當事人可能完全不懂法律，對於自己的權利，也可能不是很了解，如此不平等的立足點上，當事人很可能會受到司法人員的誤導，因此所謂的引誘式的偵訊，經常受到社會各界的批評。

為了讓當事人知道偵訊時的權利，司法人員在偵訊一開始，就必須告知當事人的權利，即刑事訴訟法所規定，告知罪名、得保持緘默、得選任辯護人、得請求調查有利之證據[5]。

偵訊人權，其次就是必須讓當事人充分自由陳述，並且詳實記載，不能任意增刪，曲解當事人原意。

常見當事人質疑為何司法警察、檢察官、法官對當事人的陳述，只作摘要式的記載，對於被偵訊者有利的部分，都不予重視或記載，僅專注於對被偵訊者不利部分之調查。此一情形當然涉及雙方對事實認定，司法人員自由判斷，但不論司法人員的判斷為何，必須不能違反被偵訊者陳述事實的任意性與自由意思，更不能任意選擇或曲解被偵訊者原意。

偵訊若以強暴脅迫方式取供，或明知為無罪之人，以不實資料對被偵訊者誘供，或偽造其他共犯認罪之口供資料，致其受追訴或處罰者，公務員仍然必須受到法律的追訴處罰[6]。

均足見負責偵訊之司法警察人員受法律之規範及必須重視被偵訊者權

5　刑事訴訟法第95條規定：「訊問被告應先告知下列事項：一、犯罪嫌疑及所犯所有罪名。罪名經告知後，認為應變更者，應再告知。二、得保持緘默，無須違背自己之意思而為陳述。三、得選任辯護人。四、得請求調查有利之證據。」

6　刑法第125條規定：「有追訴或處罰犯罪職務之公務員，為下列行為之一者，處一年以上七年以下有期徒刑：一、濫用職權為逮捕或羈押者。二、意圖取供而施強暴脅迫者。三、明知為無罪之人，而使其受追訴或處罰，或明知為有罪之人，而無故不使其受追訴或處罰者。因而致人於死者，處無期刑或七年以上有期徒刑。致重傷者，處三年以上十年以下有期徒刑。」憲法第24條規定：「凡公務員違法侵害人民之自由或權利者，除依法律受懲戒外，應負刑事及民事責任。被害人民就其所受損害，並得依法律向國家請求賠償。」

利之維護。

　　偵訊人權，最著名的個案，應是發生在2008年，當時為國民黨總統候選人，現任總統馬英九，委由律師具狀，控告最高檢察署特偵組檢察官，對於臺北市政府吳姓員工筆錄登載不實部分，提出控告檢察官之訴。本案突顯司法人員偵訊時的部分原貌，對於偵訊人權的保障與維護，司法人員確實應深深自省，以同理心設身處地著想，司法人員不管基於任何原因，都不能以權勢欺凌弱勢者，冤獄雖可平反，內心的創傷，可能一輩子都難以療傷止痛！

3-1-5　偵訊會被問多久

　　偵訊會被問多久，三更半夜時可以偵訊嗎？偵訊是否有時間上的限制，是誰在控制偵訊的時間，司法警察機關可以任意延長偵訊的時間嗎？相信這也是很多人所關心的問題。

　　當事人或家屬要如何主張被偵訊時之權利，個人被司法機關偵訊，屬於被限制於特定處所，又被司法人員進行質問，已屬人身自由受到強制，對於人身自由的維護，於憲法第8條中明定：「人民身體之自由應予保障。除現行犯之逮捕由法律另定外，非經司法或警察機關依法定程序，不得逮捕拘禁。非由法院依法定程序，不得審問處罰。非依法定程序之逮捕、拘禁、審問、處罰，得拒絕之。人民因犯罪嫌疑被逮捕拘禁時，其逮捕拘禁機關應將逮捕拘禁原因，以書面告知本人及其本人指定之親友，並至遲於二十四小時內移送該管法院審問。本人或他人亦得聲請該管法院，於二十四小時內向逮捕之機關提審。法院對於前項聲請，不得拒絕，並不得先令逮捕拘禁之機關查覆。逮捕拘禁之機關，對於法院之提審，不得拒絕或遲延。人民遭受任何機關非法逮捕拘禁時，其本人或他人得向法院聲請追究，法院不得拒絕，並應於二十四小時內向逮捕拘禁之機關追究，依法處理。」

　　司法警察機關依法詢問或訊問，必須在二十四小時內移送該管法院審

問[7]，超過二十四小時，就是違法訊問。當事人到達司法警察機關後，司法警察機關亦必須即時詢問，不能任意遲延[8]。

司法警察機關在逮捕、拘提、傳喚通知當事人到達指定處所，偵訊後除了直接讓當事人返家之外，如果要將當事人移送地檢署時，警察機關、調查機關，通常會在十六小時內，由司法人員陪同將當事人移送給檢察官訊問。

換言之，在偵查階段的偵訊，被偵訊的時間最長為二十四小時。偵訊的時間必須在二十四小時之內完成，超過二十四小時的訊問，即屬違法的訊問。偵訊的時間詳如圖3-1-1所示[9]。

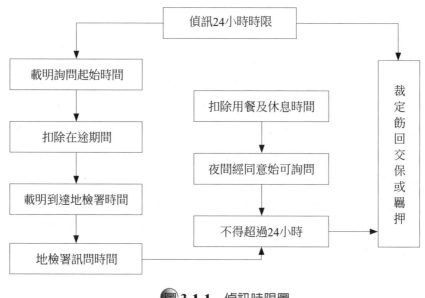

圖 3-1-1 偵訊時限圖

資料來源：徐國楨，2014。

7 刑事訴訟法第91條規定：「拘提或因通緝逮捕之被告，應即解送指定之處所；如二十四小時內不能達到指定之處所者，應分別其命拘提或通緝者為法院或檢察官，先行解送較近之法院或檢察機關，訊問其人有無錯誤。」
8 刑事訴訟法第93條規定：「被告或犯罪嫌疑人因拘提或逮捕到場者，應即時訊問。」
9 同註1。

3-1-6　疲勞偵訊

「大人啊！我有高血壓、心臟病、糖尿病，沒有辦法坐太久！」如果當事人是這種慢性病患者，給予連續偵訊六小時，當事人是否撐得下去！

有許多人質疑，司法機關偵訊時，會以疲勞轟炸方式，對當事人進行疲勞偵訊。每個人疲勞的情況不一樣，有的當事人氣若游絲，有的則中氣十足，身體狀況個別差異很大，所以究竟什麼情況下算是疲勞偵訊，這個問題確實有探討的必要。

大家都知道，學生上一堂課50分鐘，需要休息10分鐘，聽演講也是1小時左右，就必須休息，就算是娛樂性質看電影，頂多也是2小時電影即散場，因為叫每個人連續看6個小時電影，可能會有很多人受不了。

為什麼連續看電影6小時都會覺得受不了，卻要求當事人必須連續接受6小時、8小時，甚至超過10個小時以上的偵訊，這種偵訊算不算是疲勞偵訊，當事人會不會有疲勞感，其實答案已經很清楚。

也許司法人員要問，當事人很累，難道問話的人就不累嗎？辦案的人不累嗎？當然偵訊的人也會累，問題是一個有主控權，另一個是被控制的，而且心境不同，感受當然會不同，疲勞感當然也不一樣，不同情境不能類比。要不然角色互換，就可知道誰比較累，這就是所謂同理心的重要性。

正常來說，一個人被連續偵訊2個小時以上，就會開始出現疲倦感，慢慢出現打哈欠的情形，注意力逐漸無法集中，偵訊者所問的問題需要重複敘述，當事人才聽得清楚，或是偵訊者要提高音量，當事人才能集中精神回答問題，所以過去傳統的詢問方法，往往會故意拖延偵訊時間，在當事人精神渙散，無法集中時，突破心防，取得口供。因為當事人陷於無法脫身的特殊情境下，為了掙脫困境，對問題的回答，較不會堅持己見，容易被偵訊者事先所設計之偵訊問題所誘導，連續數小時的偵訊，對當事人而言，是一種精神與體力的嚴厲挑戰！

偵訊有時會挑燈夜戰，晚上偵訊對當事人而言，也是一大挑戰，尤

其是自白天持續到夜間的偵訊，更是令人吃不消。為了避免夜間的疲勞偵訊，除非當事人同意，或經檢察官、法官同意，或有急迫情形，才能在夜間進行詢問[10]。

近來當事人在夜間拒絕詢問的比率有愈來愈頻繁之趨勢，顯示當事人對自我權利的認知比過去更為提升。在刑事訴訟法修訂後，司法警察機關在傳喚通知當事人到場詢問，都會儘量在白天時間內即結束整個偵訊詢問程序，避免引發不必要的困擾。至於夜間之標準，並非由司法警察機關自行判斷，稱夜間者係指日出前，日沒後，其判斷標準，是以中央氣象局公布之時間為基準。

3-1-7 偵訊心理

失眠，還是失眠，明天就要到地檢署接受檢察官問話，已經連續失眠一個星期了！

認知心理學家Back認為，個體在情緒困擾引發反應之前，會在腦海中出現「自動化思考」（automaticthought）。這種思考如同「電報語言」般，以詳細的內在語言訊息形式出現，其可能是語文的、視覺影像的，通常是具體而精緻。個人對這些內在訊號通常會毫不遲疑的全盤接收，但是這種思考通常具有更多對現實的扭曲與詮釋，個體非理性的情緒反應，通常被這種思考所誘發。

偵訊前在心理上產生的壓力與憂慮，因為受到「自動化強迫性思考」的心理效應，會因為焦慮而失眠。

司法案件是許多人非常不願意碰觸的問題，因為司法刑事案件，在調查階段不僅耗廢時日，接受調查對個人的影響深遠，因為有的人視名譽比

---

10 刑事訴訟法第100條之3規定：「司法警察官或司法警察詢問犯罪嫌疑人，不得於夜間行之。但有下列情形之一者，不在此限：一、經受詢問人明示同意者。二、於夜間經拘提或逮捕到場而查驗其人有無錯誤者。三、經檢察官或法官許可者。四、有急迫之情形者。犯罪嫌疑人請求立即詢問者，應即時為之。稱夜間者，為日出前，日沒後。」

生命還重要。

　　司法調查對個人的衝擊，有時並非言語所能形容，當事人在知道即將接受司法警察機關偵訊時，憂慮、不安、恐懼的心理徵候會逐一浮現。

　　等待與不確定感會影響一個人的思緒，並加劇不安的心理。不管因任何案件，必須接受司法機關訊問的當事人，思緒都會受到嚴重的影響，就算日常生活事務步調，也可能因為要接受司法機關的偵訊詢問，而產生嚴重失序現象，例如心神不寧，隨意發脾氣，反正心情會大受影響。

　　有的人會在接受偵訊前一天喝酒減壓，但此並非正確之作法，因為喝酒會影響個人之思緒反應，判斷力會較差，更無法做正確的決定。但不管如何，情緒上的問題，是被偵訊的人會產生的心理壓力與焦慮感的心理徵候。

3-1-8　如何面對偵訊

　　人最怕有壓力，例如謀職不順、經濟壓力、身體不適等，都會讓人煩憂不安。而對一個人而言，最大的壓力莫過於來自司法的壓力，因為受到司法調查，可能會失去生為一個人最重要的價值「自由」、「名譽」，因此，當個人受到司法追訴時，莫不盡全力地捍衛自己的名譽與自由。

　　由於司法偵查對個人具有深遠的影響，在當今多元社會，人際衝突頻繁，個人隨時都會與刑事司法扯上關係，不管是告人或被告，都必須對司法調查程序有所了解，尤其是對司法偵查中的首要階段，如何面對刑事偵訊，一般人甚至是科技界，更是不可不知的重要課題。

　　充分的準備，了解完整的資料，建立自信心，可以避免許多負面的思考。對於偵訊，當事人在偵訊前，無須對於偵訊過程，過度地予以負面想像，避免提升焦慮感。

　　當事人，應做好身心平衡的協調，充分了解自己在案件中所扮演的角色外，對於刑事司法上應有的法律權益，也要有所認知。可以事先向專家請教，切忌自我封閉，如此將加劇焦慮程度。

以正面思考，堅定的信心，自我肯定，進行自我減壓。不可未戰先衰，個人如果過度焦慮，在偵訊時可能無法充分表達，完整的陳述，對自己反而造成負面的影響。

在遇到刑事司法問題時，尤其是偵訊，對於個人的心理徵候，當事人不可等閒視之。不能讓負面效應持續擴大，如果心理上的壓力過大，除了會影響日常生活事務的處理能力外，更要防範心理的負面徵候，影響到身體的健康。生理健康與心理的調適，息息相關，由於刑事偵訊前，通常會有一段等待的時間，當事人必須做好心理調適，才能以最佳的狀況，面對刑事偵訊的各種情況。

3-1-9 被偵訊是否代表有罪

被司法警察機關偵訊，是否就代表有罪？被偵訊代表著什麼意義？一個人有罪或無罪，必須經過法院的審理與判決[11]。接受司法警察機關的偵訊，並不代表就是有罪。

任何人在未經法院判決確定之前，都應被推定為無罪。雖然接受司法警察機關偵訊並不一定代表有罪，但是偵訊的內容，依法製作完成的偵訊筆錄，除非有違法偵訊顯然不可信的情況之下，是具有一定的證明力，偵訊自白內容，仍然是在未來刑事訴訟中，決定犯罪嫌疑人是否會被作成有罪判決的重要基礎。

司法案件的調查，大都是在事件發生後才進行偵查，因此一個人被司法機關偵訊時，往往不清楚司法警察到底要問什麼？

如果司法警察詢問的案件，已經發生數年之久，當事人在記憶上可能已模糊不清。此時司法人員會提出部分事證資料，要求當事人回憶事件發生的人、事、時、地、物。

---

11 刑事訴訟法第154條規定：「被告未經審判證明有罪確定前，推定其為無罪。犯罪事實應依證據認定之，無證據不得認定犯罪事實。」

　　被偵訊的當事人依記憶所及，回答偵訊問題時，對於自己是否會有罪責，較無法判斷，警覺性也較低，在此一情形之下，被偵訊者所陳述的內容，將決定被偵訊的當事人，自己是否須負法律上之責任。

　　偵訊雖然並不代表有罪，但偵訊的內容，白紙黑字紀錄的結果，對未來一個人是否起訴，有罪與無罪的判決，檢察官、法官仍然會將偵訊的內容作為重要依據，形成心證的參考，因此，司法人員的偵訊，對個人權益具有關鍵性的影響。

3-1-10　偵訊時什麼人可以在場

　　一個人被偵訊，通常會焦慮不安，總希望有人陪同，家屬若知道至親被司法機關偵訊，當然也會憂心忡忡，希望能給予必要的協助。

　　當事人接受司法警察機關偵訊，親友基於關心通常會陪同前往，甚至請託民意代表，一同前往司法機關，適時給予當事人關心。

　　家屬或民意代表可不可以進入詢問室，看一看被偵訊者？對於家屬或民意代表的關心，司法機關通常會告知，基於偵查不公開秘密原則。除了當事人外，家屬與民意代表均不可以進入詢問室。

　　當事人被偵訊時，沒有第三者在場，權利要如何保障。雖然與案件無關者，不可以在詢問室，但當事人或家屬，都可以獨立委任律師到場陪同，委任在法院及在當地公會登錄有案的執業律師，到場陪同[12]。律師未到場前，當事人可暫時不回答司法人員的詢問，以保障個人權益。

　　司法人員在偵訊一開始，就必須依法宣告，讓當事人了解，可以委任律師到場陪同的權利，為刑事訴訟法所明訂，未依法宣告權利，所詢問的內容因違反程序，依法不得作為證據。

　　當事人基於保障個人權益，依法委任律師到場陪同，但律師在詢問室

---

12 刑事訴訟法第27條第1項規定：「被告得隨時選任辯護人。犯罪嫌疑人受司法警察官或司法警察調查者，亦同。」同法第28條規定：「每一被告選任辯護人，不得逾三人。」詢問室內只有偵訊者、筆錄製作者、被偵訊者及律師等人可以在場。

中到底能做什麼？委任律師與未委任律師，結果又有何不同？

　　當事人雖然委任律師陪同，法律上對律師在執行職務時，仍有所規定。律師在場並不能有勾串共犯或證人，或影響偵查秩序之行為[13]。

　　由於司法人員的偵訊，偶而會有言語的攻防衝突，如果司法人員音調過高，例如大聲斥責當事人，或拍桌等較不理性行為出現，在場的律師可以表示議異，但是在偵訊中，律師並不能為當事人進行辯護。

　　律師受當事人委任，在司法警察機關，除了陪同當事人接受偵訊外，律師在場並不是僅限於觀察而已，雖然當事人在接受詢問時，律師不能在場陳述意見，但律師可作詢問內容的摘記，過去偵訊筆錄製作完成後，律師並不可以審視筆錄內容，但經律師團體的抗議，目前律師已可以看筆錄，對當事人權益保障，更具有實質意義。

3-1-11　偵訊暴力

　　偵訊會被刑求、逼供、恐嚇嗎？在民主法制社會，應該不會更不能發生違法偵訊的情形。但事實上，偵訊的現況是什麼？

　　什麼是偵訊暴力，偵訊的司法人員意圖對當事人施加肢體的攻擊，或言語威嚇、羞辱，造成當事人身體、心理、精神上的傷害，就是偵訊暴力。

　　凡是以暴力攻擊刑求、實施體罰、言語恐嚇、羞辱當事人，是屬於積極性的偵訊暴力。

　　偵訊暴力也包括消極的不作為，例如利用長時間的偵訊，不給當事人喝水，不准許當事人上廁所，利用高溫天候，故意不開啟空調，在寒冷之天氣，故意調降冷氣溫度，讓當事人身體感覺不適，都應該是屬於暴力的型態。

---

13 刑事訴訟法第245條第2項但書規定：「但有事實足認其在場有妨害國家機密或有湮滅、偽造、變造證據或勾串共犯或證人或妨害他人名譽之虞，或其行為不當足以影響偵查秩序者，得限制或禁止之。」

　　偵訊在過去曾發生灌水、坐冰塊、電擊等案例，偵訊人員為求破案，不擇手段，痛打當事人、灌水、以電擊棒攻擊當事人的事件，確實曾經發生。

　　為何司法人員要以激烈手段，對待當事人，在偵訊過程中，存在有許多暴力的風險因素。

　　探討偵訊暴力，必須了解偵訊者究竟是如何與被偵訊者進行對談，在談話的過程中，發生了哪些因素，引發司法人員動手，以肢體暴力、言語暴力等方式，進行偵訊。

　　刑事訴訟法規定訊問應出於懇切之態度[14]，但是何謂懇切的態度？誰來定義什麼是懇切？不懇切又會怎樣？

　　嚴厲質問當事人，「人，到底是不是你殺的？」、「事實證明你收受賄款，為何不承認，你到底是什麼意思」，這種問話，算不算是懇切的態度。

　　不可否認，偵訊過程中，會有許多情緒上的反應，尤其年齡是一個很大的變數，對年輕的偵訊者而言，比較容易在偵訊時動怒。

　　司法人員為何會動怒，因素雖然很多，但可以確認的是，偵訊挫折是影響司法人員動怒的重要原因，偵訊挫折，簡單而言，就是當事人的陳述，不符合偵訊者的期望，如此就容易激怒司法人員，引發偵訊者不滿的情緒，進行發生言語暴力，甚至於發生肢體攻擊的暴力行為。

　　舉例而言，偵訊者如果認為事證明確，不容狡辯，當事人一再地否認，或是任意地行使緘默權，偵訊者的情緒會立即受到影響，或是當事人態度不佳，質疑挑釁偵訊者，都可能激怒偵訊者，喚起偵訊者動怒的情緒，偵訊者動怒後的反應，就可能會發生各種的暴力行為。

---

14 刑事訴訟法第98條規定：「訊問被告應出以懇切之態度，不得用強暴、脅迫、利誘、詐欺、疲勞訊問或其他不正之方法。」

第二輯　科技與刑事搜索

案例

　　某日清晨，阿國在睡夢中被一陣急促的門鈴聲吵醒，隔著門，幾名便衣警察，出示搜索票，告知阿國涉嫌洗錢犯罪，要依法執行搜索。阿國滿臉驚恐，緩慢地打開大門，警察人員進入阿國處所後，阿國被要求陪同檢查每一個房間。

　　在搜索過程中，阿國心中有許多疑問？搜索到底是什麼，搜索有沒有範圍的限制，誰有權力核發搜索票，便衣警察前來搜索，到底是不是詐欺集團，這些問題應該要找專家問一問。

　　搜索就像抄家，翻箱倒櫃，是強制侵入個人生活領域的行為，嚴重衝擊個人自尊與安全感，更挑戰個人生活領域，強制揭開個人隱私，司法機關的搜索，常令人驚恐不安！

3-2-1　什麼是刑事搜索

　　搜索在過去被認為是抄家的行為，刑事搜索是司法人員偵查案件，強制取得證據的手段。

　　簡單地說，搜索就是檢察官、警察或調查人員可以到每個人的家裡，任意翻箱倒櫃、打開抽屜、撬開保險箱、檢查日記、攤開衣服口袋等等，而被搜索的當事人，必須配合，個人不能有太多的意見。

　　搜索是警察機關、調查局、地檢署等司法機關，司法人員發動司法犯罪偵查，強制偵查的手段[15]。

---

15 刑事訴訟法第122條規定：「對於被告或犯罪嫌疑人之身體、物件、電磁紀錄及住宅或其他

搜索行為是入侵個人具有高度私隱密生活空間領域。在法律授權許可搜索範圍之內，搜索人員可以排除障礙，並控制被搜索人的一切干擾，對特定的處所、特定的人、特定的物件，進行全面性的檢視與搜查。

在搜索進行過程中，無關的人，不能無故進入搜索現場，縱然是具有律師身分的辯護人，也不能任意質疑搜索之合法性，在搜索現場有任何的抗議動作，搜索的啟動對被搜索的當事人而言，已經開始受到法律強制處分的限制，在搜索當下，被搜索人只能聽命於執行搜索者的號令行事，因為搜索具有強制力。

由於刑事司法偵查，是以取得直接證據，做為偵查之最高指導原則，在證據法則之下，必須藉直接證據，來還原事實的真相，而直接證據的取得，往往必須透過搜索動作取得。

原始的直接證據，對司法案件的偵查，具有決定性的影響，刑事訴訟的程序，是以偵查階段所獲取的證據為基礎。尤其在當事人私人活動領域空間搜索後所獲得的證據，將決定當事人是否具有罪責的關鍵因素。

3-2-2 搜索範圍

搜索是不是有範圍的限制，如果司法警察機關，進入當事人住宅搜索，而當事人住宅有主臥室、客廳、廚房、小孩房間，搜索可以每個房間，房子內所有處所，都逐一搜索嗎？

搜索目的主要是蒐集與犯罪有關的證據，因此從當事人生活周遭環境，可能與犯罪有關的事證詳細檢查。搜索的範圍包括當事人的身體、攜帶的物件、電腦紀錄、個人汽機車，都是搜索的範圍。

搜索只要是當事人的處所，都可以任意地詳細搜查，包括居住處所每一個房間，客廳、浴室、廚房、每一個抽屜、私人日記，司法人員都可以

處所，必要時得搜索之。對於第三人之身體、物件、電磁紀錄及住宅或其他處所，以有相當理由可信為被告或犯罪嫌疑人或應扣押之物或電磁紀錄存在時為限，得搜索之。」

逐一檢查，上鎖的保險箱、櫥櫃，都可以要求當事人打開，接受檢查，當事人如果藉故不開啟保險箱，司法人員可以動用強制力開啟，或由專業的開鎖人員開啟，甚至在必要性之下破壞門鎖，強行搜索。搜索範圍只要是在搜索票上所填寫的處所，可以進行地毯式的搜索。

　　搜索除了針對當事人居住的處所之外，對於當事人身體的搜索也是重點之一，在一般情形下，司法人員會要求當事人將身上物件掏出，接受司法人員檢查。必要時司法人員也可以搜查當事人身體，如果被搜索人是女性，原則上由女性司法人員實施，但有特別情形時則例外，男性司法人員亦可執行，但原則上儘量避免，以示對女性之尊重[16]。

3-2-3　搜索方式

　　司法機關執行搜索，必須符合法定程序，遵守程序正義，違反程序規定，所獲得的證據，除非與公共利益或人權保障有關，原則上違反程序取得的證據，並無證據能力[17]。

　　警察機關決定對涉案當事人，以搜索手段進行偵查時，必須詳細敘明理由，填寫完整的案由、當事人姓名、應搜索的處所、應扣押的物品、執行的時間，向法官提出聲請[18]。

　　搜索的方式主要有下列幾個型態：

一、搜索票

　　刑事訴訟法第128條規定：「搜索，應用搜索票。」搜索票，由法官

---

16 刑事訴訟法第123條規定：「搜索婦女之身體，應命婦女行之。但不能由婦女行之者，不在此限。」

17 刑事訴訟法第158條之4規定：「除法律另有規定外，實施刑事訴訟程序之公務員因違背法定程序取得之證據，其有無證據能力之認定，應審酌人權保障及公共利益之均衡維護。」

18 刑事訴訟法第128條規定：「搜索，應用搜索票。搜索票，應記載下列事項：一、案由。二、應搜索之被告、犯罪嫌疑人或應扣押之物。但被告或犯罪嫌疑人不明時，得不予記載。三、應加搜索之處所、身體、物件或電磁紀錄。四、有效期間，逾期不得執行搜索及搜索後應將搜索票交還之意旨。搜索票，由法官簽名。法官並得於搜索票上，對執行人員為適當之指示。核發搜索票之程序，不公開之。」

簽名。法官並得於搜索票上,對執行人員為適當之指示。核發搜索票之程序,不公開之。所謂適當的指示,例如法官認為有必要,於搜索票上指示得於夜間進行搜索。

司法人員執行搜索作為,原則上必須持有搜索票,才能進行搜索作為,沒有搜索票,違法任意搜索,所得到的證據,原則上也無證據力。

由於搜索是直接侵入個人生活隱私處所,搜索作為必須審慎,更要符合法定程序,所謂法定程序,就是要事先向法官提出聲請搜索票,持法官開立的搜索票,經過法官核准,才算是符合程序正義。

二、附帶搜索

司法人員如果沒有搜索票,可不可以搜索。司法人員在執行逮捕被告、犯罪嫌疑人或執行拘提、羈押時,雖無搜索票,得逕行搜索其身體、隨身攜帶之物件、所使用之交通工具及其立即可觸及之處所[19]。換言之,因為執行拘提任務時,因當事人身上可能會有危險物品,或其他重要物證,司法人員雖無搜索票,可以對特定身分的被告、犯罪嫌疑人進行搜索,是屬於附帶搜索的型態。

三、緊急搜索

司法人員在特殊情形下,雖然沒有搜索票,也可以逕行搜索被告或犯罪嫌疑人的住宅或其他處所。舉例而言,逮捕被告、犯罪嫌疑人或執行拘提、羈押時,有事實可以認定有被告或犯罪嫌疑人確實在內者。

因追捕現行犯或逮捕脫逃人,有事實足認現行犯或脫逃人確實在內者。有明顯事實,有人在內犯罪而情形急迫者。司法人員雖沒有搜索票,因為情形特殊緊急,可以執行搜索。

逕行搜索與附帶搜所不同之處,為逕行搜索必須於實施後三日內陳報該管法院,法院認為不應准許搜索者,應於五日內撤銷之。司法人員如果以逕行搜索方式實施搜索後,沒有陳報該管法院或經法院撤銷者,所扣得

---

19 刑事訴訟法第130條規定:「檢察官、檢察事務官、司法警察官或司法警察逮捕被告、犯罪嫌疑人或執行拘提、羈押時,雖無搜索票,得逕行搜索其身體、隨身攜帶之物件、所使用之交通工具及其立即可觸及之處所。」

的事證，不能作為證據[20]。

四、同意搜索

司法機關的搜索作為，與人權保障密切相關，因此，刑事訴訟法明定搜索的限制，必須針對被告、犯罪嫌疑人，及符合搜索要件，經過法官核准等，以避免司法人員的濫權搜索。在嚴格限制搜索作為後，卻也開啟了另外一道方便之門，只要司法人員出示證件，經過當事人自願性同意，就可以執行搜索[21]。

當司法人員告知當事人，是否同意執行搜索？有些當事人可能不懂法律，且無任何司法上的概念，經驗不足者，甚至連什麼是搜索都不了解。因此，當事人可能不知道同意搜索的真正意涵，受搜索人的同意，可能會發生誤解性的同意，並不是真正的同意。

司法人員以同意搜索方式，在執行搜索後，經常會引起受搜索人的質疑，同意搜索若運用不當，容易造成人民對司法的不信任。同意搜索要能符合公平正義精神，至少要讓當事人知道可以提出反對意見，受有專業訓練的司法人員，如果對不懂法律的當事人，以半哄半騙方式，要求配合辦案，執行搜索。從攻擊防禦的公平性角度而言，司法人員確實也勝之不武。

要避免司法人員以同意搜索方式，規避法院對搜索的審查，對同意搜索的個案，偵查過程更要詳加查明適法性，以防止同意搜索的濫用。

---

20 刑事訴訟法第131條規定：「有下列情形之一者，檢察官、檢察事務官、司法警察官或司法警察，雖無搜索票，得逕行搜索住宅或其他處所：一、因逮捕被告、犯罪嫌疑人或執行拘提、羈押，有事實足認被告或犯罪嫌疑人確實在內者。二、因追躡現行犯或逮捕脫逃人，有事實足認現行犯或脫逃人確實在內者。三、有明顯事實足信為有人在內犯罪而情形急迫者。檢察官於偵查中確有相當理由認情況急迫，非迅速搜索，二十四小時內證據有偽造、變造、湮滅或隱匿之虞者，得逕行搜索，或指揮檢察事務官、司法警察官或司法警察執行搜索，並層報檢察長。前二項搜索，由檢察官為之者，應於實施後三日內陳報該管法院；由檢察事務官、司法警察官或司法警察為之者，應於執行後三日內報告該管檢察署檢察官及法院。法院認為不應准許者，應於五日內撤銷之。第一項、第二項之搜索執行後未陳報該管法院或經法院撤銷者，審判時法院得宣告所扣得之物，不得作為證據。」
21 刑事訴訟法第131條之1規定：「搜索，經受搜索人出於自願性同意者，得不使用搜索票。但執行人員應出示證件，並將其同意之意旨記載於筆錄。」

3-2-4 搜索權益

司法機關搜索一般人的住居所，除了有制服警察在場之外，也可能是由便衣刑警執行搜索。

對於穿著便衣的司法人員，要進入民宅實施搜索，一般人都會質疑，到底是不是真的？尤其當今詐欺集團橫行，萬一開門遇上歹徒，要如何保障自己的安全與權益，確實需要特別注意，並建立防範未然的基本觀念。

對一般民眾而言，要如何分辨司法人員，或是法院法官開立的搜索票，確實有所困難，因為很少人知道什麼才是制式的搜索票，司法人員也不是寫在臉上，當遇上司法人員表示要執行搜索時，受搜索人應作適度的查證，確認搜索的真實性，避免權益受到損害。

要辨別真偽，民眾可以在搜索執行前要求作必要的查證，確認來者不是冒牌貨，司法人員更要協助民眾查證，以解決民眾心中的疑惑與恐懼。

一、確認搜索人員身分

司法人員在執行搜索時，搜索的公務員必須出示職員證件，讓當事人了解來者是何人，又是哪個司法機關前來搜索。為避免冒牌貨以假證件矇騙，當事人可以自行打電話向該機關查證有無這名公務員，及有無執行搜索任務，以求真實無誤。

二、搜索票上所填載之當事人基本資料

搜索票，刑事訴訟法第128條規定，應記載案由、搜索之被告、犯罪嫌疑人應加搜索之處所等，因此，必須詳細檢視搜索票上所寫的當事人姓名、年籍資料、處所地址，是否都正確無誤。搜索票上所寫的資料有所錯誤，應當場提出異議。

三、簽發搜索票機關及法官姓名

搜索票，是由法院核發，搜索票上要有法官的簽名，因此也可以向法院查詢是否有該名法官，但是司法機關是不可能讓當事人與法官通話，當事人並不能向法官本人查證，是否有簽發搜索票，因為核發搜索票的程

序，依法不公開。當事人最多只能查證到，確認有該名法官而已，但也是
盡到個人查證的最大範圍了。

四、請求轄區派出所或律師協助

　　當事人如果覺得自己家中來了數名彪形大漢，其貌又不似善者，可
以打電話至管區派出所，請求制服警員到現場協助了解，或是請律師協助
了解。目的並不是要干擾司法機關的搜索作為，而是一群陌生人進入私人
住宅，當事人家中可能會有孩童、女性家屬在屋內，當然必須要做好基本
的安全維護，司法搜索也應具有同理心，如此司法才能真正獲得民眾的信
賴。

第三輯　科技與刑事通訊監察

案例

　　阿國最近看到許多社會刑事案件，警方都以監聽偵破重大刑案。從事科技產業，對監聽的科技設配並不陌生，但是對於監聽能夠全盤掌控個人生活，卻感到十分的恐懼。到底誰會被監聽，司法人員如果任意監聽，有沒有監控的機制，老百姓要如何保障個人的秘密通訊自由，阿國決定要向專家請教，對於全民公敵的監聽，到底要如何保障自己的權益。

3-3-1　什麼是監聽

　　監聽正如電影全民公敵一般，我們正被許多人在暗中監視。當一個人被鎖定「監聽」時，他在監聽者的掌控中，整個人就像透明人一般。

　　透過監聽，可以了解個人的所有生活起居，例如幾點上床睡覺，幾點起床。生活習慣，喜歡到哪家餐館吃飯，個人的生活習性，都會在監聽的過程中，詳細的被揭露。

　　個人癖好，交友的人際網絡，甚至是個人的思想，都將被監聽者逐一剝開，檢視、歸納分析，排列組合與討論，監聽者最後對被監聽者，作出完整的監聽結論。

　　學者Louis Brandeis曾言，不管假借任何名義，監聽（那一隻未被邀請的耳朵）都無疑是統治者實行暴政和壓制的一項工具。在資訊發達，人際交流密切之今日，藉助通訊科技器材，作為人際間溝通管道，已經成為現代人生活不可或缺的一部分。通訊傳輸縮短人際問距離，電子科技是訊息傳遞的最好工具，尤其行動電話的普及，更加速各種資訊傳輸的發達，

每個人出門之前，可能會忘了跟家人打招呼，但是都會注意是否已帶了行動電話，行動電話已儼然成為生活上的必需品。

然任何工具的使用皆有其一體之兩面，使用於正途，當然有利於個人生活、事業之開展，甚至為他人謀取福利。若作為非法用途，則會造成各種的傷害。為何監聽會被認為是全民公敵，因為一個人被監聽之後，將立即被以輻射穿透方式，涵蓋了被監聽者所有的交往對象，只要與被監聽對象聯繫，不管是家人、親戚、朋友、同事，只要與被監聽者通聯，所有通話的內容，都可能被監聽者鎖定了解。無關的其他人，若與被監聽者通聯，通訊同時受到監控，我們無法知道到底誰的電話被監聽了，所以在日常生活中，當一通電話撥出後，沒有人可以保證，這通電話是安全的，此即所謂監聽之全民公敵。

「監聽」雖是偵查利器，但利器之另一面也正是侵害人權最嚴重工具之一，為何說「監聽」對人權之影響最為嚴重，主要原因是一個人在被長期「監聽」過程中，你並不知道整個生活領域正被侵入，由於不知道被侵害，所以無法展開任何防衛，你並不知道自己在暗處被許多人逐一詳細地檢視。

通訊保障及監察法所稱的通訊監察，指的是針對利用電信設備發送、儲存、傳輸或接收符號、文字、影像、聲音或其他信息之有線及無線電信、郵件及書信、言論及談話，依法都可以進行監察[22]。

3-3-2 為何要監聽

當個人電話被監聽時，由於是處於不知情的狀態下，與他人溝通時，屬於私密性的對話，在一般情形下，會坦然地說出個人內心世界的真正想

---

[22] 通訊保障及監察法第3條規定：「本法所稱通訊如下：一、利用電信設備發送、儲存、傳輸或接收符號、文字、影像、聲音或其他信息之有線及無線電信。二、郵件及書信。三、言論及談話。前項所稱之通訊，以有事實足認受監察人對其通訊內容有隱私或秘密之合理期待者為限。」

法，由於無須顧慮有無其他人在場，在溝通對話時，作過多的修飾，此種情況在法律上而言，即所謂的期待可能性。因此，監聽內容一向被視為真實無瑕的對話。

司法機關通常認為，個人私密性的對話，內容是真實的，不是刻意捏造的，且可以提出作為呈堂證據。

司法機關為了從中發現偵查對象真實的外部言行動態，以監聽的方式，進行長期監控，分析了解一個人的私密性活動，及內心真實世界。

「監聽」所得到的個人活動資料，當真實呈現讓當事人檢視時，往往會讓當事人無法否認其說過的話，做過的事，接觸過的人、事、物。檢察官、法官也一向將監聽的內容，作為違法案件，起訴、判決的重要依據。因此，合法的「監聽」，在刑事偵查上一直占有重要的地位。

3-3-3　監聽方式

監聽是透過現代科技之技術，對於運用通訊器材，及以各種電信設備的使用者，從中截取雙方傳遞之所有訊息內容。

不論通訊者是使用何種聯繫方式，以符號、文字、影像、聲音、書信、談話等，監察者都可依法進行攔截，解讀通訊的內容。

除了對電信設備發送訊息的監察外，由於目前快捷郵件的遞送也十分普遍，宅配業者更是如雨後春筍般地快速發展，販毒不法集團，也曾透過郵件進行毒品的販賣，基於偵查犯罪需要，郵件的監察也是不可或缺。

對於郵件及書信之監察，更可了解並截收通信雙方的文字、符號內容，對於通訊者欲傳達的訊息，透過書信的監察，亦可清楚了解通訊者的意圖。

整體而言，監聽的方式主要是以截收、監聽、錄音、錄影、攝影、開拆、檢查、影印或其他類似的必要方法，蒐集通訊雙方的有關訊息[23]。

---

23 通訊保障及監察法第13條第1項規定：「通訊監察以截收、監聽、錄音、錄影、攝影、開拆、檢查、影印或其他類似之必要方法為之。……」

3-3-4 誰會被監聽

　　到底誰會被監聽，要進行監聽，當然是針對所謂的犯罪嫌疑人來進行監聽，問題是哪些是所謂的犯罪嫌疑人，由何人來界定某人是「犯罪嫌疑人」？要具備哪些條件才是「犯罪嫌疑人」？如果報載或雜誌刊登某科技公司，或某個人有不法行為，可否就對他個人所使用的電話，進行監聽？

　　要對一個人實施監聽，有無客觀的判斷標準？依通訊保障及監察法第5條第1項規定：「有事實足認被告或犯罪嫌疑人有下列各款罪嫌之一，並危害國家安全或社會秩序情節重大，而有相當理由可信其通訊內容與本案有關，且不能或難以其他方法蒐集或調查證據者，得發通訊監察書。」

　　要對個人實施電話監聽，在監聽前必須要有相當的事實，認為當事人與特定犯罪有關，法官核發通訊監察書時，將會審核有關的事實資料，而不是只要司法警察機關聲請，就會核准。

　　要對個人進行監聽，只要司法機關認為有監聽的需要，且有相關事證，經向檢察官提出聲請，再由該管法院法官審核，准簽發通訊監察書[24]，就可以進行監聽。

　　有權核發監聽票的法官，本身也都可能成為被監聽的對象，以2010年7月間，爆發高等法院3名法官集體收賄案件為例，法官本身也被監控達3年之久。

　　因此，只要被認為有犯罪嫌疑，就可能被監聽，每個人都有被監聽的風險，因為我們無法得知，個人是否已被他人指控，且正在被第三隻耳朵監控中。

---

24 通訊保障及監察法第11條規定：「通訊監察書應記載下列事項：一、案由及涉嫌觸犯之法條。二、監察對象。三、監察通訊種類及號碼等足資識別之特徵。四、受監察處所。五、監察理由。六、監察期間及方法。七、聲請機關。八、執行機關。九、建置機關。前項第八款之執行機關，指蒐集通訊內容之機關。第九款之建置機關，指單純提供通訊監察軟硬體設備而未接觸通訊內容之機關。核發通訊監察書之程序，不公開之。」

3-3-5　監聽權益

　　在現實生活中，人們所使用的通訊方式，大概是以有線電話及無線行動電話為主。當通訊者以電話方式傳遞訊息時，監察者就可以直接截取談話之內容，並將該對談內容之聲音，影像透過錄音帶，光碟作永久性之儲存。

　　若通話者對談的內容，與犯罪事證有關，則所錄製的錄音帶，或光碟將成為通訊對談雙方，永遠存在的紀錄。除非能證明該通訊內容是出於非任意性，否則雙方談話的錄音內容，將成為重要的證據。

　　不當監聽可能會嚴重侵害人權，個人如果被監聽，被監聽者有何權益，司法機關的監聽作為，有沒有任何的限制，個人對於監聽人權的保障，應有所了解，避免權利受到不當侵害。

一、每次監聽時間限制

　　監聽到底會被監聽多久，從社會上許多刑事案件中，可知司法警察機關，為偵破重大刑案，常常需要進行長期的監控，監聽原則上並沒有時間的限制，因案件的需要，可能會監控1年，或2年，只要法官准許，就可以長期進行監聽。

　　由於監聽對人民權益影響甚為重大，為了避免人民生活受到公權力的侵害，司法機關依法對人民所實施的監聽作為，每次聲請監聽的時間，有期限的規定，每次聲請監聽的期間，不能超過30天。

　　如果基於案件的需要，而有繼續監聽的必要，司法機關必須檢附具體理由，在監聽期間屆滿的前二日，再向檢察官聲請後，由法官決定是否准予繼續監聽[25]。

25　通訊保障及監察法第12條規定：「第五條、第六條之通訊監察期間，每次不得逾三十日，第七條之通訊監察期間，每次不得逾一年；其有繼續監察之必要者，應附具體理由，至遲於期間屆滿之二日前，提出聲請。第五條、第六條之通訊監察期間屆滿前，偵查中檢察官、審判中法官認已無監察之必要者，應即停止監察。第七條之通訊監察期間屆滿前，綜理國家情報工作機關首長認已無監察之必要者，應即停止監察。」

二、不得進入私人住宅實施監聽

司法機關依法律授權，對個人執行監聽，以截收、監聽、錄音、錄影、攝影、開拆、檢查、影印或其他類似之必要方法進行通訊監察，已直接侵入個人隱私。

一個人被監聽時，在司法機關眼中，可說已毫無隱私與秘密可言。生活領域完全聽在司法人員的耳中。在這種情形下，人權到底有何保障？為維護個人生存的基本尊嚴，及個人處所隱私權，對個人的通訊監察，法律明文禁止於私人住宅裝置竊聽器、錄影設備或其他監察器材[26]，以防範人民生活陷於全民公敵之恐懼中。

三、監聽結束後須通知被監聽之當事人

人民有秘密通訊之自由[27]，人民有權利知道個人通訊是否受到干擾，或受到不法侵害。縱然是法官核發，由司法機關執行的通訊監察。在監察結束之後，仍然必須依法通知曾被監聽的當事人。

因此，個人所使用的電信設備如被監聽，在監聽結束後，會收到司法機關寄發的通知書，告知當事人，通知書會詳細記載，從何時起至何時結束，載明當事人所使用的電話號碼，曾被實施通訊監察。[28]

---

26 通訊保障及監察法第13條規定：「通訊監察以截收、監聽、錄音、錄影、攝影、開拆、檢查、影印或其他類似之必要方法為之。但不得於私人住宅裝置竊聽器、錄影設備或其他監察器材。執行通訊監察，除經依法處置者外，應維持通訊暢通。」

27 釋字第631號解釋：「憲法第十二條規定：『人民有秘密通訊之自由。』旨在確保人民就通訊之有無、對象、時間、方式及內容等事項，有不受國家及他人任意侵擾之權利。國家採取限制手段時，除應有法律依據外，限制之要件應具體、明確，不得逾越必要之範圍，所踐行之程序並應合理、正當，方符憲法保護人民秘密通訊自由之意旨。中華民國八十八年七月十四日制定公布之通訊保障及監察法第五條第二項規定：『前項通訊監察書，偵查中由檢察官依司法警察機關聲請或依職權核發』，未要求通訊監察書原則上應由客觀、獨立行使職權之法官核發，而使職司犯罪偵查之檢察官與司法警察機關，同時負責通訊監察書之聲請與核發，難謂為合理、正當之程序規範，而與憲法第十二條保障人民秘密通訊自由之意旨不符，應自本解釋公布之日起，至遲於九十六年七月十一日修正公布之通訊保障及監察法第五條施行之日失其效力。」

28 通訊保障及監察法第15條規定：「第五條、第六條及第七條第二項通訊監察案件之執行機關於監察通訊結束時，應即敘明受監察人之姓名、住所或居所報由檢察官、綜理國家情報工作機關陳報法院通知受監察人。如認通知有妨害監察目的之虞或不能通知者，應一併陳報。
法院對於前項陳報，除認通知有妨害監察目的之虞或不能通知之情形外，應通知受監察人。
前項不通知之原因消滅後，執行機關應報由檢察官、綜理國家情報工作機關陳報法院補行通知。關於執行機關陳報事項經法院審查後，交由司法事務官通知受監察人。」

當事人收到司法機關的正式書面通知後，就代表個人的電話曾被監聽，雖然在事後才知道，但至少知道個人曾被監聽過，雖滋味不好受，但公權力的執行，也只好認了。

四、監聽所得資料之保存期間

監聽當然是經過了一段時間的監控，在監聽期間，將會蒐集到許多的個人資料，可能有部分是屬於個人私密的內容，這些資料在監聽之後要如何處理，個人的隱私秘密會不會因此洩漏，或被他人不當運用？

事實上，監聽所得到的資料，並不能任意運用，除了已提供案件證據之用，留存於案卷，或依監聽目的，有必要長期留存外，必須將監聽所得到的資料，封緘妥善保管，保管期限為五年，逾期司法機關會予以銷毀[29]。

通訊監察所得的資料，也可能完全與案件無關，也就是說司法機關聽不到有任何違法的情事，監聽內容除了風花雪月，日常生活聯繫外，若全部與監聽案件無關者，負責執行監聽的機關，經報由核發通訊監察書的法官核准後，應將監聽所得資料，銷燬之，以保障個人通訊之隱私權。

五、違法監聽洩漏個人資料之求償處罰

由於社會多元化，科技產業競爭熱烈，人際衝突頻繁，個人或科技產業可能為保障權益，會想要了解他人的秘密，若違法監聽他人電信通訊，須付民刑事責任。違法監聽，或被監聽之資料，被洩漏予他人，均可依法提起損害賠償，損害賠償總額，按其被監聽之日數，以每一受監聽者每日新臺幣1,000元以上5,000元以下計算。但能證明其所受之損害額高於該金額者，不在此限[30]。

---

29 通訊保障及監察法第17條第1項規定：「監察通訊所得資料，應加封緘或其他標識，由執行機關蓋印，保存完整真實，不得增、刪、變更，除已供案件證據之用留存於該案卷或為監察目的有必要長期留存者外，由執行機關於監察通訊結束後，保存五年，逾期予以銷燬。」
30 通訊保障及監察法第19條規定：「違反本法或其他法律之規定監察他人通訊或洩漏、提供、使用監察通訊所得之資料者，負損害賠償責任。被害人雖非財產上之損害，亦得請求賠償相當之金額；其名譽被侵害者，並得請求為回復名譽之適當處分。前項請求權，不得讓與或繼承。但以金額賠償之請求權已依契約承諾或已起訴者，不在此限。」同法第20條規定：「前條之損害賠償總額，按其監察通訊日數，以每一受監察人每日新台幣一千元以上五千元以下

違法監聽除了有賠償責任之外，也必須受到司法的追訴，違法監察他人通訊，須處五年以下有期徒刑。無論是負責執行監聽的公務員，或是協助執行的從業人員，違法監聽都將受到刑事追訴[31]。

3-3-6 職場監看員工電子郵件問題

電子郵件具有快速、便捷的特性，為現代資訊交換的重要工具之一，不管是個人或公司企業都廣泛地利用電子郵件進行資訊的流通。

科技公司的營運、科技研發與公司業務內容，均屬公司的重大營業秘密，為了營運及管理需要，避免公司營業秘密洩漏，對於員工所使用的公務用電子郵件，必須採取管控作為。

在部分個案中，曾發生科技企業離職員工，在離職前利用電子郵件傳遞方式，將公司的研發成果，傳送至個人電子郵件信箱，作為個人用途，衍生許多司法案件，企業電子郵件的管理，確實是科技產業不可輕忽的課題。

因此，電子郵件的傳送，算不算是通訊保障及監察法所稱的「通訊」，職場監視員工電子郵件行為，算不算是「監察」他人通訊。從通訊保障及監察法上來觀察，並未被排除，通訊監察包括對電子郵件的監察。

如果企業任意監看員工之電子郵件，或將監看之資訊做其他之用途，企業也有可能構成違反通訊保障監察法及其他法律之行為。

公司若要監看員工在職場中使用之電子郵件，應事先取得員工之同意，避免任意監察他人秘密通訊之法律責任。公司可在勞動契約、工作規則，或電子郵件的管理政策中，明白的規定公司對電子郵件的管理政策，

計算。但能證明其所受之損害額高於該金額者，不在此限。前項監察通訊日數不明者，以三十日計算。」。

31 通訊保障及監察法第24條規定：「違法監察他人通訊者，處五年以下有期徒刑。執行或協助執行通訊監察之公務員或從業人員，假借職務或業務上之權力、機會或方法，犯前項之罪者，處六月以上五年以下有期徒刑。意圖營利而犯前二項之罪者，處一年以上七年以下有期徒刑。」

規定公司是否監看員工之電子郵件，監看的目的，透過何種方式監看，事先徵求員工的同意，避免對員工隱私權的侵犯。

　　員工電子郵件的往返還涉及與第三人的通訊，公司並沒有權益監察第三人的通訊，雖然在通訊保障及監察法中規定，可以因一方的同意而不受處罰[32]。但仍然要考量在其他法律上的風險，因此，監看職場員工電子郵件，最好是要僅限針對公司管理的目的，且不是出於無故或作不法用途，主張監看員工電子郵件，是屬合法管理範圍之需要，是公司正當權利的行使，如此勞資雙方，較能因權益問題，機先解除未來可能產生的爭端。

---

32 通訊保障及監察法第29條規定：「監察他人之通訊，而有下列情形之一者，不罰：一、依法律規定而為者。二、電信事業或郵政機關（構）人員基於提供公共電信或郵政服務之目的，而依有關法令執行者。三、監察者為通訊之一方或已得通訊之一方事先同意，而非出於不法目的者。」

第四篇

科技與經濟犯罪篇

第一輯 科技與經濟犯罪

案例

　　阿國最近看到新聞媒體報導，部分科技公司掏空公司資產的個案，被司法機關以涉嫌重大經濟犯罪為由，不僅公司遭到搜索，犯罪嫌疑人也被羈押禁見！阿國非常好奇，不知什麼是經濟犯罪，目前經濟犯罪嚴重嗎？經濟犯罪與一般犯罪有何不同，有哪些原因造成經濟犯罪？為了本身科技公司經營的需要，阿國認為要有預防的觀念，科技產業對經濟犯罪必須要有基本的認識。

4-1-1 經濟犯罪定義

　　科技產業以追求利潤為目標，科技與經濟活動密切相關。臺灣是一自由經濟體制，經濟市場的秩序與發展，與經濟犯罪活動具有密切相關。

　　2008年政黨二次輪替之後，新政府以發展經濟為施政主軸。兩岸在2010年簽署ECFA經濟合作架構協議，企業界更是卯足全勁，在經濟上力求發展，並以布局全球為發展重心。

　　在全力拼經濟之下，可能衍生出許多新興的經濟犯罪行為及型態。由於經濟犯罪與「白領犯罪」類似，具有組織性且影響正常的經濟活動秩序，嚴重之經濟犯罪不僅掏空企業資產，更易造成社會問題。

　　科技企業在追求經濟發展過程中，應對經濟犯罪問題有基本的認識，以避免公司經營體制涉及經濟犯罪問題，影響企業之正常發展。

　　什麼是經濟犯罪，首先必須了解經濟犯罪之定義及其範疇，經濟犯罪與白領犯罪，由於均較屬利用「地位」與「身分」之犯罪型態，因此經濟

犯罪時常被歸類為是白領犯罪。

然白領犯罪一詞係由美國犯罪學家蘇哲蘭（E. Sutherland）於1939年在美國社會學年會中首次發表，其將白領犯罪定義為富有及具權勢者，利用其在工商界的地位為個人進行的違法活動[1]，有關經濟犯罪之定義及其範圍可分別從犯罪學及法律之觀點說明如次：

一、犯罪學觀點對經濟犯罪之定義

周愫嫻（2001）[2]曾經以法官、檢察官、大學法律教授做為研究對象，了解這些法律專業者對於經濟犯罪的認知，並得到一個本土性的定義，分為五大類，包括：

（一）違反財政類行政法規。

（二）違反專技人員類行政法規。

（三）違反經濟類行政法規。

（四）貪污。

（五）瀆職。

歸納經濟犯罪的定義與分類的特性有：

（一）犯罪人為社會經濟地位高者或為公司法人。

（二）利用合法的職權、專業知識、影響力、公司等從事非暴力的行為。

（三）獲取個人或公司的利益為犯罪的動機。

（四）違反法律。

（五）行為的結果侵害其他個人、公司或國家的利益。

侯崇文（2001）[3]對經濟犯罪的定義如下：「犯罪者（不管個人或團體），透過公司組織的名義（合法的公司或非法的公司），或者其專門職業位置，為了個人或公司的利益，破壞了正常的經濟活動中被信託或公眾信託的行為，從事的違法活動，這些活動有的是暴力的，有的則不是暴力

1　W. H. Sutherland, "Whute-Collar Criminality." American Sociological Review 5:1, 1939. 轉引自蔡德輝、楊士隆，2001，犯罪學，五南圖書出版社，第266頁。

2　周素嫻，2001，白領犯罪的定義與爭議，犯罪問題與刑事政策研討會，嘉義：中正大學。

3　侯崇文，2001，政策競爭通訊，第5卷第5期。

的，但皆足以造成社會上多數人受害。」

以上的定義有下列幾個重要的特性：
（一）犯罪者為一人或者為團體、公司法人，因此，經濟犯罪包括個人或企業的犯罪。
（二）犯罪者沒有限定是高社會地位的人，低階級者只要利用經濟市場的機制，從事犯罪行為也屬經濟犯罪。
（三）以個人的專業職務或者透過公司，透過經濟市場的機制，在社會中或者在法律上取得被信任的角色或職位，而從事的犯罪行為。
（四）行為必須是法律所不允許的，經濟犯罪違反法律規定。
（五）有明確的犯罪受害人，受害人可以是個人、公司、員工或國家。
（六）犯罪本質有些是暴力的，有些則是非暴力的。

法國社會學家涂爾幹（E. Durkheim）之無規範理論，指出經濟犯罪乃是經濟社會所預定的目的與經濟結構所確定達成此種目的手段之間的衝突而生的一種經濟偏差行為。

影響偏差行為之主要兩個變項：「經濟目的」與「經濟手段」；「參加經濟活動的經濟能力」及「合法與非法達成目的的可能性」兩個變項[4]。

二、法律觀點對經濟犯罪之定義

德國刑法學者林德曼（K. Lindemann）指出（此係早期德國文獻所贊同，1932年），把國家整體經濟當作刑法保護之法益，認為經濟犯罪是以整體經濟及其功能上的重要部門為攻擊對象的犯罪行為，即是一種針對國家整體經濟及其重要部門與制度所為之可罰性行為[5]。

林山田（1987）以德國學說提出，經濟犯罪乃指意圖謀取不法利益，利用法律交往與經濟交易所允許之經濟活動方式，利用經濟秩序賴以

4　黃朝義，論經濟犯罪的刑事法問題，1998，刑事政策與犯罪研究論文集（一），法務部犯罪研究中心編印，第140頁。
5　黃朝義，同上註，第143頁。

維存的誠實信用原則，違反所有直接或間接規範經濟活動之有關法令，而足以危害正常之經濟活動與干擾經濟生活秩序，甚至於破壞整個經濟結構的財產犯罪或圖利犯罪[6]。

林東茂（1986）參照德國學術界有關經濟犯罪之通說，經濟犯罪決定性的標準是「整體經濟秩序的危險或侵害」。

一個不法行為，如果已經對整體經濟秩序造成干擾與侵害，自然是經濟犯罪；如果只有對整體經濟秩序引起危險狀態，也可認為是經濟犯罪[7]。

法務部在1980年即頒布「經濟犯罪之罪名及範圍認定標準」，因應社會經濟之迅速發展及新興之經濟犯罪態樣，經過多次修正[8]，現行對經濟犯罪之認定主要有下列各款犯罪，依被害人數或金額，列為經濟犯罪：冒貸詐欺、投資詐欺、破產詐欺；利用國貿、海運、惡性倒閉、票據、保險、訴訟詐欺及其他重大詐欺犯罪，公務侵占或業務侵占，重利罪，其他違反經濟管制法令之犯罪[9]。

前項各款所列犯罪，其被害人數或金額認定標準，依各地方法院或其分院檢察署轄區之社會經濟情況不同，區分如下：

（一）臺灣臺北、板橋、臺中、臺南、高雄、基隆、桃園地方法院檢察署、臺北地方法院士林分院檢察署[10]，被害人數50人以上或被害金額新臺幣2,000萬元以上者。

（二）前款以外之地方法院檢察署被害人數30人以上或被害金額新臺幣1,000萬元以上者。

---

6 林山田，經濟犯罪與經濟刑法，1987，政大法學叢書。

7 林東茂，危險犯與經濟刑法，1986，五南圖書出版社。

8 法務部76年9月4日（76）檢字第10404號函修訂「經濟犯罪之罪名及範圍認定標準」，將被害人數、金額等列入認定標準，界定經濟犯罪範圍；法務部為保護智慧財產權、健全保險制度及配合國外期貨交易法實施，在83年10月8日以（83）法檢字第21892號函將違反著作權法、違反國外期貨交易法及非保險業經營保險或類似保險業務案件納入。轉引自法務部調查局，2008，經濟及毒品犯罪防制工作年報，法務部調查局編印，第6頁。

9 其他經濟犯罪管制法令包括：貿易法、高科技貨品輸出入管理辦法、能源管理法、電信法、野生動物保育法、商業會計法等法令規定。轉引自法務部調查局，同上註，第6頁。

10 1995年7月1日升格為臺灣士林地方法院檢察署。

（三）下列各款犯罪，侵害法益新臺幣200萬元以上者，列為經濟犯罪：
走私進口及走私出口案件、違反稅捐稽徵法或其他以詐術或不正當
方法申請退稅案件，偽造、變造貨幣案件，偽造、變造有價證券案
件，違法製造，販賣私菸，私酒案件，違反管理外匯條例，違反銀
行法案件。

（四）下列各款犯罪，斟酌當地社會經濟狀況，足以危害社會經濟利益
者，列為經濟犯罪：違反證券交易法案件、違反公平交易法案件、
違反商標法、專利法[11]、違反國外期貨交易法案件[12]、非保險業經
營保險或類似保險業務案件、其他使用不正當方法，破壞社會經濟
秩序，構成犯罪者。

　　綜上所述，從法律制度、犯罪型態、犯罪手段、侵害法益經濟秩序等
面向探討經濟犯罪定義，均以具有違法性質之侵害個人或團體法益，且與
金錢財務之利益相關，而經濟犯罪行為足以影響正常之經濟活動，甚至可
能衍生為社會問題之犯罪行為，均屬經濟犯罪。

　　經濟犯罪雖係利用工商經濟活動進行犯罪，但其範圍顯已超越蘇哲蘭
對白領犯罪之定義，全球的經濟活動及企業型態，均不同以往，經濟犯罪
型態更是翻陳出新，白領犯罪之定義已無法概括經濟犯罪之意涵。對於經
濟犯罪的定義，應以當代之社會法律規章，社會經濟發展現況，賦予新的
認識與定義。

4-1-2　經濟犯罪盛行率

　　為了解整體經濟犯罪盛行率，以法務部統計年報[13]分析臺灣經濟犯罪

---

11 2003年2月6日修正公布之專利法將侵害專利權之行為除罪。
12 1997年3月26日期貨交易法公布，同年6月1日施行後，國外期貨交易法為該法取代，不再適
　用。
13 法務部統計月報，2014，法務部統計處。

整體犯罪率，如表4-1-1經濟犯罪終結件數，以2007年之310件最高；起訴人數，以2007年之1,667人最高；不起訴人數，以2002年之360人最高；緩起訴人數，以2009年之191人最高。

　　有關各類型經濟犯罪的盛行率，以法務部統計年報[14]分析臺灣經濟犯罪主要類型犯罪概況，如表4-1-2所示，偽造有價證券案件以2003年之45人最高；詐欺罪以2005年之593人最高；違反證券交易法案以2007年之239人最高；違反期貨交易法以2009年之81人最高；違反銀行法以2009年之393人最高；違反稅捐稽徵法以2000年之183人最高。其他經濟犯罪案件則以2007年之552人最高。

表 4-1-1　經濟犯罪案件2002-2013年起訴人數統計表

年份	經濟犯罪終結件數	起訴人數	不起訴人數	緩起訴人數
2002	243	543	360	58
2003	254	715	163	14
2004	185	364	63	6
2005	62	1,144	122	18
2006	265	828	266	161
2007	310	1,667	102	1
2008	238	843	59	2
2009	269	1,074	104	191
2010	230	864	103	86
2011	172	581	129	0
2012	230	981	316	149
2013	238	719	51	112
總計	2,696	10,323	1,838	798

資料來源：法務統計年報暨徐國楨分析整理，2014。

---

14 同上註。

表 4-1-2　各類型經濟犯罪案件1999-2009年偵查終結起訴人數統計表

年份	偽造證券	詐欺罪	證交法	期交法	銀行法	稅捐法	其他經濟犯罪
1999	13	279	60	1	11	15	57
2000	6	213	83	74	8	183	25
2001	6	205	39	0	11	4	69
2002	7	210	66	61	45	11	95
2003	45	246	55	50	61	26	203
2004	7	177	45	0	12	16	70
2005	17	593	72	34	42	0	288
2006	2	245	86	15	228	0	138
2007	2	316	239	23	317	46	552
2008	3	111	168	0	355	0	134
2009	14	319	112	81	393	10	101
總計	122	2,914	1,025	339	1,483	311	1,732

資料來源：法務統計年報暨徐國楨分析整理，2014。

4-1-3　經濟犯罪特性

　　臺灣近年來所發生的經濟犯罪案件，以企業內線交易和不法掏空舞弊案件較多。

　　司法機關過去曾偵辦的個案，如太電公司、訊碟科技、中興銀行、博達科技、國華人壽和力霸集團等重大掏空案，都屬於經濟犯罪的範疇。

　　經濟犯罪比一般傳統犯罪較具組織化且隱匿性高，其主要犯罪特性有複雜性、抽樣性、不可透視性、被害人眾多、高損害性及危險性、低非價領悟（社會罪惡薄弱反應性）、特殊性、隱匿性（犯罪黑數高）、追訴困難、以組織體型態犯罪、與政治風氣具有密切相關、行為人缺乏罪惡感、與行為人職業活動有關、無國界之犯罪、轉嫁性等特性。

　　觀之目前臺灣經濟犯罪現況，以實際個案，綜合說明當前經濟犯罪的特性。

一、複雜性

經濟犯罪及犯罪方式與所處之社會發展現況相關，農業時代與工商發達社會，發生經濟犯罪所呈現的態樣當有所不同，而社會的變遷又牽動著因應社會需要的法律規章修正，因此經濟犯罪所涉及違反之法令甚廣。

有關刑法、刑事特別法、民法、商事法等，臺灣實施金融改革，須有金融市場的興利法案，提供金融、保險一個更寬廣的發展空間及管理的規範，且須制定除弊法案，因此有「金融控股公司法」「營業稅法」、「存款保險條例」、「金融重建基金設置及管理條例」、「保險法」、「票券金融管理法」等所謂金融六法配套法令，以因應日益頻繁之經濟活動，更著重於經濟犯罪的預防。

經濟犯罪的違法方式，大多以合法活動掩飾非法，及濫用誠信原則，因此犯罪學者將重大經濟犯罪形容為「具有多樣性構成要件組合的複雜性犯罪」。

二、抽象性

經濟犯罪所侵害之法益除了個人財產法益外，在企業侵占或校園掏空案之犯罪行為，法人團體或機構亦為受損害之對象。

由於經濟犯罪之複雜性，因此尚有「超個人之財產法益」及「非物質法益」或社會法益，在詐欺犯罪之未遂階段，其侵害之法益因未有結果產生，但其犯行已具有危險性之前階段行為，此為經濟犯罪之抽象性特性。

三、不可透視性

經濟犯罪往往透過隱瞞詐欺之技倆進行違法活動，因此經濟犯罪被認為是一種智慧型之犯罪。

被害者在初期往往不自知，甚至為經濟犯罪者所利用，且經濟犯罪不易留下犯罪跡證，司法機關須長期蒐集不法事證才能順利追訴不法。

四、被害人眾多

經濟犯罪多以獲取不法資金利益為主要犯罪標的，當然是以追求其犯罪最大利益為主，在未為司法機關偵辦時，經濟犯罪活動是不會輕易終

止。

　　經濟犯罪行為客體除了個人外，社會群體亦可能成為受侵害者，在股票內線交易，虛偽招攬投資公司向社會大眾募款及惡性倒閉之詐欺案件，受害之對象經常達數千人，被害人數眾多是經濟犯罪的明顯特性。

五、高損害性及危險性

　　經濟犯罪之金額均甚為龐大，以內線交易犯罪為例，犯罪金額都高額數億元。

　　近年來，由於國內經濟景氣不佳，社會普遍存在著投機心理，犯罪者利用民眾之貪念，假借各種名義遂行詐騙活動，犯罪手法不斷翻新，受害層面不斷擴大，犯罪情況已達猖獗的地步。

　　近來因經濟、社會型態劇烈改變，虛擬世界取代實體世界情境下，犯罪型態亦由單打獨鬥或數人小型聚合「面對面」接觸才能得逞，轉而以集團化、隔空方式，即能遂行詐欺目的，衍生了所謂「新興詐欺犯罪」[15]。如手機簡訊、刮刮樂、司法存證信函詐財等。此類犯罪，因受害人數眾多，詐騙總金額動輒上千萬或上億元，其對人際交往互信及社會的信賴，已經嚴重到一般人難以想像的地步。

六、低非價領悟（社會罪惡薄弱反應性）

　　「非價領悟」係指對於一不法行為，認其違背正義而應加以譴責之領會程度。

　　經濟犯罪如被視為是一種智慧型犯罪，易使人信之為是以智慧犯罪，個體之所以受害，係識人不明或對事物欠缺警覺性才會成為被害者，致降低對經濟犯罪者之譴責性，產生所謂的「低非價領悟」。

　　當司法機關對經濟犯罪之追訴無法達社會大眾認為應罰之可責程度，或犯罪者在司法機關追訴後仍然得以享受因不法犯罪所得之鉅額資金時，易讓一般人對經濟犯罪抱有仰慕及佩服的心情，甚至存有仿傚的意圖。

　　經濟犯罪不僅在「非價領悟」較低於暴力犯罪，且在苛責性較低的同

---

15 洪漢周，2003，「新興詐欺犯罪趨勢與對策研究」，警學叢刊，34卷1期，第144頁。

時，更會助長經濟犯罪的氾濫。

七、被害人薄弱反應性

司法機關對經濟犯罪之追訴效率，將影響被害者是否願意配合司法機關對不法者之舉發與追訴。

被害者有時雖受到法益的侵害，但仍不願向司法機關舉發，究其原因主要有下列：

（一）被害人認為對被告進行刑事追訴，曠日費時，且無法追討已受損害之金錢財物，徒增訴訟之累。

（二）了解經濟犯罪之複雜性與抽象性，對司法機關追訴不法犯罪能力缺乏信心。

（三）被害人基於憐憫之心，認為以刑事追訴對付經濟犯罪過於嚴厲，應採取較為溫和之手段。

（四）被害人畏懼在財務損失後，提出刑事告訴，經由媒體報導，個人將成為大眾嘲笑對象。

被害人之薄弱反應性，以金融機構之被害為例，金融機構若遭不法份子詐騙受害，常抱持息事寧人之心態，或可能自己都不知道已遭詐騙，金融機構也常以「商業機密不外洩」的想法，且恐被害曝光後，影響到公司的形象，並未將該機構遭詐騙之詳情通報予其他金融機構，使其他金融機構也容易再遭不法份子以相同手法詐騙得逞，且一直未遭司法機關偵辦追訴，使得經濟犯罪者以不斷創新手法繼續行騙，問題如滾雪球一般擴大至無法收拾時，再亡羊補牢企圖尋求補救之道。

被害人對經濟犯罪雖具有薄弱之反應性，但如果被害金額龐大，影響其整個生計，或認為避免其他人繼續受害，仍會挺身而出舉發不法之經濟犯罪。

八、特殊性

經濟犯罪乃利用合法與正當之經濟活動，從事於犯罪行為，以營建業向金融機構不法詐騙貸款為例：

　　建設公司通常均與土地地主合作，興建集合式大樓，雙方約定完工後地主可分得部分成屋。但興建大樓所需資金龐大，縱使預售屋銷售情形不錯，但購屋者大部分之房屋款，需待房屋完工後，才能向銀行以貸款方式支付。因此建設公司在興建期間，主要資金來源為向銀行融資貸款。而融資項目主要有三種，其一為土地之擔保融資；其二為營運週轉金之信用貸款；最後則為金額最大的營建融資。而其中第一、二項之借款均可先行撥付，惟建設公司之主要收入來源即為售屋收入，為確保建設公司有能力償還營建融資，銀行通常都會要求建設公司所興建之大樓需達一定銷售比率，才准予撥款，而建設公司為順利籌得融資，常在銷售率未達一定比率的情形下，偽造不實的買賣契約書，以虛增銷售率，而得以順利取得營建融資。

　　此種貸款方式，若所興建之房屋，一直無法順利銷售，部分建商常選擇不繳還本息，任銀行去查扣建物，及土地拍賣抵債。部分建商則可能在貸款時，就有意詐取營建融資，根本未將該融資用在興建建築物，而中飽私囊，任銀行去查扣拍賣未完工之建物及土地。

　　此一情形，對銀行而言，最後都是無法完全收回借款，而造成損失，此種經濟犯罪型態，常讓金融機構受到鉅額損失。

九、隱匿性（犯罪黑數高）

　　「犯罪黑數」又稱犯罪的未知數，係指實際發生犯罪，但未經發覺，或雖經發覺，但未偵破並受到審判處罰之犯罪數。沒有在犯罪統計上出現的實際發生犯罪數，犯罪人運用職業活動上便利，及豐富之知識，以其優越之身分地位為掩護，行為又極為巧妙，不易被發現。

　　在經濟犯罪的範疇中，以偽鈔犯罪、逃漏稅及網路詐欺犯罪，都存有高度之犯罪黑數。

　　尤其網路犯罪，因行為人利用電腦進行犯罪，在本質上就難以發現，且因多牽涉個人或企業之信譽與秘密，被害者多不願聲張報案，加之此類犯罪追訴成效偏低，因而導致網路犯罪具有相當高之犯罪黑數。

十、追訴困難

經濟犯罪屬於智慧型之犯罪，部分犯罪者具有較高之教育程度，除了常業犯外，有許多為無犯罪前科。

經濟犯罪者，就算事跡敗露，也可藉與大眾傳播有著良好關係，簡化甚至封鎖消息，或動員所擁有之資源，阻止刑事追訴工作之進行。

主管行政機關或刑事司法機關一旦發現經濟違法行為，因為顧及整體經濟利益與安定，往往不敢下定決心在第一時間處置，有投鼠忌器之心態。

另刑事追訴人員只受法律專業訓練，欠缺對於追訴經濟犯罪之專業知識，所以在經濟犯罪追訴上仍有困難。

十一、以組織型態犯罪

經濟犯罪的態樣以組織型態，作為犯罪手法者甚多，由於藉組織或以企業集團方式進行犯罪，利於犯罪之隱匿。組織性之作為，較易取信於被害人，有利犯罪者擴大犯罪不法所得利益。經濟犯罪以組織性型態在社會中出現時，犯罪者通常以企業化經營模式，以縝密的作業，遂行其不法犯罪。

社會大眾往往會誤入陷阱受害，而組織性之犯罪集團，負責之首腦亦常隱身於幕後，常以人頭作為企業公司掛名之負責人，司法機關在追訴此類型犯罪時，對於犯罪組織之實際負責人列為查緝重點目標。

近年來影響臺灣社會秩序甚為嚴重的電話詐欺犯罪為例，電話詐欺犯罪，以詐取被害人財物，作為主要犯罪標的，其犯罪型態也都是以組織型態出現，在犯罪過程中犯罪集團不斷吸收新成員，並有計劃組訓成員，組織層級與分工嚴密精細，僅以「人頭」電話與「下線」做單線聯繫，下線無從得知幕後真正操控者。

以金融犯罪為例，犯罪集團內部成員分工細密，有負責收購偽造、變造之身分證件、或取得他人知情之人頭身分證件，供作向金融機構申設人頭帳戶，及向電信機構申辦裝設電話，以逃避追緝者。另有專職散發傳單、郵寄傳單、海報廣告、詐欺信函者，有負責執行以電話向被害人訛稱

詐欺事項。亦有專責誘騙被害人將金融帳戶內之存款轉入人頭帳戶內，並持人頭帳戶之提款卡擔負提領贓款者，不僅組織綿密且高度分工，經濟犯常是一共犯結構體。

依法務部統計資料，綜觀近十年（1999至2008年）地方法院檢察署偵辦詐欺罪起訴人數變化情形，自2004年起逐年急速增加，由5,550人增至2008年2萬3,792人，5年間增加3倍多，平均每年增加43.9%[16]。顯示以電話詐欺，進行詐財的犯罪組織，仍十分猖獗。

十二、與政治風氣具有密切相關

社會結構與經濟犯罪息息相關，臺灣近年來社會氛圍混亂，政治人物或政黨紛爭不斷，導致社會脫序，在以追求個人利益前提下，經濟犯罪的氾濫，與社會政治風氣具有高度相關。

經濟犯罪者為達到其犯罪目的，會運用其經濟實力擴張犯罪版圖，在政治風氣較差的國家，經濟犯可濫用政治力獲得公務機關之庇護，持續進行不法犯罪。

至於經濟犯介入政治力方式，在民主法治國家舉凡以政治獻金、不當利益掛勾、賄賂等方式都是經濟犯會使用的手段，因此在政風清明國家，對經濟犯的追訴與犯罪的防制，會較具效能。

十三、行為人缺乏罪惡感

工商發達之資本主義社會，物慾橫流，拜金主義盛行，經濟犯罪者在金錢的誘因下，極盡豪取巧奪之能事。利用各種詐騙技倆，能詐取財物者則取財，不能取財者，騙取人頭再行犯罪亦無不可。

經濟犯在享樂主義作祟之下，追求物質生活的享受，遠已超過對不法行為罪責的感受，行為人通常缺乏罪惡感。

十四、與行為人職業活動有關

經濟犯罪中之公司企業犯罪，犯罪者常利用職務上之機會，進行掏空

---

16 法務部統計處，2009。

侵占、詐欺等不法非行。以銀行之購併案為例，銀行購併中易衍生內線交易，某金控投資負責人，如果以公司任職的投資公司員工、同事及親友名義，在併購案前大量蒐購被購併公司之股票，事後再出脫牟取鉅額利益，則為內線交易。

而此種內線交易之經濟犯罪，顯然是內部人員透過其職務上的關係，在獲知訊息之後，進行集體性套利之經濟犯罪，此即行為人的職業活動與犯罪相關之顯著案例。

十五、無國界之犯罪

經濟犯罪為逃避司法機關之查緝追訴及財產沒收等處分，會將不法所得財產隱匿於境外，或犯罪的基地設於國外，甚至行為人於違法後，潛逃他國藏匿，在地球村的今日，經濟犯罪已儼然成為跨國犯罪之特性。

十六、轉嫁性

公司企業成為經濟犯罪之被害者時，為平衡公司之損害，有可能將公司的損失透過轉嫁至下游廠商，最後間接受害者則是一般社會大眾，此種層層轉嫁沖銷損益的作法，亦是經濟犯罪的特性之一。

4-1-4 經濟犯罪的成因

經濟犯罪者多以投機心態，游走法律邊緣，在利益薰心之下，精心設局布置，以獲得金錢財物為標的，經濟犯罪成因甚多，舉其要者有如次：

一、個人因素

探究經濟犯罪原因發現，有些是基於個人經濟困難，有些則是追求物慾鋌而走險，前者是因社會環境不佳經濟蕭條不振，失業率嚴重下的產物；後者則是個人價值觀的偏差所致，但其都與當代社會經濟狀況、教育與社會環境有關。

經濟犯罪影響經濟秩序甚鉅，加上近來受到國際石油價格高漲，通貨

膨脹日益嚴重，在世界性經濟衰退之際，行為人易以經濟犯罪牟取個人利益。

二、享樂主義作祟

好逸惡勞是人性之一，在經濟不景氣，失業率偏高情形下，導致心存僥倖者之經濟犯罪者，大多起因於好逸惡勞、貪圖暴利所引起。

從諸多經濟犯罪案例中可以得知，經濟犯罪之終極目標，即是能以最小的付出得到最高的利益，甚至是不勞而獲，之後坐享其成，在享樂的催化之下，以經濟犯罪達到其目的。

三、常業犯惡習難改

經濟犯罪少數為沒有前科外，經濟犯當已熟悉犯罪之手法與技巧後，為了能夠在短期間內獲取暴利，以詐欺犯而言，再犯率亦相當高。

四、司法追訴無法嚇阻

由於經濟犯罪成本低，且所得利益甚高，尤其行為人若於犯罪後於未受司法審判之前即潛逃出境。

依目前法律規定，行為人未到庭，並無法對其不法所得逕行宣告沒收，致經濟犯罪者均能在境外坐享其不法所得，司法難以嚇阻經濟犯罪，易形成仿傚之不良效應。

第二輯　科技與網路犯罪

案例

　　阿國因工作需要，經常上網搜尋資料，以了解最新資訊，並充實自己的專業知識。阿國在網路世界裡，發現部分網站潛藏許多誘惑他人犯罪的訊息，令人感到憂心。阿國對於網路的快速便捷，也憂慮著，如果科技研發的成果，被有心人士利用網路科技，進行不當傳輸運用，洩漏公司的營業秘密，將對產業的發展，造成嚴重傷害，阿國認為當代科技產業，應特別注重網路犯罪問題，網路資訊所衍生的科技研發與管理問題，是科技企業不能忽略的課題。

　　隨著電腦網路興起，網路已成為現代人新興和普及的重要傳播工具，但網路快速便捷的特性，更成為不法犯罪者，作為各種犯罪的主要工具。網路犯罪，是運用現代科技的新興犯罪態樣，在網路犯罪中，最普遍的就是利用網路，媒介色情交易。由於網路犯罪的氾濫，如何防範建構一套打擊網路犯罪機制，是現階段政府與民間，必須共同面對的課題。

　　「網路犯罪」是指透過網路架構的特性，包括網際網路的跨國性、無距離限制、隱密性、無實體化及匿名性所實施的犯罪行為。

　　網路世界快速的溝通模式，已成為現代人新興的傳播利器，也因此浮現出網路犯罪問題。例如在網站公然販售槍枝，自稱為「軍火教父」、利用學校網路「教人製造炸彈」，或利用網路散布「衛生棉長蟲」的謠言、「老師被冒名徵求性伴侶」、女明星的照片被人移花接木到裸女身上等案例，隨著網路日漸普及，各式各樣的網路犯罪方式也一一出現。

4-2-1 網路犯罪定義

　　網路犯罪是電腦犯罪之下位概念，而電腦犯罪的定義有廣狹之分，廣義者認為，利用電腦作為犯罪工具，凡與網路設備相關之犯罪均屬之。狹義者認為，僅包含行為具備電腦專業知識與技術，故意違反破壞財產法益的財產犯罪。折衷者則認為，電腦犯罪是行為人濫用破壞電腦而違反具有電腦特質之犯罪行為。所謂「電腦特質」，則以行為的違反、追訴或審判是否需要電腦專業知識為斷。[17]

　　網際網路具有高度匿名性，資訊流通跨越國界地域，以電磁紀錄儲存資訊，有關的定義如下：

一、與網路有關之犯罪，例如竊取電腦網路設備。

二、以網際網路作為犯罪工具，例如利用網路傳遞色情、販毒資料、在網路上交易以逃漏稅捐、以網路洗錢等。

三、以網路為犯罪場所，例如設立色情或賭博網站、煽惑他人犯罪等。

四、具網路特性以網路連結在網路上之電腦系統作為犯罪客體，侵入他人電腦系統加以破壞、篡改資料、散佈病毒等[18]。

　　電腦犯罪與網路犯罪有不同之範圍與定義，應予區分。電腦犯罪是指利用可儲存及處理資料之電腦為工具，所為之犯罪行為。

　　網際網路，以實體觀之，由許多之電腦連結而成，而形成一立體之第三度虛擬空間，故通常將網路犯罪，定義為電腦犯罪之下位概念，是電腦犯罪之一種類型。

　　行為人犯罪除需透過電腦外，更是利用網路連結全球便利性之特性而完成其犯罪。若僅在一地，單純的利用電腦犯罪，乃不生刑事管轄衝突

---

17 林山田，1986，電腦犯罪之研究，政大法學評論，第30期，第45-48頁。

18 石東超，2003，網路犯罪偵查之搜索與扣押，網路犯罪與智權保護研討會論文集，國立交通大學科技法律研究所編印，第2頁。轉引自陳志銘，1999，網路犯罪偵查之研究，臺灣臺南地方法院檢察署研究報告，第35-38頁。

之問題，然若牽涉到跨區域性之網際網路，則管轄權之衝突，即無法避免[19]。

網路犯罪（cybercrime）已逐漸為公眾採用之名詞，一般多與電腦犯罪混為一談，或認電腦犯罪係屬較高之概念，而認為網路犯罪，是指在電腦犯罪中，須藉助網路為犯罪場所，遂行其犯罪動機之犯罪而言。

網路犯罪係屬電腦犯罪的延伸，為電腦系統與通訊網路相結合之犯罪。相較於電腦犯罪，更偏重「網際網路」的應用，而其是指具有網際網路特性的犯罪，亦即行為人所違犯之故意或過失的犯罪行為中，具有網際網路特性者，均屬之。就實際應用而言，犯罪者在犯罪過程中需藉助網際網路方能遂行其犯罪動機之犯罪[20]。

4-2-2 官方統計網路犯罪型態

2003年6月25日刑法修正公布，新增訂妨害電腦使用罪章，規範以電腦或網路為攻擊對象之狹義電腦犯罪案件。

法務部（2008）統計，網路犯罪的型態，有下列幾種態樣：
一、利用網路散佈或販賣猥褻圖文影片。
二、利用網路媒介色情交易。
三、利用網路發表不法言論。
四、虛設購物網站詐取訂購貨款。
五、利用網路侵犯著作財產權。
六、利用網路煽惑他人犯罪。
七、利用網路冒名濫發或偷窺電子郵件。
八、利用網路散佈電腦病毒。

19 吳芙如，2003，網路犯罪之管轄權，網路犯罪與智權保護研討會論文集，第21-22頁。
20 林宜隆、林宗評，2003，兩岸網路犯罪相關法律之比較初探，學術研究暨實務研討會論文集，第269頁。

九、駭客入侵網路銀行盜領案。

以上都是常見的網路犯罪，其中又以網路色情是最普遍的犯罪類型。觀察網路犯罪行為，藉由現代科技進行的犯罪行為，其衍生的傷害，不只是單純的個人財產利益或誹謗等問題。網路犯罪可能會嚴重威脅至整個產業的經營與發展。

4-2-3 網路犯罪盛行率

法務部（2012）[21]地方法院檢察署偵查電腦犯罪案件如表4-2-1所示，終結電腦犯罪案件1萬1,200人，其中網路犯罪案件占91.9%，妨害電腦使用罪案件占8%。偵查終結起訴2,251人，起訴比率為33.8%（包括通常程序提起公訴占20.1%、聲請簡易判決處刑占13.7%），緩起訴處分1,631人占14.6%，不起訴處分4,267人，占38.1%。

2012年法院裁判確定移送檢察機關執行定罪人數為2,887人（其中妨害電腦使用罪42人、網路犯罪2,845人），男女比例約為2.4比1，定罪率為96.7%。

表4-2-1所示[22]，從定罪者犯罪行為態樣分析，網路犯罪大部分利用網路散布性交易訊息或網路色情或援交，以詐欺罪、侵犯智慧財產及偽造文書印文罪者為多；在妨害電腦使用罪中，其中67%為變更他人電腦或其他相關設備電磁紀錄者，入侵他人電腦或其他相關設備者占31%。

---

21 法務部統計處，2012，法務統計年報。所謂電腦犯罪，除指犯罪之工具或過程牽涉到電腦之廣義電腦犯罪案件外（又稱網路犯罪），尚包含2003年6月25日刑法修正公布，新增訂妨害電腦使用罪章，刑法第358條至363條規範以電腦或網路為攻擊對象之狹義電腦犯罪案件。

22 電腦網路犯罪之統計數據係含偽造文書印文罪、妨害風化罪、詐欺罪、智慧財產案件、兒少性交易罪、其他等之總計。

表 **4-2-1**　地方法院檢察署偵辦電腦犯罪案件人數統計表

年份	總計	起訴	簡易判決	不起訴	緩起訴	其他	有罪人數	定罪率%
2008	13,704	1,776	2,644	4,596	3,046	1,642	4,055	97.3
2009	16,348	2,162	2,964	5,256	1,856	4,110	3,680	96.3
2010	15,021	2,451	2,595	5,128	1,491	3,356	3,775	95.9
2011	11,293	2,396	1,569	4,196	1,561	1,571	2,813	95.4
2012	11,200	2,251	1,536	4,267	1,631	1,515	2,887	95.9

資料來源：法務部統計年報，2014。

表 **4-2-2**　2012年地方法院檢察署偵辦電腦犯罪案件人數統計表

年份	總計	起訴	簡易判決	不起訴	緩起訴	其他	有罪人數	定罪率%
妨害電腦使用罪	897	103	35	492	5	262	42	87.5
電腦網路犯罪	10,303	2,148	1,501	3,775	1,626	1,253	2,845	96.7
偽造文書印文罪	366	250	21	30	62	3	183	94.8
妨害風化罪	202	45	38	31	82	6	53	100.0
詐欺罪	4,183	1,175	444	1,623	149	792	1,194	96.8
智慧財產案件	2,935	174	363	984	1,083	331	429	95.1
兒少性交易罪	335	52	59	106	98	20	80	98.8
其他	2,282	452	576	1,001	152	101	906	95.4

資料來源：法務部統計年報，2014。

4-2-4　網路犯罪類型

一、網路犯罪分類

　　網路犯罪類型隨資訊科技之進步，犯罪態樣也日興月異。一般認為電腦犯罪即是網路犯罪（Cybercrime），但因網際網路的迅速發展成為一虛擬的社會型態。

　　林宜隆（2003）認為網路犯罪為電腦犯罪之延伸，為電腦系統與通訊網路相結合之犯罪，相較於電腦犯罪而言，更偏重於「網際網路」的應用，犯罪者在犯罪過程中，須藉助網際網路，才能遂行其犯罪意圖的犯

表 4-2-3　網路犯罪之分類及常見型態

分類標準	常見型態
以網路空間作為犯罪場所	網路色情、販賣軍火、網路誹謗 教授製作炸彈
以網路為犯罪工具	網路恐嚇、網路詐欺取財 刪除竄改電腦紀錄
以網路為攻擊目標	散播電腦病毒、網路竊聽 駭客入侵攻擊

資料來源：林宜隆，2003。

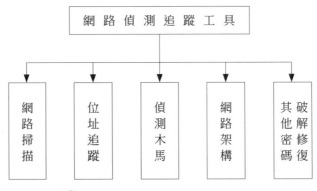

圖 4-2-1　網路入侵追蹤工具分類

資料來源：林宜隆，2003。

罪。其提出網路犯罪型態、網路入侵追蹤工具分類如表4-2-3所示、網路入侵追蹤工具分類如圖4-2-1所示。[23]

二、網路犯罪與刑罰

　　葉奇鑫（2001）以廣義之電腦犯罪為例，將網路電腦犯罪分為11種類型，並提出各種犯罪態樣之適用法條，如表4-2-4所示[24]。

23 林宜隆，2003，網際網路與青少年保護之初探。網際空間：科技、犯罪與法律社會學術研究暨實務研討會論文集，第102頁、528頁。
24 葉奇鑫，2001，常見電腦犯罪類型與法律對照表。

表 **4-2-4**　網路電腦犯罪類型及適用法條

犯罪類型	行為態樣	觸犯法條
一、妨害風化	一、色情網站	刑法第235條 兒童及少年性交易防制條例第28條
	二、網路援交	兒童及少年性交易防制條例第29條
	三、針孔偷拍	刑法第315條之1、之2
二、詐欺	四、網路交易詐欺	刑法第339條
	五、收費設備詐欺	刑法第339條之1
	六、自動付款設備詐欺	刑法第339條之2
	七、不正利用電腦取財	刑法第339條之3
	八、盜撥帳號	刑法第339條第2項或電信法第56條（實務見解分歧）
三、竊盜	九、電磁紀錄竊盜	刑法第359條
	十、網路遊戲虛擬寶物竊盜	竊盜：刑法第359條 盜用點數卡：刑法第339條第2項 盜用帳號：刑法第358條
四、妨害秘密	十一、洩漏電腦秘密	刑法第318條之1
	十二、盜賣電腦個人資料	電腦處理個人資料保護法第33、34條
五、妨害名譽	十三、網路侮辱及誹謗	刑法第309條至第314條
六、妨害秩序	十四、煽惑犯罪	刑法第153條
七、干擾電磁紀錄	十五、電腦病毒	程式設計者：刑法第362條 散布者：刑法第360條（惡作劇型病毒）或第359條（破壞型病毒）。
	十六、分散式阻斷攻擊	刑法第360條
八、妨害通信秘密	十七、網路非法監聽	通訊保障及監察法第24條 電信法第56條之1
九、侵害著作權	十八、販賣大補帖	著作權法第87、93條
	十九、非法重製他人網站內容	著作權法第91條
十、賭博	二十、架設網路網站	刑法第367、368條
	二十一、網路賭博	刑法第266條（有爭議）
十一、濫用電腦	二十二、駭客入侵	刑法第358條（政府網站：刑法第361條加重）

資料來源：葉奇鑫，2001。

4-2-5 網路犯罪態樣

郭昭吟（2003）[25]針對網路犯罪態樣提出詳細的分類，參考其見解說明如下：

一、電腦或網際網路作為單純媒介工具之犯罪類型

屬於電腦或網際網路作為單純媒介工具之犯罪類型，較屬於傳統性之犯罪，列舉如次：

（一）在網路上散發色情圖刊、張貼援交訊息，或違反兒童及性交易防治條例，網路約會或婚外情，視訊色情。藉網路傳遞訊息後，當事人也許會有進一步相約見面，衍生上述之偏差或犯罪行為。

（二）網路上散發恐嚇信，或伴隨偽造文書及誹謗，以他人名義散播不實內容。利用網路公開傳遞對他人不利之訊息，雖以匿名或假冒他人名義散布訊息，經司法機關透過IP位址之確認，對惡意散發恐嚇、誹謗訊息者移送法辦。

（三）利用網路無國界特性誹謗企業，致他人受到商譽上的嚴重損失，例如某大廠品牌衛生棉長蟲，會吃掉子宮的案件。對企業的攻擊，一般較難透過所謂IP位址追查到真正的發訊者，其訊息可能來自國內外，隱匿性甚高，且訊息一散布後即進行湮滅證據工作，阻斷後續之追查者。

（四）網路上賭博，賭客必須先向簽賭站購買會員卡，在簽賭站內透過電腦網路連線至賭博網站，以所購買之卡號傳輸至機房押注，或由賭客以電話向簽賭站購買點數，簽賭站再傳真密碼及點數給賭客，進入賭博網站簽注，簽賭站負責人從押注之賭資中抽取千分之十二之賭金。網路簽賭經常衍生詐騙之犯罪，簽賭站的設置亦常更動變化頻繁，網路賭博衝突糾紛不斷。

---

25 郭昭吟，2003，泛論網路犯罪之相關問題——以跳板攻擊為中心，網路犯罪與智權保護研討會論文集，第38-39頁。

（五）著作權的侵害及網路銷贓變現，竊盜後將贓物以匿名方式變賣，或以他人信用卡刷卡後銷贓，此種情形以手機竊盜最多，由於網路的便利性與流通性，致竊盜贓物經銷贓後，對於善意第三人購買到贓物的主觀犯意認定不易，不僅造成偵查上的困擾，也使善意購買者陷於難以辨識是否為贓物的困境。

（六）利用網路販賣毒品、禁藥、未經合法取得許可上市藥品及軍火，由於販售者本身並無藥商資格，在網路上販賣威而剛、威而柔、RU486等藥品，均違反藥事法有關規定。

（七）網路詐欺，以不法吸金目的開設網站，利用聳動及高利潤誘惑不知情人士進行投資溫泉業，或販售詆稱具有神奇療效之不實健康食品，在收取一定之金額後，俟回饋期將屆之時，迅即關閉網站，致受害大眾索償無門。

（八）網路金光黨，以老鼠會方式散發發財信，或透過電子郵件方式發送收件人幸運中高額之獎金。此類訊息常來自於國外網站，在追訴及查證上往往甚為困難。

（九）網路商店詐欺，詐騙集團利用網路犯罪，先在網路商城開設商店，以賤價售出各類商品，藉以取得買家信任，俟買家收到商品後，再以「假分期、真詐財」手法，誘使買家操作提款機、輸入不詳數字代碼，指稱買家當初在網路上填選付款方式時，錯誤勾選「分期付款」選項。須至提款機前，輸入號碼不詳的數字，銀行即不會每月從戶頭代扣消費款項。佯稱可取消銀行每月代扣款項，詐騙買家。詐騙者在得手後，會立即關閉網站聯繫電話也停止使用。

二、以電腦或網際網路為遂行犯罪之必要工具之犯罪類型

（一）植入特洛依木馬程式用以達成其他目的，騙取被入侵者之密碼與資訊，或內含其他惡意行為程式，致被入侵者電腦無法正常運作。

（二）擅自使用電腦相關設備或身分以獲取服務的行為，例如盜用他人撥接帳號上網，伴隨植入木馬程式以取得他人撥接帳號，或以騙取、超過授權等方式取得他人帳號密碼，實務上近來常發生者為天堂遊

戲案件盜取天堂幣或寶物等線上遊戲虛擬物件之犯罪問題。

（三）網路蟑螂（Cybersquatter），即網域名稱註冊先後申請之問題，由於網域名稱（DOMAIN NAME）相當於網路上的門牌號碼，其功能如同商標對表彰企業或商品來源之識別性質相近。網域名稱係採取先申請註冊原則，且單一公司只能申請固定數目的網際網路協定位址（IP ADDRESS），有心人士即大肆以多家公司名稱申請多個位址，占據足以表彰公司名稱之網域名稱，造成真正經營之公司必須以重金買下該網域名稱，或先將較為熱門的網域名稱申請後拍賣牟利。

（四）網路駭客，未經授權同意進出他人電腦，利用網路銀行、電子錢包進行洗錢，或掃描得知他人電腦系統漏洞而侵入他人電腦主機竊取電磁紀錄檔案資料，或併同冒用本人名義將財產加以移轉或變更。網路駭客係利用系統之弱點，設法取得系統管理者權限，再透過電腦主機做為跳板，以侵入其他的系統。駭客為防止行蹤敗露，會監控系統管理者動作，發現被追蹤，會迅速離開，並植入後門程式，預留下次入侵通道，且刪除歷史檔，讓犯罪紀錄滅失。駭客入侵不僅造成個人及私人企業的損失，近來更入侵公務部門，除了竊取機密資料外，亦故意製造惡作劇，企圖影響公務之正常運作，例如進入國防部網頁，卻出現大陸五星旗之網路駭客事件。

（五）任意讀取、惡意移除他人電子郵件或網頁的侵權行為，經常用以竊取商業機密。男女朋友分手後，仍截收他人之電子郵件、刪除、惡意轉寄他人，公開私密信件，或將照片、信件置於資料夾，任何人皆可下載及公開傳送之侵害隱私等不法。

（六）非法侵入、讀取或攻擊他人電腦資料庫之行為，例如：阻斷式攻擊（DOS）、分散式阻斷攻擊（DDOS，阻斷式攻擊之變型）。

第三輯　科技與洗錢犯罪

案例

　　阿國與國內外的科技公司，因為業務上的往來，經常透過金融機構與廠商有資金上的往來。有一天，阿國到臺灣銀行以現金存入新臺幣300萬元，行員卻詢問阿國300萬元的資金來源，是從哪個行庫領出的。阿國十分納悶，反問行員是不是吃飽太閒，管那麼多幹什麼！行員告知，資金異常交易，屬疑似洗錢，阿國大為驚恐，不知什麼是洗錢，更害怕自己已經成為犯罪嫌疑人，阿國於是向行員解釋300萬元的來源，對於資金的往來，也更加提高警覺！

　　什麼是洗錢（Money Laundering），一般人可能不了解「錢」到底要怎麼「洗」，對未具財富者而言，談洗錢簡直是天方夜譚。

　　從此觀之，「洗錢」是擁有財富資金者，想要透過金錢財物的多次移轉變換，讓其他人無法知道這些龐大資金的真正所有者。但是有錢並不是罪過，為什麼個人要故意隱匿財富，主要原因可能就是這些財富的來源，是屬於非法犯罪所得，這應是洗錢的必要條件，因此洗錢與不法所得，犯罪行為之間，具有一定的關聯性。

　　由於科技企業資金的流通十分頻繁，科技管理應對洗錢的內涵有基本的認識，避免個人或公司企業，在資金流通或交易時，涉入洗錢犯罪，觸犯洗錢防制法相關規定。

　　臺灣企業已高度國際化，對於國際間洗錢防制組織與作為，也應有基本的了解。臺灣為遵循聯合國制止向恐怖主義提供資助公約、反貪腐公約、跨國有組織犯罪公約等國際公約，及亞太洗錢防制組織（Asia Pacific Group on Anti Money Laundering, APG）、艾格蒙聯盟（Egmont Group）

建議，將資助恐怖行動罪刑化之要求，積極參與國際社會共同打擊資助恐怖行動之行為，已多次修正洗錢防制法，以與國際洗錢組織接軌，共同防制洗錢犯罪。

「艾格蒙聯盟」、「亞太防制洗錢組織」都是以洗錢情報交換為任務的正式政府間國際組織，也是臺灣加入的國際組織之一，臺灣與這些國際防制洗錢組織都有進行洗錢情報交換的合作管道，不管個人或企業的資金往來，都必須對「洗錢」有基本的認識。

4-3-1 洗錢定義

「洗錢」基本上的認知，就是漂白、移轉、清洗黑錢，而所謂的黑錢，就是犯罪不法所得。

錢的本身並無所謂「黑錢」或「白錢」，因此，在了解洗錢犯罪之前，必須對「洗錢」有明確的定義，否則金融行庫內存放的都是錢，如何認定哪一部分是洗錢中的「黑錢」，哪一部分又是「白錢」，因此所謂「洗錢」，必須有清楚的概念。

一、一般性定義

洗錢者，係為掩飾、隱匿涉及非法來源之資產，以協助前犯罪行為人逃避法律制裁，或掩飾、隱匿不法資產之真實性質、來源、位置、處置、移轉、所有，或知其係犯罪不法收益而獲得、占有、使用[26]。

洗錢，又稱洗黑錢，指將犯罪或其他非法手段所獲得的金錢，經過若干方法以「洗淨」為看似合法的資金。洗錢常與經濟犯罪、毒品交易、恐怖活動及黑道等重大犯罪有所關聯，也常以跨國方式為之。

洗黑錢有共通特徵，例如大額、不明來歷，在組織及帳戶間流動，主

---

[26] 謝立功，2003，兩岸洗錢現況與反洗錢規範之探討—兼論兩岸刑事司法互助，中央警察大學，第60頁。

要目的是清洗或含糊資金的來源地[27]。

洗錢（英文Money Laundering，德文Geldwascherei，法文Blanchment De Captitauxi）[28]一詞最早出自「聖經」，指試圖消弭或隱瞞人們所擁有的不義之財及犯罪所獲得之非法利益，以說明人性的貪婪。

洗錢就是將非法所得，透過金融或非金融管道，進行一連串轉換和漂洗，使其最後看起來合法[29]。

狹義之洗錢指將犯罪來源之鈔票，轉換成其他有財產價值的東西，廣義之洗錢則係將犯罪來源的財產價值加以再製，使進入正常的經濟交易管道以達隱匿犯罪來源的目的[30]。

二、法律上定義

1988年聯合國反毒公約（United Nations Convention）第3條第1項b款及c款，對洗錢之定義為：

（一）為隱匿或偽裝財產之不法來源或為協助任何涉及製造、販賣及運輸等毒品犯罪或參與該犯罪者規避其法律責任，而變換或移轉明知源自於該等犯罪或參與該等犯罪所得財產之行為。

（二）隱匿或偽裝明知源自於該等犯罪所得財產之真實性質、來源、所在地、流向及所有權或其他相關權利之行為。

（三）取得、占有或使用明知源自或參與該等犯罪所得財產之行為[31]。

1990年打擊清洗黑錢財務行動特別組織（Financial Action Task Force on Money Laundering Report, FATF）對洗錢亦有如上述之定義[32]。

---

27 維基百科全書，2009，zh.wikipedia.org/wiki/洗錢。
28 法務部，1995，洗錢防制法草案補充報告，立法院司法財政委員會第2屆第5會期第1次聯席會。
29 胡忠慈，2002，維繫經濟穩定─觀測我國與國際防制洗錢之努力，第119頁。
30 林東茂，1997，刑法體系對於集團犯罪的回應，台灣法學會學報第18期，第187頁。
31 U. N. Convention, Art. 3(1)(b)(c)。轉引自陳松寅，2001，當前台灣地區洗錢犯罪之研究，中央警察大學行政警察研究所碩士論文。
32 陳松寅，同上註，1990年FATF發表之報告中將洗錢定義為：「1.為隱匿或偽裝非法所得之來源或為協助任何涉及該犯罪者規避法律責任，而變換或移轉明知源自犯罪所得財產之行為；2.隱匿或偽裝明知源自犯罪或參與犯罪所得財產之真實性質、來源、所在地、流向及所有權或其他權利之行為；3.取得、擁有或使用明知源自於犯罪或與犯罪所得財產之行為。」

從國際上對洗錢之定義，可歸納出洗錢之幾個基要件如下：

（一）行為（Act）：取得、使用非法所得，兌換、移轉或隱匿財產真實之所有權，或對該等行為給予協助、諮詢。

（二）目地（Object）：為了隱匿非法所得之來源，阻斷偵查，或協助牽涉基礎犯罪活動之人規避法律責任。

（三）明知（Knowledge）：明知財產係源自於某種型態之犯罪活動[33]。

臺灣為順應世界潮流及國際間對防制洗錢犯罪之要求，在1997年制定洗錢防制法，對洗錢之規範定義，指掩飾或隱匿因自己重大犯罪所得財物或財產上利益者，重大犯罪即為洗錢犯罪之前置犯罪[34]。

4-3-2 洗錢犯罪盛行率

臺灣在1996年10月23日經立法通過公布「洗錢防制法」，並經多次修訂，該法第7、8條規定，金融機構對於達一定金額以上之通貨、疑似洗錢交易，應確認客戶身分及留存交易紀錄憑證，並應向行政院指定之機構申報。

行政院並於2008年指定法務部調查局為受理達一定金額以上之通貨、疑似洗錢交易之申報機關。由於法務部調查局洗錢防制處[35]係職司洗錢防制事項，有關洗錢犯罪之盛行率，以洗錢防制處之官方資料最具參考價值，茲分述如下[36]：

---

33 陳松寅，同前註，「基礎犯罪」，又稱為「前置犯罪」，洗錢犯罪之認定，應有一定之先行為存在，進而才有洗錢之行為。英、美文獻中將此先行為稱為（underlying crimes或predicate offenses）。

34 洗錢犯罪防制法第2條規定：「本法所稱洗錢，指下列行為：一、掩飾或隱匿因自己重大犯罪所得財物或財產上利益者。二、掩飾、收受、搬運、寄藏、故買或牙保他人因重大犯罪所得財物或財產上利益者。」

35 法務調查局2007年10月17日修正處務規程第4條第1項第5款規定：「本局設下列處、室、委員會：五、洗錢防制處，分三科辦事。」

36 法務部調查局洗錢防制處，2008，洗錢防制工作年報。

一、疑似洗錢交易[37]

　　法務部調查局洗錢防制處於2012年統計疑似洗錢交易申報情形所受理金融機構申報之疑似洗錢交易報告共6,281件、2012年6,137件，2011年7,514件。另依申報疑似洗錢交易報告之程序，申報警示帳戶1,199件[38]，各類型金融機構申報情形如表4-3-1所示。

表4-3-1　2012年金融機構申報疑似洗錢交易報告件數統計表

申報機構	申報件數
本國銀行	5,579
外國銀行	17
信用合作社	78
農漁會信用部	5
保險公司	20
辦理儲金匯兌之郵政機構	403
證券集中保管事業	21
信用卡公司	5
合　計	6,128

資料來源：法務部調查局，2014。

---

37 行政院金融監督管理委員會訂定「金融機構對達一定金額以上通貨交易及疑似洗錢交易申報辦法」於2008年12月18日發布，該辦法第7條規定：「有下列情形之一，金融機構應確認客戶身分及留存交易紀錄憑證，並應向法務部調查局為疑似洗錢交易之申報：一、同一帳戶於同一營業日之現金存、提款交易，分別累計達一定金額以上，且該交易與客戶身分、收入顯不相當，或與其營業性質無關者。二、同一客戶於同一櫃檯一次辦理多筆現金存、提款交易，分別累計達一定金額以上，且該交易與客戶身分、收入顯不相當，或與其營業性質無關者。三、同一客戶於同一櫃檯一次以現金分多筆匯出、或要求開立票據（如本行支票、存放同業支票、匯票）、申購可轉讓定期存單、旅行支票及其他有價證券，其合計金額達一定金額以上，而無法敘明合理用途者。四、自行政院金融監督管理委員會函轉國際防制洗錢組織所公告防制洗錢與打擊資助恐怖份子有嚴重缺失之國家或地區、及其他未遵循或未充分遵循國際防制洗錢組織建議之國家或地區匯入之交易款項，與客戶身分、收入顯不相當，或與其營業性質無關者。五、交易最終受益人或交易人為行政院金融監督管理委員會函轉外國政府所提供之恐怖分子或團體；或國際洗錢防制組織認定或追查之恐怖組織；或交易資金疑似或有合理理由懷疑與恐怖活動、恐怖組織或資助恐怖主義有關聯者。六、其他符合防制洗錢注意事項所列疑似洗錢表徵之交易，經金融機構內部程序規定，認定屬異常交易者。」
38 行政院金融監督管理委員會2005年2月1日金管銀（一）字第0941000095號函：「警示帳戶」，係指警調機關為查緝電話詐欺恐嚇案件，依警示通報機制，請金融機構列為警示帳戶

二、疑似洗錢交易金額

法務部調查局洗錢防制處2012年受理一定金額以上疑似洗錢交易金額總件數為6,137件。

100萬元以下之3,027件最高，100萬元至300萬元（不含100萬元）的1,063件次之，繼之為500萬元至1,000萬元（不含500萬元）的734件，顯示100萬元以下至1,000萬的金額交易件數占多數，如表4-3-2所示。

三、一定金額以上通貨交易[39]

法務部調查局洗錢防制處2012年受理金融機構申報大額通貨交易資料總計3,726,581件，2011年3,836,757件，2010年3,637,884件，各類型金融機構申報情形如表4-3-3所示。

表 **4-3-2**　2012年一定金額以上疑似洗錢交易金額統計

金　　額	件　　數
100萬以下（含）	3,027
100萬元至300萬元（不含100萬元）	1,063
300萬元至500萬元（不含300萬元）	593
500萬元至1,000萬元（不含500萬元）	734
1,000萬元至2,000萬元（不含1,000萬元）	377
2,000萬元至3,000萬元（不含2,000萬元）	140
3,000萬元以上（不含3,000萬元）	203
合　　計	6,137

資料來源：法務部調查局，2014。

（終止該帳號使用提款卡、語音轉帳、網路轉帳及其他電子支付轉帳功能）者。另依「銀行對疑似不法或顯屬異常交易之存款帳戶管理辦法」。行政院金融監督管理委員會2006年7月6日金管銀（一）字第095100022670號令修正第3條第1款：「指法院、檢察署或司法警察機關為偵辦刑事案件需要，通報銀行將存款帳戶列為警示者。」

39 金融機構對達一定金額以上通貨交易及疑似洗錢交易申報辦法第2條規定：「本辦法用詞定義如下：一、一定金額：指新台幣五十萬元（含等值外幣）。二、通貨交易：單筆現金收或付（在會計處理上，凡以現金收支傳票記帳者皆屬之）或換鈔交易。」

表 4-3-3　2012年一定金額以通貨交易報告件數統計表

申報機構	申報件數
本國銀行	2,889,956
外國銀行	29,623
信託投資公司	0
信用合作社	160,483
農漁會信用部	312,915
辦理儲金匯兌之郵政機構	321,623
其他金融機構	11,972
合　計	3,726,581

資料來源：法務部調查局，2014。

四、一定金額以上通貨交易金額統計

　　法務部調查局洗錢防制處2012年受理一定金額以上通貨交易申報總件數為3,726,585件。

　　以100萬元至300萬元之3,602,474件最高，300萬元至500萬元（不含300萬元）的79,169件次之，繼之為500萬元至1,000萬元（不含500萬元）的32,092件，顯示100萬至1,000萬的金額交易件數占多數，如表4-3-4所示。

　　對於一定金額定義，在2008年訂定之「金融機構對達一定金額以上通貨交易及疑似洗錢交易申報辦法」，已從原來的100萬元，降低為50萬元[40]，未來法務部調查局洗錢防制處受理一定金額以上通貨交易金額的件數將激增，對洗錢交易之分析將更形細密與嚴謹。

表 4-3-4　2012年一定金額以上通貨交易金額統計

金　額	件　數
100萬元至300萬元	3,602,474
300萬元至500萬元（不含300萬元）	79,169
500萬元至1,000萬元（不含500萬元）	32,092
1,000萬元至2,000萬元（不含1,000萬元）	7,238
2,000萬元至3,000萬元（不含2,000萬元）	1,923
3,000萬元以上（不含3,000萬元）	3,689
合　計	3,726,585

資料來源：法務部調查局，2014。

---

40 同前註。

五、旅客攜帶外幣現金出入境

洗錢防制法中訂定，旅客或隨交通工具服務之人員出入國境，攜帶總值達一定金額以上外幣現鈔或總面額達一定金額以上之有價證券，應向海關申報。

財政部於2008年依該法第10條第2項授權規定[41]，會同法務部、中央銀行、行政院金融監督管理委員會訂定「旅客或隨交通工具服務之人員出入國境攜帶外幣現鈔或有價證券申報及通報辦法」規範旅客或隨交通工具服務之人員出入國境攜帶外幣現鈔及有價證券申報與通報之範圍、程序[42]。

法務部調查局洗錢防制處2012年受理通報攜帶現金出入境金額總件數為8,726件。其中以100萬元以下之4,801件最高，100萬元至300萬元（不含100萬元）的2,452件次之，繼之為300萬元至500萬元（不含300萬元）的575件。

以上資料顯示，攜帶現金出入境金額，100萬元以下至500萬元占多數，如表4-3-5所示。

值得注意的是攜帶現金3,000萬元以上之件數達298件，攜帶鉅額現金出入境，動機不明，對於攜帶現金出入境，仍有加強通關檢查及落實通報之必要性。

---

41 洗錢防制法第10條規定：「旅客或隨交通工具服務之人員出入國境攜帶下列之物，應向海關申報；海關受理申報後，應向行政院指定之機構通報：一、總值達一定金額以上外幣現鈔。二、總面額達一定金額以上之有價證券。前項之一定金額、有價證券、受理申報與通報之範圍、程序及其他應遵行事項之辦法，由財政部會同法務部、中央銀行、行政院金融監督管理委員會定之。外幣未依第一項之規定申報者，所攜帶之外幣，沒入之；外幣申報不實者，其超過申報部分之外幣沒入之；有價證券未依第一項規定申報或申報不實者，科以相當於未申報或申報不實之有價證券價額之罰鍰。」

42 旅客或隨交通工具服務之人員出入國境攜帶外幣現鈔或有價證券申報及通報辦法第4條規定：「旅客或隨交通工具服務之人員出入國境，同一人於同日單一航次攜帶下列之物，應依本辦法之規定向海關申報；海關受理申報後，應依本辦法之規定向法務部調查局通報。一、總值達等值一萬美元以上之外幣現鈔。二、總面額達等值一萬美元以上之有價證券。」

表 **4-3-5**　2013年攜帶現金出入境金額統計表

金　額	件　數
100萬以下	4,801
100萬元至300萬元（不含100萬元）	2,452
300萬元至500萬元（不含300萬元）	575
500萬元至1,000萬元（不含500萬元）	410
1,000萬元至2,000萬元（不含1,000萬元）	149
2,000萬元至3,000萬元（不含2,000萬元）	41
3,000萬元以上（不含3,000萬元）	298
合　計	8,726

資料來源：法務部調查局，2014。

六、洗錢案件起訴類型

　　各地方法院檢察署在偵辦各類型犯罪時，發現違反洗錢防制法規定，適用洗錢防制法列舉之重大犯罪，所得之財物或財產上利益時[43]，將依法提起公訴。

---

43 洗錢防制法第3條規定：「本法所稱重大犯罪，指下列各款之罪：一、最輕本刑為五年以上有期徒刑以上之刑之罪。二、刑法第二百零一條、第二百零一條之一之罪。三、刑法第二百四十條第三項、第二百四十一條第二項、第二百四十三條第一項之罪。四、刑法第二百九十六條第一項、第二百九十七條第一項、第二百九十八條第二項、第三百條第一項之罪。五、兒童及少年性交易防制條例第二十三條第二項至第四項、第二十七條第二項之罪。六、槍砲彈藥刀械管制條例第十二條第一項至第三項、第十三條第一項、第二項之罪。七、懲治走私條例第二條第一項、第三條第一項之罪。八、證券交易法第一百七十一條第一項第一款所定違反同法第一百五十五條第一項、第二項或第一百五十七條之一第一項、第一百七十一條第一項第二款、第三款及第一百七十四條第一項第八款之罪。九、銀行法第一百二十五條第一項、第一百二十五條之二第一項、第一百二十五條之二第四項適用同條第一項、第一百二十五條之三第一項之罪。十、破產法第一百五十四條、第一百五十五條之罪。十一、組織犯罪防制條例第三條第一項、第二項後段、第四條、第六條之罪。十二、農業金融法第三十九條第一項、第四十條第一項之罪。十三、票券金融管理法第五十八條第一項、第五十八條之一第一項之罪。十四、保險法第一百六十八條之二第一項之罪。十五、金融控股公司法第五十七條第一項、第五十七條之一第一項之罪。十六、信託業法第四十八條之一第一項、第四十八條之二第一項之罪。十七、信用合作社法第三十八條之二第一項、第三十八條之三第一項之罪。十八、本法第十一條第三項之罪。下列各款之罪，其犯罪所得在新臺幣五百萬元以上者，亦屬重大犯罪：一、刑法第三百三十六條第二項、第三百三十九條、第三百四十四條之罪。二、政府採購法第八十七條第一項、第二項後段至第六項、第八十八條、第八十九條、第九十條第一項、第二項後段、第三項、第九十一條第一項、第二項後段、第三項之罪。」

表4-3-6　2013年洗錢案件罪名及移送（偵查）機關統計表

罪　名	調查局	檢察官	警察機關	總　計
強盜罪	0	0	1	1
一般詐欺罪	1	0	6	7
擄人勒贖	0	0	1	1
販賣第三級毒品	1	0	0	1
貪污	1	0	2	3
股價操縱	3	0	0	3
銀行法第125條	2	1	0	3
總　計	8	1	10	19

資料來源：法務部調查局，2008。

　　2012年洗錢案件的罪名如表4-3-6所示，各類型犯罪都有洗錢之行為，其中以一般詐欺罪占7件，比率最高，股價操縱、貪污及違反銀行法第125條各3件次之，繼之為強盜罪、擄人勒贖及販賣第三級毒品各1件。

4-3-3　洗錢犯罪特性

　　洗錢犯罪是以合法的金融機構，或地下通匯，進行資金的移轉。在資訊發達今日，個人資料的取得十分容易，洗錢行為利用親朋好友，或無關人士的資料，作為洗錢人頭。

　　洗錢也經常利用境外成立紙上公司，迅速移動鉅額資金，達到隱匿，漂白不合法金錢的目的，洗錢犯罪特性有別於一般之犯罪。

一、現金活動

　　以現金進行交易，可避免留下匯款紀錄，以規避司法機關的查緝。現金使用便利，且一般人對現金之接受度亦高，尤其犯罪者為順利達到獲取不法金錢之目的，以毒品或貪污犯罪為例，為避免留下犯罪跡證，大都以現金進行不法交易。因此大量使用現金的個人及國家，洗錢活動的情形可能較為猖獗。

　　透過了解現金密集活動的狀況，監控金融行庫，現金資金調度頻率，可以事先預為防範是否有洗錢行為正在進行，對於在特定時間及地區有現金密集活動時，就可能是正在進行洗錢犯罪行為。

二、貨幣流通

　　貨幣之普遍性與流通性，是洗錢者考慮是否使用的重要因素，洗錢者取得之現金，若能輕易地在國外直接兌換或使用，可更便捷地處理資金。

　　美元是國際上通用之貨幣。在許多國家都可兌換或直接使用，以美鈔兌換進行洗錢，亦為常見之手法。

三、專業性

　　由於世界各國均致力於反恐怖活動，並視洗錢犯罪為重大犯罪，對於資金的管控愈趨嚴謹。犯罪者要透過金融體系進行洗錢而不被發現，必須熟稔各國法制及金融制度之規範，以合法方式掩護非法洗錢，非具有專業之能力，難以達到目的。

　　負責洗錢之操盤者往往是財經及法律專業背景者，洗錢也逐漸形成為一種專業性的犯罪型態。

四、多次轉移

　　犯罪不法集團，將不法所得經過漂白，使非法金錢改頭換面為合法資金。透過多層化的手法，不斷地利用轉帳方式移動資金，經過複雜的交易過程，使金錢與犯罪所得來源脫勾。

　　洗錢是將資金轉換成為其他的金融工具，或實質資產，使司法查緝機關，難以確認其與原始資金來源的關聯性。非法資金經過轉換後，進入正常的經濟體系內，其表徵易讓人認為這些資金為正常的商業經營，或投資所得。

　　洗錢犯罪者為將不法資金漂白，常利用銀行類金融機構、非銀行類金融機構（如證券市場、期貨市場、票券金融市場、保險公司等）、非金融機構（如不動產業者、賭場、貴重物品交易商、律師及會計師等專業人士），或透過個人攜帶鉅額現金方式，作資金的多次移轉，藉以逃避有關

單位的追查。

五、利用人頭帳戶

洗錢犯罪者為了隱匿不法資金之真正來源，或避免資金的真正所有人曝光，會選擇具有強調客戶隱私秘密之國家，以假名在金融機構開戶，並進行資金的乾坤大挪移，利用不知情人頭，或知情之親朋好友，充當洗錢的工具，此一操作手法，是洗錢行為人經常使用的方式。

六、跨越國境

洗錢主要目的在於隱匿金錢，獲取不法資金，洗錢過程當然要跨越國境，防堵司法機關的追訴調查。若能在國與國之間不斷的移轉資金，在缺乏國際間司法互助的機制下，礙於當地國之法律，各國基於司法主權意識，要提供資金的詳細資料予其他國家，不僅曠日費時，亦往往無功而返。

洗錢犯罪者，大都利用國與國之間，偵查蒐證的阻力與困難，遂行跨國境的洗錢行為[44]。

4-3-4 洗錢方式

洗錢自古以來即已存在，洗錢的方法，依當地的社會制度、文化發展、法律規範，而有所不同。

在電子資訊科技發達今日，洗錢方式更形多元而複雜，洗錢者為掩飾非法來源，分散風險，會採取多層次的複合式洗錢方法。多層次的洗錢方式，往往造成司法機關在偵查上的困難，為防制國際間的洗錢，防制洗錢金融行動小組FATF將洗錢之方法，區分為處置（placement）、多層化（layering）及整合（integration）等三個階段。

---

44 謝立功、蔡庭榕，2001，跨境犯罪偵查之理論與實務，行政院國家科學委員會補助專題研究
計畫成果報告，第76頁。

　　然而事實上，此三個階段並無前後順位，或區分關係，任何一個階段，都可能是從事洗錢之方法，也有可能直接進入多層化，或整合階段，且多層化及整合階段亦可能並存。

　　犯罪者會依照其洗錢之金額、自身能力及資源，從事任何企圖改變其財產真實性質的偽裝行為，以達到阻礙犯罪追查的目的。

一、處置階段

　　現金通常被認為是支付工具中最為便利的一種方式，貪污、毒品、人口販運等犯罪，所獲得之不法利益，不會有人用支票匯款支付，主要就是要避免留下紀錄。如何將不法所得收取的現金，轉化成其他支付工具，遂成為洗錢的首要之務。

　　洗錢的處置階段，是指直接處理大筆現金的作為，亦即將傳統所得的現金，轉入傳統、非傳統金融機構，或其他經濟領域之作為。

　　由於此階段正是該現金偏離其原有金融系統的最初階段，故被認為是洗錢過程中最脆弱的一環，亦是最易被查獲的部分。在此階段常見的手法為小鈔換大鈔、兌換外匯、存入銀行、購買貴金屬（會員證、不動產、古董、藝術品等高價資產）、單獨或混合非（合）法資金投資一般商業活動等。

二、多層化階段

　　洗錢者在處置階段，其主要目的在於掩飾犯罪所得最直接的違法性，操作手法多為容易、簡便、應急式的作為。

　　而第二階段的多層化作為，係指以一連串複雜或較細緻的商業手法，企圖強化第一階段處置作為掩飾直接非法來源的作法外，更欲藉現代商業金融交易自由化的交易管道，增強其商業性、機動性及合法性偽裝。

　　此階段常見的操作手法，主要是利用已進入金融機構的現金轉換成（旅行）支票、債券、股票、信用狀等金融憑證等。

　　將現金購買之貴金屬、會員證、不動產、古董、藝術品等高價資產相互轉售或另行變賣。或利用已進入金融機構現金所開設之銀行帳戶、信用卡等以電子商務、網路銀行或境外銀行市場等進行交易。

三、整合階段

整合階段是洗錢行為的最後階段,通常指金額龐大或單筆洗錢金額並非龐大,但須持續長時間的洗錢。由於多層化階段經常藉各種不同形式的交易,增加非法資金移轉的複雜性、變現性。

在整合階段的洗錢者,通常會以較合於常情,更精緻商業資本家的操作手法,切斷一切違法性污染的線索或痕跡,使其在形式上與一般個人資產,或商業活動之資金完全相同,而得以成為近似或類似合法經濟活動的一環。例如洗錢者,以合法資金支付定金購買商品或不動產後,其餘貨款或貸款以犯罪所得支付。向境外銀行貸款,再以犯罪所得支付貸款及利息,以設立子公司或紙上公司進行假交易,達到漂白不法犯罪所得之洗錢目的[45]。

洗錢行為雖有三個階段,但該三階段並無嚴格區分,彼此之間可以交相應用。

洗錢者可能會依洗錢金額、洗錢持續時間、投資能力、債務急迫性等,做出不同的風險評估,甚至發現司法機關正進行調查,可能加速並進而選擇其他途徑,以迅速完成洗錢,移轉不法所得。

若以洗錢僅為「確保享有犯罪所得利益」之目的為出發點,洗錢的方法,應是指以企圖改變其財產真實性質的偽裝作為,達到阻礙犯罪所得財產(財物)的沒收,及掩飾與前置犯罪關聯性(違法性)之作用。

故洗錢行為應可依清除「原財(物)」特性及掩飾,隱匿加工行為之程度,區分為二個階段。

前者的特徵在於該財產(財物)直接源自前置犯罪,通常是現金或財物,洗錢行為多為短時間的金錢交易。後者的特徵則在於該財產(財物)非直接源自於前置犯罪,通常是非現金或財物,洗錢行為多為間接或非較短時間的經濟活動(包括金融與非金融機構之交易活動)[46]。

---

45 李傑清,2006,洗錢防制的課題與展望,第11-12頁,法務部調查局編印。
46 同註3,第14-15頁。

4-3-5 洗錢犯罪案例

　　法務部調查局洗錢防制處為調查洗錢的主要權責機關，其訂有通報、聯繫及移送的標準作業流程，如圖4-3-1所示，以統合各機構的洗錢資訊，建構完整之洗錢防制機制。

一、鄭某貪污收取回扣案

　　法務部調查局洗錢防制處，於2005年間接獲B銀行疑似洗錢交易報告，內容略以：「本行客戶陳某，平日往來積數不高，昨日由A銀行匯入832萬元後，本人來行表示，提領現金800萬元，行員勸其轉為匯款，仍要求領現，因庫存現金不足，請其明早再來領款。」

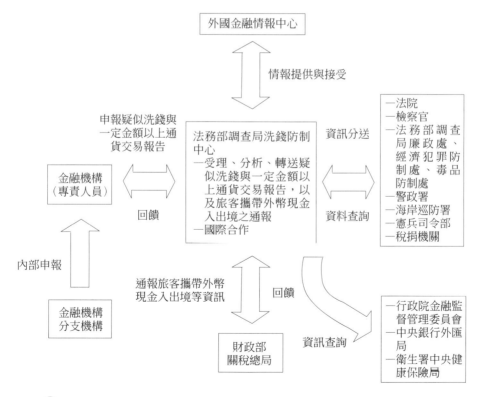

圖4-3-1 法務部調查局洗錢防制處通報、聯繫及移送之標準作業流程
資料來源：法務部調查局洗錢防制處，2014。

圖 4-3-2 鄭某貪污收取回扣案

資料來源：法務部調查局洗錢防制工作年報，2008。

經調查局洗錢防制處調查後，發現甲縣縣議會鄭某，為取得不法利益，遂借用乙公司等廠商牌照，圍標甲縣縣議會發包之工程，並由鄭某事先洩漏底價，致得標價格與底價完全相同。

工程完竣後，得標廠商扣除成本後，所餘利潤由乙營造公司A銀行帳戶，轉帳同行羅姓女子帳戶，後匯入鄭某之弟陳某B銀行帳戶中，再由陳某提領現金交付鄭某。

本案業於2007年由南投地方法院檢察署提起公訴，洗錢流程如圖4-3-2所示。

二、陳某詐欺案

調查局洗錢防制處，於2007年某日，發現資料庫資料顯示，並接獲A銀行疑似洗錢交易報告，內容略以：「陳某於其A銀行帳戶，先後在二日內提領金4,300萬元及490萬元。」

經調查後發現，陳某於2007年某日，持偽造土地所有權狀，向甲建設公司以買賣土地為由，詐得本行支票三紙，金額分別為550萬元、6,000萬元及8,000萬元。

陳某將詐得之款項，存入其於同日開設之A銀行帳戶，除提領現金外，另於同日匯款1億元至陳某B銀行帳戶後，購買1公斤重黃金條塊110塊，並於次日搭機出境，洗錢過程如圖4-3-3所示。

三、林某違反銀行法案

調查局洗錢防制處，於2005年接獲海關通報，男子林某於該年7月間，攜帶日幣7,900萬元赴日本。

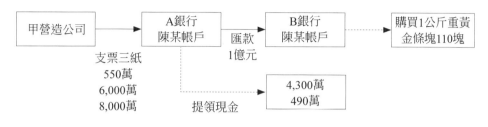

圖4-3-3 陳某詐欺案

資料來源：法務部調查局洗錢防制工作年報，2008。

　　經查林某係甲公司負責人，渠利用甲公司、渠配偶與子女帳戶，接受不特定客戶之委託，從事臺灣與大陸地區間之地下通匯業務，累積匯兌金額高達新臺幣6億4,335萬3,103元。

　　其方式為，客戶至大陸地區訂購成衣等貨物，僅需交付些許訂金，嗣回臺後，再將尾款以新臺幣匯至林某使用之人頭帳戶。大陸地區商家，於收受匯款單之影本傳真後，即將貨物託運至臺灣，而林某在臺將款項兌換成日幣後，以匯款或攜帶現金方式，將款項存入林某開立於日本之帳戶，其後再將餘額自日本，以不詳方式交款予大陸地區之地下通匯業者，其後再交付給出貨之大陸廠商。

　　本案金融機構未申報疑似洗錢交易報告，業於2007年由板橋地方法院檢察署提起公訴，洗錢方式如圖4-3-4所示。

四、違反銀行法（地下通匯）

　　2007年10月29日，臺北市政府警察局偵破邱姓嫌犯等7人，涉嫌以家族企業方式經營地下匯兌公司，並起獲非法匯兌使用之存摺42本、現金新臺幣320萬元、營運計畫書、客戶銀行帳號登記簿、記帳單、電腦、傳真機等證物。

　　本案目前因臺灣與中國大陸兩岸金融匯款，每次至少需一週時間，致使臺商為求便捷、快速，紛紛透過此種管道進行匯款。

　　該地下匯兌於大陸地區設立據點收受人民幣，並在臺換成新臺幣匯到客戶指定帳戶，標榜「零時差同步快速匯兌、大額款項親送到家服務」，

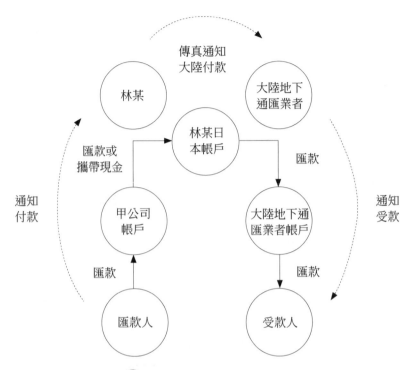

圖4-3-4 林某違反銀行法案

資料來源：法務部調查局洗錢防制工作年報，2008。

　　每1元人民幣收取0.02～0.04元匯差，該地下匯兌公司已開設年餘，每日匯款金額上千萬元。自2007年1月初開業以來，透過該不法途徑，進行兩岸匯兌資金，多達數億新台幣，不法獲利頗豐。

　　案經臺北市政府警察局查緝到案，該犯罪集團非法經營銀行匯兌業務，已涉嫌違反我國銀行法、洗錢防制法，匯款客戶經由此地下匯兌方式委託匯款亦涉嫌違反臺灣地區與大陸地區人民關係條例、管理外匯條例等規定。

4-3-6　洗錢模式

　　洗錢犯罪具有專業性，洗錢之模式依洗錢者之背景、經驗、資源差異，會有不同的洗錢方式與管道。

　　對洗錢者洗錢模式的分析，從經驗中探究洗錢者慣用的手法與技巧，藉以對洗錢行為有更深層的了解。張夏萍（1997）[47]提出洗錢者運用的13種洗錢模式與技巧，綜合敘述如下：

一、設立前置公司或空殼空司（Use of Front of Shell Companies）

　　以設立公司方式協助洗錢，以合法資金掩護非法金錢，兩者混用，並以商業交易介入資金調度，通常較不會被發現，主要有下列作法：

（一）以代理人方式設立公司，公司資產為犯罪者所有，代理人以交易行為進行洗錢，實際代理人通常具有專業背景，如律師、銀行家及會計師等，對於資金流動及公司幕後擁有者，代理人均會做好保密工作。

（二）成立跨國之匿名公司，並結合信託方式，由於跨境之犯罪偵查，常須藉助國際司法互助，致偵查不易，且曠日費時，犯罪者若得知受到調查，仍可在第一時間將資金移動。

（三）以虛偽之名義設立人頭公司或紙上公司，將資金的流動及公司資料，歸戶至無關之人頭戶，使偵查中斷或須耗費更多時間偵查，拖延被查緝時效，主要目的在於構築防火牆，且利於東窗事發後，逃避查緝及未被扣押資金之移動。

（四）製造虛偽之交易，以不實之進出口發票，利用虛設之子公司名義高價出售土地、建築物或貨品予母公司，實際母公司之出資來源為不法所得洗錢之資金，使交易後取得之金錢，表徵為正常合法交易之資金。

（五）購買經營現金流動密集具有合法證照的事業，例如賭場、餐廳、酒

---

47 張夏萍，1997，洗錢犯罪及其防制措施之研究，中興大學碩士論文。轉引自同註6。

吧、超商等，利用經營事業的合法收入與不法資金混同使用，避免不法資金受到發現查緝。

（六）以虛偽之名義開立發票，製造不實之貸款及收入，透過收支之平衡，不法資金進入公司，以營運之假象，進行資金之漂白。

利用成立公司名義進行資金之移動，較能掩人耳目，且公司往往設立在境外，若未能即時為司法機關查獲，在短時間之內就能完成洗錢，且洗錢者之身分容易隱匿，此種洗錢方式是專業洗錢者慣用之手法。

二、專業代理人律師

律師以代理人身分設立公司並成立信託關係，協助被代理人進行各種型態的洗錢。代理人以購買不動產、辦理抵押貸款或租賃、設立分公司並成立信託關係，讓犯罪者的資金，得以進入交易活動中，由各項商業投資交易之掩護，實際上進行洗錢行為。

三、貴重金屬業

黃金、珠寶及鑽石等貴重金屬為國際上廣為流通之商品，具有國際買賣交易特性，加上貴重珠寶，攜帶方便，容易藏置。珠寶銀樓業者遂成為洗錢者利用購買此等貴重商品，轉換非法所得的選擇。

四、地下銀行體系

地下銀行體系一般由銀樓、珠寶商或貿易商等組成綿密之聯結網絡，其交易無須正式之文件，以服務、信用及經營口碑為運作之基礎。在西南亞、東亞、東南亞有一些商號已存在數個世紀，由家庭或生意人經營，從事國內或國外金錢之運送。

洗錢者透過地下銀行系統快速且自由地移動大筆資金，可規避正常金融監督管控之機制，不會留下任何可供稽查之紀錄，在各國強化管制金融行庫防制洗錢措施之際，地下銀行不法資金洗錢之活動將更形熱絡。

五、專業會計師

會計師對審計、財務分析、管理和策略如協助公司收購合併、管理

公司財務報告、分析財務資料等，均具有多元化之專業能力。因此對設立人頭公司，進行合法投資隱匿犯罪所得，及製作完美無缺之公司帳簿資料等，會計師都能得心應手，若為犯罪者服務並協助洗錢，當更具隱密及難以查緝等特性。

六、金融行庫

金融機構的服務在網路及電子化科技發展下，均強調快速、安全、隱匿及無國界之全方位目標，且在激烈競爭下，為爭取客戶保密服務對象之資金及相關金錢流向，遂成為洗錢之工具。

透過金融機構洗錢常見的方式為以虛偽或錯誤之名義或其他人頭開立帳戶、利用電子銀行（phone banking）、網路銀行（internetbanking）、電子錢包（electronic purses）等電子資金移轉系統將黑錢移轉至國外、以非法所得購買銀行支票、國庫券、信用狀、無記名債券或旅行支票等其他貨幣工具、向金融機構貸款，再以非法所得之資金作為還款來源或以非法所得購得之資產提供做為貸款之擔保品。

七、貨幣交易

貨幣交易商可以販賣匯票、旅行支票並從事貨幣兌換之業務，該等貨幣工具得以無記名之方式流通，比現金更容易攜帶或移轉。由於在金融行庫所顯示的交易對象是貨幣商，而非真正的洗錢者，致追查幕後洗錢者不易，可規避司法機關的查緝。

八、證券或期貨市場

證券或期貨市場可透過私人或公司，以人頭或虛偽的名義設立公司，以投資名義為公司持有人，以掩飾非法所得。另投資所得之效益，常可獲得鉅額利潤，對於以非法所得資金進行股票的投資炒作、期貨買賣，可以合理地掩飾非法資金來源，達到洗錢的目的。

九、保險掮客

透過投保高額的年金保險、生存保險、壽險等，以現金一次繳款後，期滿即可領回保險給付，或以解約、質借方式，由保險公司領回保險金，

主要目的為證明資金來源為保險公司，利用保險公司做為洗錢之工具，藉以漂白黑錢。

十、不動產業者

以土地投資買賣，並選擇精華地段，利用非法所得買賣不動產做為資金轉換，並增值牟取暴利。

通常洗錢者會利用人頭進行不動產的買賣，以掩人耳目。或與親友訂立虛偽借款並提供不動產抵押，之後再以非法資金還款，移動資金轉換為具有合法之表徵。

十一、現金事業

將不法所得之大筆資金，混入每日具有現金收益之合法商號，例如超商、連鎖餐廳、酒吧、當鋪、旅館或旅行業等，以合法收入漂白黑錢。由於一般正常合法商號，較不會引人注意，且現金清查不易，遂成為洗錢者之青睞。

十二、賭博交易

賭博、樂透彩與賽馬在許多國家均是合法之行為，以賭場進行洗錢不僅方便且難以追查。樂透彩及賽馬均能以獲得鉅額獎金進行洗錢，利用不法資金購買中獎彩券，再向賽馬業者兌換支票後提領現金，成為合法資金來源。

在賭場洗錢可先行將現金存入賭場專用帳戶，充當賭金之用，實際上僅少部分於賭場中使用，再將大部分賭金，請賭場開立支票後再兌換，在實務上已發現賭場洗錢方式被貪污、毒品、詐欺犯罪者所喜好，賭場洗錢方式如次：

（一）以現金購買賭場籌碼，再將籌碼換成支票、匯票或匯款至特定人頭帳戶。

（二）蒐購在賭場中贏取之支票，賭場中之無記名支票可作為可轉讓金融工具。

（三）利用國際間通用之賭場籌碼，進行跨境之交易兌換，部分國家並不

認為賭場籌碼為有價金融工具，入出境時不必向海關申報，因此可將籌碼帶至其他國家兌換成現金或支票。

（四）在賭場購買鉅額之「賭場禮品憑證」（casino gift certificates），作為支付非法交易的代價，可以交由第三者兌換回來。

（五）在賭場中以高於一般價錢蒐購「賭場獎勵卡」（casino reward cards），再兌換成現金或支票。

（六）以小額資金方式分散定期存入或交易固定現金到賭場帳戶，或利用第三者帳戶轉入，或使用不同金融機構開立之票據，或在賭場間轉換不同賭場室，切割規避申報門檻，不斷利用小面額現金或票據分散進入賭場，最後再整合成高面額的現金或票據出場，進行洗錢。

（七）利用賭場帳戶（casino accounts）洗錢，運用「國外持股帳戶」（foreign holding accounts, FHAs）指繫屬同一集團之賭場，可以在A國家開立帳戶，而於B國家內同集團之賭場使用，如此亦不用受到大額現金申報之規範。

（八）與賭場員工或高級幹部合作進行洗錢，由於賭場進出之資金十分龐大，透過賭場內部人員協助，故意忽略可疑交易，對各項資金交易均認同為賭資，直接協助洗錢。

（九）利用信用卡或簽帳卡購買賭場籌碼，支付信用卡之資金為不法洗錢所得，而多次購買籌碼後，實際上並未用於賭資，係假借購買籌碼，行洗錢之實。賭博仲介團（junket）專門提供賭場與賭博大亨之間的服務，賭博仲介團招募賭客籌組賭博團，並提供交通、住宿、餐飲各項服務，從賭博收益中，賺取佣金。因為賭博仲介業可以代客操作跨國的資金移動，而真正賭客身分可以隱匿，透過賭博仲介業在賭場與金融行庫的資金移動，亟易成為洗錢的管道。

（十）賭博團運用「死籌碼」（dead chips）協助洗錢。「死籌碼」指賭場提供給賭博團仲介作為佣金不可轉換的一種籌碼，可以在賭場使用，但不能直接換成現金或活籌碼（live chips），只有在賭博團業之間才可以轉換，洗錢者大量購買「死籌碼」，作為毒品交易或犯罪支付工具之用。

（十一）賭場VIP客戶以賭場提供之專屬賭博室。通常在VIP室內均有鉅
額的交易，因賭場無須過濾確認賭客身分，因此無法追查資金流
向與來源，形成洗錢之漏洞（吳惠卿，2008）。

（十二）避稅天堂：避稅天堂具有課稅低、嚴格金融保密條款，缺乏外匯
管制及中立之政治立場，其對資金擁有者的絕對保密措施，足以
讓洗錢者更能在隱密中進行資金移轉。洗錢者會將大筆資金轉移
至避稅天堂，並以投資、虛偽貸款等方式，將資金經過投資轉換
後，再回到原來的持有人，藉此漂白洗錢。

十三、當代洗錢模式

世界銀行Pierre-Laurent Chatain研究報告[48]，手機金融業衍生許多新興
問題，可能成為洗錢之新管道。

（一）手機金融服務（Mobile Financial Service）

手機金融資訊服務，金融機構透過電信公司提供客戶檢視個人財務資
訊之途徑，服務範圍包括帳戶餘額明細、信用上限警訊、交易確認資訊、
股票報價及外匯報價部位。

手機銀行及證券帳戶服務，允許使用者透過銀行及或證券帳戶交
易，類似其他形式之電子銀行管道（ATM、網路銀行或電話語音銀行服
務），為金融機構與其他機構（包括銀行、電信公司及其他第三人機構）
之合作。服務範圍包括轉帳交易、支付帳單、結算收支、股票報價、外匯
報價及信用額度。

手機支付服務則為允許使用者無須有銀行帳戶即得為付款交易，通常
是透過非銀行提供服務，服務範圍包括允許使用其他形式手機金融服務業
提供之全部服務，儲值功能（電子錢包）、國內與國際匯款。

手機電子錢包（Mobile Money）可授權使用者透過手機使用電子錢
包功能，其服務範圍包括允許使用其他形式手機金融服務業提供之全部服

---

48 藍家瑞，2008，參加「亞太防制洗錢組織」第11屆年會（APG Annual Meeting 2008）出國報
告，第20-29頁。

務、儲值功能（電子錢包）、國內與國際匯款。

（二）手機金融服務衍生洗錢風險

1. 匿名性（anonymity）：缺乏客戶身分資訊，偽冒客戶身分，將鉅額交易分散成多筆小額交易以規避法令限制。

2. 難以捉摸性（elusiveness）：集體使用（pooling），係指多人共用手機，通常發生在較貧窮之社區，實際交易人身分往往被手機登記所有人之身分所隱匿；授權使用（delegation），指代理人代表所有人使用手機，通常發生在較富有之社區，而實際交易人之身分被隱匿。

3. 快速性（rapidity）：交易得於任何時、地快速完成，被視為有利於洗錢行為。

4. 缺乏監理（poor oversight）：手機金融服務業提供者往往不受金融機構之相關法令規範，無須遵循其他金融機構所須遵循之相關洗錢防制法令。

（三）手機金融業趨勢

手機金融服務，這種因應手機普及，且脫離傳統金融服務之新服務型態，正在國際上快速發展。

手機電子錢包因為可以提供國際匯款，形成一股新的潮流，根據世界銀行調查，可利用手機辦理國際匯款，主要存在於香港、菲律賓、馬來西亞及印尼，其他國家尚無此項服務功能，顯示手機電子錢包功能存在於具有眾多外勞之國家。因此未來臺灣亦可能成為手機電子錢包功能之市場之一，對臺灣金融秩序將帶來新的衝擊，值得主管機關注意新型態之金融服務態樣衍生之洗錢行為。

4-3-7　國際洗錢組織

國際金融經濟已為全球化之趨勢，世界各國資金往來密切，各國相互

依賴關係愈來愈密切。洗錢犯罪具有跨國之特性，世界各國必須透過國際合作，才能夠有效防止洗錢犯罪。

臺灣依國際互惠原則，近年來與外國政府及國際組織簽訂防制洗錢的合作了解備忘錄。臺灣已經加入亞太防制洗錢組織（APG），以及艾格蒙聯盟國際洗錢組織，但是還未加入全球最具影響力的打擊清洗黑錢財務行動特別組織。

一、打擊清洗黑錢財務行動特別組織（Financial Action Task Force on Money Laundering, FATF）

國際間因體認到洗錢行為，對於金融安定之威脅，七大工業國（G-7）於1989年在法國（Grande Arche）舉行之高峰會議中，決議設置FATF，以負責研擬防制洗錢之國際標準。

FATF於1990年制定四十項建議，並於1996年及2003年修正。FATF第13項建議：「金融機構有合理懷疑資金係犯罪收益或與提供恐怖活動有關時，應儘速依法律所定之義務向金融情報中心提出申報。」另第26項建議：「各國應設立金融情報中心作為統一受理、分析及分送可疑交易報告及其他可能與洗錢及提供恐怖活動資金有關情報之行政機關。」

二、艾格蒙聯盟（Egmont Group）

根據「打擊清洗黑錢財務行動特別組織」之建議，各國應設置金融情報中心（Financial Intelligence Unit），以作為受理金融機構申報可疑為洗錢交易報告或大額通貨交易報告。

臺灣的金融情報中心，設於法務部調查局洗錢防制處，負責國際間的洗錢情報交換。

艾格蒙聯盟於1995年在比利時布魯塞爾艾格蒙宮成立，臺灣在1998年以MLPC（Money Laundering Prevention Center），Taiwan名義加入，該組織迄今已有108個會員國，會員間透過安全網路進行情報資訊交換。

該聯盟將各國之金融情報中心定義為：「負責收理（及同意、請求）、分析下列揭露之金融資訊，並送交權責機關之全國性中央單位：可疑的犯罪財產，或國家法令所定之防制洗錢資訊。」

　　法務部調查局洗錢防制處以臺灣金融情報中心地位，透過艾格蒙安全網路進行情資交換時，依據艾格蒙聯盟之情報交換原則，應符合下列要件：

（一）請求方應向被請求方提供請求資訊之原因、資訊之用途，及足使被請求方判斷請求是否符合其國內法律之充分資料。

（二）金融情報中心間交換之資訊應僅能用於請求內容所載之特定目的。

（三）請求方不得將提供之資訊交予第三者，或在未經提供方事先同意的情形下，將該資訊用於行政、調查、起訴或審判目的。

三、亞太防制洗錢組織（Asia Pacific Group on Anti Money Laundering, APG）

　　APG係FATF之區域性組織，亞太防制洗錢組織於1997年在泰國曼谷成立，目前是亞太地區最重要的區域性防制洗錢組織。臺灣在1997年APG成立時以Chinese Taipei名稱加入，為創始會員國之一，臺灣每年均派員參與亞太防制洗錢組織年會，並提出「進展報告」（progress report），接受各會員國之檢視與評鑑。

　　目前APG計有38個會員國，並為FATF之準會員。亞太防制洗錢組織自1998年以來，每年均固定召開洗錢態樣工作研討會，成為亞太防制洗錢組織常態性之會務活動，各會員國透過研討會共同討論區域性防制洗錢議題，並分享洗錢防制經驗，溝通防制洗錢的前瞻性作為。

　　以2008年亞太防制洗錢組織態樣工作研討會為例，討論的主題包括：賭場對洗錢威脅暴露之弱點（Casino sector vulnerabilities-outcomes of the joint APG/FATF project）；證券業對洗錢威脅所暴露之弱點（Securities sector vulnerabilities）；資助恐怖份子之態樣（Terrorist financing typologies）；犯罪所得與恐怖份子資產之調查與起訴（Proceeds of crime and terrorist assets investigations and prosecutions）。

　　臺灣為防制洗錢犯罪，洗錢防制法經多次修正，強化對洗錢犯罪的防制，主要在於加強國際洗錢的合作機制，以符合國際洗錢組織的要求，並將洗錢防制作為與國際接軌。

第五篇

科技與智慧財產權篇

第一輯　科技智慧財產權概述

案例

　　阿國在工作閒暇之餘，喜歡到夜市品嚐小吃，某日阿國在夜市享受蚵仔煎時，突然間，大批警察前來搜查，要求販售名牌服飾的業者，說明貨品來源，同時也有其他警察在搜查DVD光碟，阿國後來知道原來警察是在調查違反商標及著作權法的案件，阿國經歷了一場有警察陪同啖小吃的初體驗！

　　智慧財產權（Intellectual Property Rights）是科技研發的核心，智慧財產更是科技企業賴以生存發展的重要資產。

　　知識經濟時代著重創新與無形資本，國家發展與競爭力的提升，更須藉科技的研發與創新，而保護創作者研發的成果，須藉完善的智慧財產保護制度，才能激勵研發者具有創新的動力與意願。

　　臺灣在加入世界貿易組織（WTO）之後，凡是WTO會員國必須遵守「與貿易有關之智慧財產權協定」（TRIPs）之規定，為符合國際環境的要求並與國際接軌，對於智慧財產權更須加強重視。

　　臺灣在2007年公布「智慧財產法院組織法」、「智慧財產案件審理法」，打破傳統大陸法系公法及私法二元化的司法制度，就有關智慧財產的民事、刑事及行政訴訟三合一集中審理，以解決長期以來審理智慧財產案件的專業及效率問題[1]。

1　魏憶龍、林合民，2008，台海兩案實施智慧財產民事、刑事及行政訴訟三合一審理制度之比較評析，日新司法年刊第8期，第71頁，臺灣雲林地方法院檢察署印行。
　2007年3月28日公布之智慧財產法院組織法第2條規定：「智慧財產法院依法掌理關於智慧財產之民事訴訟、刑事訴訟及行政訴訟之審判事務。」智慧財產案件審理法第1條規定：「智慧財產案件之審理依本法之規定；本法未規定者，分別依民事、刑事或行政訴訟程序應適用之法律。」

　　智慧財產權的議題已成為全球經濟貿易戰場上的談判主軸，不但在國際爭端談判中成為各國角力的戰場，更在國家經濟發展上扮演著舉足輕重的地位。

　　在面對全球化、國際化所帶來的仿冒盜版，侵權犯罪型態日漸猖獗，技巧方法不斷推陳出新。致使保護智慧財產權問題不再只是出版者與盜版商間的利益衝突，更成為各國政府重視的議題，防制智慧財產權犯罪，除了保障人類智慧創造之成果，亦是另一場經濟利益的爭奪戰。

5-1-1　智慧財產犯罪定義

　　智慧財產犯罪是近年來新型態之犯罪，凡行為人無故侵害他人合法之著作權、商標權、專利等權利，致權利人造成財產上利益，或個人及商譽上之損害，並影響知識經濟社會對智慧財產保護法益之目的，即為智慧財產之犯罪。

5-1-2　智慧財產犯罪盛行率

　　侵害智慧財產權案件新收及偵查終結統計依法務部2008至2012年統計資料，如表5-1-1、表5-1-2所示，各地方法院檢察署受理違反著作權法、商標法之智慧財產案件，平均每年約有7,500餘件，除2010年低於7,000件外，餘各年皆在7,000件以上，2011年超過8,000件最多，近年之智慧財產案件，有逐年增加趨勢。

　　在2012年的智慧財產案件以違反著作權法及商標法案件居多，著作權法占49.1%，商標法占50.8%；2011年違反著作權法案件占48.9%，商標法占51.1%。

　　以2012年為例，各地方法院檢察署智慧財產案件偵結計7,605件，人數達9,657人。其中聲請簡易判決者約計1,032人，占10.6%；緩起訴處分

約2,130人，占22.1%；依職權不起訴處分3,994人，占終結人數之41.4%。

　　2012年經法院判決有罪移送地檢署執行之侵害智慧財產權案件達1,544人，其中違反著作權法者397人，商標法者1,147人，獲判緩刑者計799人，占有罪判決之51.7%。

　　智慧財產權犯罪者特性，2006年執行之定罪率中，男性占57%，女性占42%，侵害智慧財產權案之再犯率則為8.3%[2]。

表 5-1-1　侵害智慧財產權案件新收及偵查終結人數統計

項目別	2008	2009	2010	2011	2012
新收案件	7,908	7,274	6,989,	8,129	7,605
通常程序起訴	876	834	954	1,036	968
聲請簡易判決	1,737	1,362	1,033	1,315	1,032
緩起訴處分	2,054	2,004	1,894	2,114	2,130
不起訴處分	4,007	3,800	3,669	3,825	3,994
他結	1,290	1,297	1,402	1,668	1,533

資料來源：法務部統計處，2014。

表 5-1-2　侵害智慧財產權案件執行裁判確定有罪人數統計

項目別	2008	2009	2010	2011	2012
6月以下	1,314	843	802	769	730
6月以上1年未滿	142	114	71	78	63
1年以上2年未滿	23	24	23	19	15
2年以上	2	2	5	4	1
拘役罰金	1,020	783	665	642	735
宣告緩刑人數	998	735	704	782	799
定罪率（%）	95.7%	81.8%	78.8%	64.3%	77.2%

資料來源：法務部統計處，2014。

2　法務部統計處，2008，專題分析，侵害智慧財產權案件統計分析。

5-1-3 智慧財產侵權常見型態

　　智慧財產犯罪是利用現代科技實施犯罪，在犯罪型態上不僅具有特殊性，在犯罪偵查亦是難度較高的犯罪類型，在司法實務上也常引發檢、院間對行為人是否應負刑事或民事責任，而有截然不同的見解。

　　為進一步了解智慧財產犯罪的特殊性，以「飛行網」於2003年間被臺北地方法院檢察署以涉嫌違反著作權法中常見之「重製」、「公開傳輸」之犯罪態樣，商標使用之刑事侵害，以該個案探討智慧財產之犯罪態樣[3]。

一、「重製」之行為

　　著作權法第91條規定：「擅自以重製之方法侵害他人之著作財產權者，處三年以下有期徒刑、拘役，或科或併科新臺幣七十五萬元以下罰金。」

　　重製的行為態樣有多種，舉凡把書本拿到書店影印、把CD置於電腦使用燒錄器另外燒錄成光碟，均是重製罪的犯罪構成要件行為[4]。

　　重製之定義包含將印刷著作掃描轉換為數位檔，或將電影、多媒體、錄音、照片數位化，轉化為數位檔之情形在內。

　　當電腦網路使用者將數位檔上載至BBS站或其他伺服器，或將數位檔自BBS站或其他伺服器下載資訊至使用者之電腦硬碟、軟碟、或打包離線閱讀、直接列印時亦構成重製[5]。

　　網路業者提供軟體平台，製造違法重製之風險，業者明知會員所下載的檔案係侵權之檔案，在此情況下，並不具備信賴保護的基礎，所製造的風險，是屬於「刑法上所不能容許的風險」，軟體及網路平台的提供者，

3　臺灣臺北地方法院檢察署92年度訴字第2146號（精股），93年度蒞字第13894號飛行網論告書。

4　著作權法第3條第1項第5款規定：「重製：指以印刷、複印、錄音、錄影、攝影、筆錄或其他方法直接、間接、永久或暫時之重複製作。於劇本、音樂著作或其他類似著作演出或播送時予以錄音或錄影；或依建築設計圖或建築模型建造建築物者，亦屬之。」

5　羅明通，2002，著作權法論，臺英國際商務法務事務所。

若製造了不可容許的重製行為風險，其行為就具有可歸責性。

　　網路業者製作超連結，或提供一個平台，會員只要一按滑鼠就能下載重製檔案的行為，也是重製的構成要件行為之一。

　　著作權法保護著作權人之重製權，是該法的主要內容之一。在傳統上「重製」行為，一般指將同一著作在另一有（實）體物上重製，但在數位科技的發展使得重製成為輕而易舉，電腦及網路之技術發展使得同一著作在電腦或網路上傳遞時，不論是否有行為人之有意識行為涉入，均可能產生大量重製的情況。

　　歐盟在2001年資訊社會著作權及相關權利協調指令（Directive#2001/29/EC of the European Parliament and of the Council of 22 May 2001 on the harmonization of certain aspects of copyright and related rights in the information society）、美國數位千禧年著作權法案（The Digital Millennium Copyright Act, DMCA）均加以規範。

　　臺灣為貫徹保護智慧財產決心，於2003年修正著作權法，對「重製」之定義予以調整，包括對暫時性重製，以使研究發展電腦及網路科技，均能有適當之規範[6]。

二、公開傳輸之行為

　　網際網路技術的發展對著作權造成嚴重衝擊，傳統之著作利用型態，一為消費者，利用人必須先取得、掌握有體（tangible）著作重製物後，在自己所選擇之時間、地點欣賞著作。一為消費者無主動掌控權，被動的欣賞提供者所提供之各種著作。網際網路技術使利用人不必支付對價取得有體著作重製物，亦不必受限於提供者單方之時間安排，可隨心所欲在自己選擇的時間、地點完整的欣賞著作。

　　公開傳輸即指著作人享有透過網路或其他通訊方法，將其著作提供或傳送予公眾，使公眾可以在任何自己所選擇的時間、地點瀏覽、觀賞或聆

6　理律法律事務所，2006，「九十二年六月六日立法院三讀通過新修正著作權法之附帶決議」研究，經濟部智慧財產局編印。

聽著作之權利。公開傳輸是因應網路文明最重要的權利之一[7]。

重製與公開傳輸之關係,從P2P平台機制觀之,網友使用P2P業者提供之軟體,進行搜尋並下載檔案,透過該軟體,網友得以從其他使用者的電腦中,將該檔案下載,此種下載行為,已是著作權法之重製行為。

網友能透過搜尋下載,相對地有其使用者,透過P2P的軟體機制,提供分享之檔案,並置於分享夾當中,這種在網路上提供給公眾上傳的行為動作,即構成著作權法上之公開傳輸[8]。

使用者之間彼此傳送時,重製與公開傳輸可單獨或同時存在,網友只下載他人分享檔案,本身不提供上傳,只構成重製;若在下載後又將歌曲置於資料分享夾中供上傳,此時即同時觸犯重製與公開傳輸權。

著作權法中對「公開傳輸」定義,指以有線電、無線電網路或其他通訊方法,藉聲音或影像向公眾提供或傳達著作內容。

公開傳輸之行為,以具互動性之電腦或網際網路傳輸之型態為特色,所稱「向公眾提供」,不以利用人有實際上之傳輸或接收為必要,只要處於可得傳輸或接收之狀態為已足。網友只要將能夠予他人分享之檔案,置於資料分享夾中,即已處於可得傳輸之狀態。

網路業者提供並參與犯罪構成要件行為完成之所有關鍵部分,網路會員只要按滑鼠鍵即可,欠缺網路業者提供之平台,會員並無從侵害著作權重製及公開傳輸之行為。

網路業者雖提供不可或缺的條件,與會員互相分工共同作用,業者設計網站機制提供會員協力交換,公開傳輸非法檔案,會員亦構成重製與公開傳輸之共同正犯。

---

7 陳淑美,2005,我國著作權業務之現況與願景,著作財產權月刊第73期。

8 著作權法第3條第1項第10款規定:「十、公開傳輸:指以有線電、無線電之網路或其他通訊方法,藉聲音或影像向公眾提供或傳達著作內容,包括使公眾得於其各自選定之時間或地點,以上述方法接收著作內容。」同法第92條規定:「擅自以公開口述、公開播送、公開上映、公開演出、公開傳輸、公開展示、改作、編輯、出租之方法侵害他人之著作財產權者,處三年以下有期徒刑、拘役、或科或併科新臺幣七十五萬元以下罰金。」

5-1-4 智慧財產侵權成因

臺灣過去MP3、校園影印、盜錄光碟、仿冒剽竊、網路下載等侵犯智慧財產權問題十分猖獗，仿冒盜版侵權個案時有所聞，曾嚴重影響我國國際形象與經貿發展。

近年來司法機關積極偵辦與宣導，已獲得良好成效，美國亦公開讚揚臺灣在保護智慧財產權上的努力，政府雖已完成智慧財產權相關法律規定修訂，並全面查核及管理光碟廠商，採取強硬查緝手段以嚇阻仿冒盜版的諸多措施。

探討了解違反智慧財產犯罪原因，以個人而言，可自我省思，避免誤觸法律，亦可保障市場公平競爭之機制。

一、理性選擇理論（Rational choice theory）

犯罪學的理性選擇理論常被用來解釋個人的犯罪行為與動機，犯罪行為是個人自由意志（Free-well）及理性（Rationality）選擇的結果。個人在決定是否從事違法行為時，是透過理性之考量與抉擇，個體評估犯罪行為的結果利益大於成本或被逮捕的風險較低，則容易決定進行違法活動。反之要付出的成本代價過高，利益小被逮捕的風險又高，則易放棄所決定要實施的犯罪活動，個體在決定犯罪行為之際所進行的一連串風險評估考量，即為犯罪學之理性選擇，許多犯罪學的研究都引用理性選擇理論說明個體決定犯罪的原因，該理論被應用的範圍十分廣泛。

智慧財產犯罪是否與理性選擇有關，Clarke & Cornish[9]認為，不同的犯罪類型會有不同的選擇，在分析犯罪抉擇時，應考慮犯罪行為事件的特性為何，因為每一種犯罪的難易度、利益都不盡相同，犯罪行為人本身對犯罪的熟悉度不同，亦對犯罪的決定會有不同的影響。

智慧財產犯罪一般利益甚高，被逮捕追訴判刑的風險相對較低，依

---

9 Clarke, R. and Cornish, D., 2000. Rational Choice, in R. Paternoster and R. Bachman (Ed), Explaining Crime and Criminals: Essays in Contemporary Criminological Theory, LA: Roxbury publishing Company.

智慧財產犯罪盛行率統計觀察，因違反智慧財產犯罪被判處2年以上有期徒刑者僅占個位數，加上智慧財產犯罪行為人本身的反追訴能力高於一般犯罪，在高利益的誘因之下，違反智慧財產犯罪，符合理性選擇之犯罪類型。

二、司法追訴不易

　　智慧財產犯罪在事實認定部分，檢察官與法官之見解往往差異甚大，如表5-1-3所示，2012年各地方法院刑事第一審案件裁判結果，判決無罪者比率甚高，且判決以六月以下占最高，在可易科罰金刑居高情形下，對於智慧財產犯罪並無法產生嚇阻作用。

　　由於智慧財產犯罪的認定具有特殊性，在司法機關追訴不易的情況下，犯罪者有機可乘，即可能一再地觸犯智慧財產犯罪。

三、欠缺智慧財產觀念

　　技術的研發與創新，須投入無數的心血與資金，而抄襲與模仿可能在一夜之間即可完成。

　　雖然創新有時是從學習與模仿開始，但是尊重創新與研發的智慧財產權，是現代社會與民眾必須具備的基本觀念，世界各先進國家亦致力建立周延之法制規章，以保障智慧財產權。

表 5-1-3　2012年各地方法院刑事第一審案件裁判結果統計

項目別	六月下	六月至一年下	一年二年下	二年三年下	三年至五年下	無罪
違反著作權法案	243	50	6	1	1	1
違法重製罪	94	38	6	0	0	0
移轉所有權或公開陳列侵害著作權	114	11	0	0	0	0
公開上映或改作出租侵害著作財產權	31	0	0	0	0	1
違反商標法	416	9	0	0	0	3
販賣陳列輸出入仿冒商標罪	386	6	0	0	0	3

資料來源：司法院統計年報，2014。

臺灣在美國的壓力下，近年來也致力打擊智慧財產犯罪，日益體認到保障智慧財產之重要性，惟民眾對智慧財產觀念仍屬淡薄，對於違反著作權之各式光碟、院線影片仍然輕易垂手可得，在欠缺智慧財產觀念之下，無形助長滋生智慧財產犯罪。

四、強化國際合作

網路是跨越疆界的無際世界，要藉由各國自行來防堵盜版或違反著作權之侵權發生有其偵查上的困難，常常是事倍功半。

保護智慧財產的議題已趨向國際化的局面，各國必須要加強合縱連橫合作，務實面對智慧財產犯罪議題，成立國際性的組織來打擊這種跨國性的犯罪才能有效遏止。

美國司法部（DOJ）已成立區域性會議，目的在建立國際性的智慧財產權犯罪執法網絡（IPCEN），尋找建立一雙邊合作協議，以打擊日益重大的智慧財產犯罪。該會議參與人除美國司法部、國務院及美國專利商標局官員外，主要為亞洲各國智財權執法人員。智財權犯罪執法網絡（IPCEN）主要功能有二，一為成立論談空間，使各國執法人員能傳遞有關打擊「智財權犯罪及仿冒品」的調查及起訴的成功策略案例；二為加強各國間溝通管道，以有效協調及處理跨國性的智慧財產侵權起訴案件。

五、技術、管理及法律整合概念

智慧財產權的爭議是融合了技術、管理、法律三位一體的概念，若是只想由法律、技術或是管理單方面的來解決智慧財產權的爭議，並沒有辦法窺其全貌，必須結合技術、管理、法律全方位教育指引智慧財產教育之正確方向。

第二輯　科技與智慧財產權法概述

案例

　　阿國對法律比較陌生，雖然常常聽到智慧財產權法律，但不清楚到底有哪些法律規定才是智慧財產權法，阿國最近因業務需要，開始學習日文，買了一本日文書籍，公司很多同仁也想學習，希望阿國能影印給大家看，但不知道是否會違法，有了上次夜市小吃的經驗後，阿國決定要向專家請教，讓自己對智慧財產權法有基本概念，以保護自己和大家的權益。

5-2-1　著作權法

　　著作權保護的對象包括文學、科學、藝術或其他學術範圍之創作。著作權保護要件之一為該著作需有原創性，且已完成之著作，於著作完成日起即受保護，不以註冊為必要。因此，權利人於主張權利受侵害時，必須先證明著作權存在的基本事實是否齊全。

　　權利人如為本國人，證明存在只須確定著作權人為創作人，或經創作人移轉予權利人。如果權利人為外國人，則須確定該外國是否與我國訂有著作權互惠協定。

一、著作權權利

（一）重製權

　　著作人專有重製其著作之權利。表演人專有以錄音、錄影或攝影重製

其表演之權利[10]。

所謂重製，是指以印刷、複印、錄音、錄影或其他方法直接、間接，以永久或暫時性之重製。

過去在校園中，許多同學為了節省購買原文書的費用，利用校園附近的快速影印店，大量COPY影印原文書，將原文書著作的內容，以影印方式重複製作，就叫做重製。有關將音樂著作，或其他類似著作，利用演出或播送時，予以錄音或錄影亦屬之。

在撰寫論文，或期刊報告時，引用他人文章，是否為重製之行為，著作權法規定，為報導、評論、教學、研究或其他正當目的之必要，在合理的範圍之內，得引用別人已經公開發表的著作[11]。因此引用他人的著作，是不必事先取得著作財產權人的同意；不過必須要明示出處，寫清楚被引用的著作的來源。

所謂「引用」是指節錄、抄錄別人的著作，供作自己著作的註解或參證之用。引用也是一種利用別人著作的型態，屬於重製的行為。

引用的前提，是利用人本身也有著作，而且是把別人的著作，用在自己的著作裡面，用途則限於註解和參證。如果直接抄錄別人的著作說是自己的作品，把所抄的部分取掉後，自己作品的內容就不完整了，這是一般單純的利用，假如事先未取得權利人同意，還會造成抄襲剽竊的行為，當然不是引用。另外，把別人的著作全文拿來，當做附錄使用，也不是引用，事先應取得授權[12]。

另外對於表演人的重製權，它的重製方法則限於以錄音、錄影或攝影的方法重製表演。

---

10 著作權法第22條規定：「著作人除本法另有規定外，專有重製其著作之權利。表演人專有以錄音、錄影或攝影重製其表演之權利。前二項規定，於專為網路合法中繼性傳輸，或合法使用著作，屬技術操作過程中必要之過渡性、附帶性而不具獨立經濟意義之暫時性重製，不適用之。但電腦程式著作，不在此限。前項網路合法中繼性傳輸之暫時性重製情形，包括網路瀏覽、快速存取或其他為達成傳輸功能之電腦或機械本身技術上所不可避免之現象。」

11 著作權法第52條規定：「為報導、評論、教學、研究或其他正當目的之必要，在合理範圍內，得引用已公開發表之著作。」

12 經濟部智慧財產局，http://naes.tnc.edu.tw/～wisdom/q-a.htm，智慧財產權Q&A。

（二）公開口述權

　　著作人專有公開口述其語文著作之權利。公開口述係以語言或其他方法向公眾傳達著作內容[13]。例如在公開場所播放他人演講的內容，即可能構成違反公開口述權。

　　公開口述權，只有語文著作的著作人才享有，因為只有語文著作，才能利用語言來加以口述。

　　語文著作以外的其他著作，因為表現方法不能轉換為語文的型態，所以無法以口述的方法來傳達著作內容，也就沒有所謂的公開口述權。例如廣播節目人員，在口述介紹一幅畫時，聽眾並看不到這幅畫的內容，所以美術著作就沒有公開口述權。

（三）公開播送權

　　著作人專有公開播送其著作之權利[14]。公開播送是指一般人可以透過有線或無線電信設備發送，直接收聽或收視大眾得以收視到影音之相關內容，達到向公眾傳達著作內容之目的。

　　公開播送是利用著作權的一種方式，例如將著作權的內容，如歌曲、電影節目，公開播放給不特定的多數人收看。廣播節目播放歌曲給一般聽眾收聽，就是公開播送錄音著作。電視台播放節目或電影給不特定觀眾收看，就是公開播送視聽著作的行為。

　　原播送人以外之第三人，透過有線、無線或其他電信設備傳送有關訊息，將原播送的影音內容向大眾傳達者，也屬於公開播送權的範疇。

（四）公開上映權

　　著作人專有公開上映其視聽著作之權利[15]。公開上映是指以視聽設

---

13 著作權法第23條規定：「著作人專有公開口述其語文著作之權利。」
14 著作權法第24條規定：「著作人除本法另有規定外，專有公開播送其著作之權利。表演人就其經重製或公開播送後之表演，再公開播送者，不適用前項規定。」
15 著作權法第25條規定：「著作人專有公開上映其視聽著作之權利。」

備，或其他傳送視訊影像的方法在同一時間向特定場所的大眾傳播著作內容。

在不特定人士可以進出的公開場所，例如汽車旅館、遊覽車、高鐵、捷運等，供公眾使用的交通工具，公開播放視聽著作，就是屬於對於公眾播放視聽著作的行為，構成「公開上映」。因此，在汽車旅館或飛機上播放電影，在遊覽車上播放伴唱帶，若未取得視聽著作的公開上映的授權，所謂的「公播授權」，則屬非法使用。

（五）公開演出權

著作人專有公開演出其語文、音樂或戲劇、舞蹈著作之權[16]。

公開演出是指以演技、舞蹈、歌唱、彈奏樂器或其他方法向現場之公眾傳達著作內容[17]。

在電信設備器材未發達時代，以音樂著作為例，只能透過個人或樂器向現場觀眾表演，對於音樂創作者而言，除了音樂的原始創作，如樂譜外，如何從公開演出中獲得利益，也是原創者的重要權利。

當代各項電訊設備發展迅速普及，公開演出更顯得重要，由於科技發達，可以輕易地把個人及樂團的現場表演，在任何角落演出，就像是許多餐廳業者、大賣場，都會利用流行音樂來提升營業場所的氣氛，促進公司營運，即使是以合法購買的CD唱片，或是直接將廣播節目透過擴音器進行播放，因為購買之CD或收聽廣播節目的行為，並沒有取得「公開演出」的授權。如此也是一種公開演出的行為，自然也應該將利益分享予著作權人。

著作權法賦予公開演出權的著作類型包括：語文、音樂、戲劇、舞蹈

---

16 著作權法第26條規定：「著作人除本法另有規定外，專有公開演出其語文、音樂或戲劇、舞蹈著作之權利。表演人專有以擴音器或其他器材公開演出其表演之權利。但將表演重製後或公開播送後再以擴音器或其他器材公開演出者，不在此限。錄音著作經公開演出者，著作人得請求公開演出之人支付使用報酬。」

17 著作權法第3條第1項第9款規定：「公開演出：指以演技、舞蹈、歌唱、彈奏樂器或其他方法向現場之公眾傳達著作內容。以擴音器或其他器材，將原播送之聲音或影像向公眾傳達者，亦屬之。」

著作，未經重製或公開播送的現場表演，也享有公開演出權，而錄音著作的著作權人，就其錄音著作被公開演出時，則依規定享有報酬請求權。

公開演出並不一定是要以表演者進行演出，單純地以播放音樂或電台節目，也是屬於著作權法中所稱的「其他方法」向現場的公眾傳達著作內容的公開演出行為。

（六）公開傳輸權

公開傳輸，為著作人、表演人專有之權利[18]。公開傳輸是指以當代科技之電信設備，利用有線電、無線電的網路或其他通訊方法，透過聲音或影像向不特定的大眾提供或傳達著作內容，並包括使一般大眾可以其任意選定的時間或地點，以上述方法接收到著作內容。

由於網際網路發達，使公開傳輸權（Right of Public Transmission）更顯得重要，目前已進入電子書時代，著作人可以透過網路或各項通訊方法，將自己的著作內容提供或傳送給大眾，讓各角落的讀者，可以隨時上網瀏覽、觀賞或聆聽著作的內容。著作人可以利用文字、錄音、影片等各種型態的作品，利用電子傳送（electronically transmit）或放在網路上提供（make available online）給大眾，接收者可以任意地在自己選擇的時間和地點，充分地自由選擇各類型著作內容。

公開傳輸以行動電話而言，如果行動電話業者提供手機鈴聲或圖檔下載，也可能涉及利用到著作的公開傳輸權，必須取得公開傳輸的授權，尤其青少年最夯的線上遊戲也常使用各類型背景音樂，也必須取得授權，否則也有公開傳輸的問題。

（七）公開展示權

著作人專有公開展示其未發行之美術著作或攝影著作之權利[19]。所謂

---

18 著作權法第26條之1規定：「著作人除本法另有規定外，專有公開傳輸其著作之權利。表演人就其經重製於錄音著作之表演，專有公開傳輸之權利。」
19 著作權法第27條規定：「著作人專有公開展示其未發行之美術著作或攝影著作之權利。」

公開展示係指向公眾展示著作內容。

在圖書館、美術館常見一些油畫、雕塑或照片展覽，這些作品屬於「美術著作」，照片屬於「攝影著作」。如果這些著作尚未對外發行，就會發生著作權法所規定的公開展示權問題。

美術著作和攝影著作如果都未曾對外發行，著作人就享有公開展示權，公開展示未發行的美術著作或攝影著作是著作人專有的權利。

擅自將他人創作而未發行的美術著作或攝影著作，進行公開展示，不管展示的是原件還是重製物，都應該經過作者的同意，否則就會侵害到作者的公開展示權。

公開展示權將未曾發行的美術及攝影著作享有公開展示權，是因為美術及攝影著作，要讓別人了解其價值，最直接的方式就是公開展示，許多美術創作者都是透過美術展機會，展現個人的藝術風格與價值。公司展示權限於未發行的美術及攝影著作，若是已發行的作品，大眾已可透過出版品了解美術及攝影著作的內容，因此已沒有再保護的必要。

但是如果對於著作權人可以禁止他人公開展示的權利過大，在現實上對於取得著作的所有人並不盡合理，例如個人花費鉅資購買了一幅名畫，取得畫作的所有權，如果讓作權人可以禁止所有人公開展示畫作，則反而讓其他人無法享受著作所帶來的藝術價值。因此，著作權法也規定美術著作或攝影著作原件或合法重製物之所有人或經其同意之人，可以公開展示該著作原件或合法重製物[20]。

（八）改作、編輯權

著作人專有將其著作改作成衍生著作或編輯成編輯著作之權利，但表演不適用之[21]。所謂改作係指以翻譯、編曲、改寫、拍攝影片，或其他方

---

20 著作權法第57條規定：「美術著作或攝影著作原件或合法重製物之所有人或經其同意之人，得公開展示該著作原件或合法重製物。前項公開展示之人，為向參觀人解說著作，得於說明書內重製該著作。」
21 著作權法第28條規定：「著作人專有將其著作改作成衍生著作或編輯成編輯著作之權利。但表演不適用之。」

法就原著作另為創作。

　　除了表演以外，著作人享有將其著作加以改作成衍生著作，或編輯成編輯著作的權利。例如小說拍成電影，英文原著翻譯成中文著作，論文被編輯於論文集為編輯著作。

　　著作人未經授權而改作他人著作，致侵害著作財產權者，該衍生著作應不受著作權法保護，其理論基礎為「毒果樹理論」——果樹有毒，果子亦有毒。未經原著作之著作財產權人同意，就原著作擅予改作，即可能不法侵害原著作人或著作財產權人之改作權，其改作之衍生著作自不能取得著作權。

（九）散布權

　　散布權（Right of Distribution），著作人專有以移轉所有權之方式，散布其著作之權利[22]。所稱散布，指不問有償或無償，將著作之原件或重製物提供大眾交易或流通。「散布權」，是著作財產權之權能之一，指著作人享有就其著作原件或著作重製物對公眾散布之專有權利。

　　凡是沒有經過著作權人同意，讓與著作重製物的所有權給特定多數人或不特定人，以販售或贈送，又違反合理使用的規定，即是對散布權的侵害。

　　散布權之主體為著作財產權人，而非著作人。雖然在許多情形，著作人即著作財產權人，但此並非必然。例如著作人已將著作財產權轉讓予他人，此時著作人即不復為著作財產權人[23]。

　　散布權是指以著作原件，或其重製物等有體物為客體，如書籍、電腦磁片或光碟等，以廣播電台、電視電台或網路所作之著作內容傳輸，並非「散布權」的範圍。

---

22 著作權法第28之1條規定：「著作人除本法另有規定外，專有以移轉所有權之方式，散布其著作之權利。表演人就其經重製於錄音著作之表演，專有以移轉所有權之方式散布之權利。」

23 著作權法第36條規定：「著作財產權得全部或部分讓與他人或與他人共有。著作財產權之受讓人，在其受讓範圍內，取得著作財產權。著作財產權讓與之範圍依當事人之約定；其約定不明之部分，推定為未讓與。」

　　著作權人專有散布其著作物，希望能在市場上進行交易或流通。通常散布著作的方式有三種，一種是以銷售、贈與等移轉所有權的方法，另二種是以出租或出借的方式，將著作提供大眾流通。

　　個人如果明知為侵害著作權之物，而散布或意圖散布而陳列或持有或意圖營利而交付者，視為侵害著作權[24]。

（十）出租權

　　著作人專有出租其著作的權利[25]。我們在日常生活中，經常會到漫畫、小說或錄影帶的出租店，將別人的著作，出租給其他顧客，從中賺取租金，這種出租的行為是否會侵害到著作財產權人的權利？著作財產權人依著作權法規定享有出租權。首先必須了解什麼是「出租權」，出租權就是將著作出租給其他人使用，而收取利益的權利。

　　出租權是著作財產權之一，要出租別人的著作，必須經過著作財產權人同意或授權，否則可能會違反著作權法而受罰。

　　出租權有例外的情形，就是事先不須徵得著作財產權人的同意，直接出租別人所作的著作物。著作權法特別規定，如果是經過合法的方式，而取得的著作不是錄音著作或電腦程式著作，同時此一著作物又屬於合法版本的話，可以不必徵求著作財產權人的授權而予以出租。反面來說，如果所取得的著作物是非法盜版的，就不可以出租了。這是因為合法取得著作物，自然享有該著作物的所有權，依照民法規定，對屬於自己所有的物品，本來擁有使用、收益或處分的權利[26]，應該可以出租。

　　另一方面，因錄音及電腦程式著作重製物容易被重製，所以錄音著作與電腦程式著作享有完整的出租權。除此之外，著作原件或合法重製物之所有人，已經把著作變成商品，提供市場流通，則在這個商品上的出租權

---

24 著作權法第87條第1項第2款規定：「有下列情形之一者，除本法另有規定外，視為侵害著作權或製版權：……二、明知為侵害製版權之物而散布或意圖散布而公開陳列或持有者。」

25 著作權法第29條規定：「著作人除本法另有規定外，專有出租其著作之權利。表演人就其經重製於錄音著作之表演，專有出租之權利。」

26 民法第765條規定：「所有人，於法令限制之範圍內，得自由使用、收益、處分其所有物，並排除他人之干涉。」

就用光了，不能再主張出租權。

　　特別要注意的是，如果合法取得正版著作物，是錄音著作或電腦程式著作的話，還是需要先徵求著作財產權人授權以後，才能出租，不可以直接出租[27]。

　　著作權人出售或移轉著作原件及合法重製物之出租權予他人時，不得就已出售之著作重製物再主張出租權。

　　所謂第一次銷售理論或耗盡理論係指著作權人對於著作原件及合法重製物之出租權，一旦出售或移轉其所有權予他人時即已耗盡，著作財產權人不得就已出售之著作重製物再主張出租權。

　　按著作權法第60條第1項前段規定：「著作原件或其合法著作重製物之所有人，得出租該原件或重製物。」[28]該規定即一般學理所謂之第一次銷售理論（First Sales Doctrine）或耗盡理論（Exhaustion Doctrine），是指著作權人對於著作原件及合法重製物之出租權，於首次出售或移轉其所有權予他人時，即已耗盡。換言之，著作權人一旦出售其著作物或移轉其所有權，即喪失對該著作物主張出租權之權利[29]。

二、著作人格權

（一）公開發表權

　　著作人就其著作享有公開發表之權利。但公務員為著作人，而著作財產權歸該公務員隸屬之法人享有者，不適用之[30]。

　　所稱公開發表係指權利人以發行、播送、上映、口述、演出、展示或其他方法向公眾公開提示著作內容。

　　公開發表權是著作人格權的一種，著作人有權利決定他個人的著作要

---

27 經濟部智慧財產局，2010. Q & A。oldweb.tipo.gov.tw/copyright/qaBookContent.asp。
28 著作權法第60條規定：「著作原件或其合法著作重製物之所有人，得出租該原件或重製物。但錄音及電腦程式著作，不適用之。附含於貨物、機器或設備之電腦程式著作重製物，隨同貨物、機器或設備合法出租且非該項出租之主要標的物者，不適用前項但書之規定。」
29 經濟部智慧財產局，2010年3月17日，電子郵件字第990317b號函。
30 著作權法第15條第1項規定：「著作人就其著作享有公開發表之權利。但公務員，依第十一條及第十二條規定為著作人，而著作財產權歸該公務員隸屬之法人享有者，不適用之。」

不要對外發表，且決定要在什麼時候發表、發表的方式等，都是著作人可以自由決定。

著作權法賦予著作人公開發表權，從其為人格權即可了解，因為一般人經常會將著作與著作人作一定程度的聯結。當個人將著作公開發表時，著作人必須接受來自四面八方的批判和評論，因為每個人對所謂的文學、科學、藝術的著作，看法個別差異甚大。當著作公開發表，代表著作人已準備好接受各界的意見，因此若對著作人造成任何困擾，也是其願意承受的。

因此，一旦作者同意著作公開發表，且著作也確實公開發表後，就不能再禁止著作公開發表。換言之，未經著作人的同意，擅自把別人未曾對外公開發表的作品，發表出來，就侵害了著作人的公開發表權，要負違反著作權法的刑事責任，以及賠償著作人損害的民事責任。

（二）姓名表示權

著作人在他著作的原件，重製物上或於著作公開發表時有表示其本名、別名或不具名之權利。著作人就其著作所生的衍生著作，也是有相同的權利[31]。

著作人可在著作完成的作品上，表示自己的真正姓名或筆名、別名、或所謂的知名不具，不在作品上表示何名號。古諺：「人死留名，豹死留皮」，在許多風景區，也常看到許多遊客會在特殊地點，寫「阿國到此一遊」的名號，足見姓名從古至今，都存在有重要的意義，演進迄今，姓名權以著作權法予以保障。

著作人格權中的姓名權，是人性需求之一，因此也賦予個人的任意表示權，著作人可以在各種考量之下，選擇以真名、筆名或知名不具方式來表示，例如部分公務員投書媒體評論時政，為避免被長官或同仁知道自己投稿，衍生不必要的困擾，或被挾怨報復，則選擇不具名方式投稿，姓名

---

31 著作權法第16條第1項規定：「著作人於著作之原件或其重製物上或於著作公開發表時，有表示其本名、別名或不具名之權利。著作人就其著作所生之衍生著作，亦有相同之權利。」

表示權賦予作者要求他人不得標示自己的姓名的權利。

　　著作發表時，著作人有權決定姓名表示權，因此任何人利用別人著作發表在其他著作時，須依照著作人所採用的方式，來表示著作人的姓名。

　　另外透過翻譯、改寫、將著作拍攝成電影等，著作人以他人作品改作而成的新著作，是屬於所謂的衍生著作，衍生著作的著作人也必須依照著作權法的規定，在新創作的衍生著作中，表示原著人的姓名，否則就侵害了姓名表示權。

　　學術論文引用他人文獻資料時，對原著作人的姓名權應如何表示，一般都依學術上既有的規範，或相沿成習引用的格式來表示原著作人的姓名權，以社會科學的學術期刊或論文為例，引用文獻資料時都以「美國心理學會APA」的格式作為標準規範，但此一標準，其依據又何在，是否符合原著作人對姓名權表示的要求。姓名權的表示，依著作利用之目的及方法，於著作人之利益無損害之虞，且不違反社會使用慣例者，得省略著作人之姓名或名稱。因此，只要依學術一般規範，在利用他人文獻資料，以標準格式表示原著作人的姓名權，應無損於原著作人之利益。

（三）禁止不當改變權

　　著作人享有禁止他人以歪曲、割裂、竄改或其他方法改變其著作之內容、形式或名目致損害其名譽之權利[32]。

　　禁止不當修改權，是指沒有經過著作人的同意，不得變更著作的內容，即所謂的「同一性保持權」的規定限縮而來。基於商業流通與利用之需求，修改著作時必須於所做的變更或是修改已經侵害到著作人的名譽時，才允許著作人行使權利。

　　著作的創作過程與成果，是代表著作人的思想與心血結晶，著作人所完成的作品，如果經過歪曲、割裂、竄改，則破壞了著作人創作的完整性。任意竄改、割裂或變更著作的內容、形式，可能會造成著作人名譽、

---

32 著作權法第17條規定：「著作人享有禁止他人以歪曲、割裂、竄改或其他方法改變其著作之內容、形式或名目致損害其名譽之權利。」

自尊的損害,更違反著作人的自由意志,對著作人是一嚴重的侵害,所以著作權法特別賦予著作人保持作品的完整性的權利,也就是「禁止不當改變權」。著作權的保護,必須保障著作人享有禁止不當改變權,才能維持著作的品質和著作的完整性。

　　新聞媒體為反映民意,大都設有民意論壇的專欄,在徵稿時都會附帶說明本刊編輯有修改權,雖然投稿人同意修改後再投稿。但編輯如果將投稿人的內容,斷章取義,例如原投稿文章內容為反對興建核四,編輯修改成贊成興建核四,修改後已違反曲解投稿人的原意,若對投稿人的名譽造成損害,編輯可能會被認為有違反「禁止不當改變」的規定。

三、著作權保護

　　著作權受到侵害,造成被害人權利上的損失,依法可請求排除,並要求侵權者支付一定金額以賠償所受的損害。著作權保護以民事及刑事保護,以達到保障著作人著作權益,調和社會公共利益,促進國家文化發展的立法目的[33]。

(一) 民事保護

　　為排除及防止侵害請求權,著作權人或製版權人對於侵害其權利者,得請求排除之,有侵害之虞者,得請求防止之[34]。例如以起訴狀方式請求被告禁止使用藝術著作於產品上,並不得以該美術著作產品作為生產、製造、銷售有關的任何行為。

(二) 損害賠償請求權

　　行為人因故意或過失,不法侵害他人之著作財產權,或製版權者,負損害賠償責任。數人共同不法侵害者,連帶負賠償責任。

---

33 著作權法第1條規定:「為保障著作人著作權益,調和社會公共利益,促進國家文化發展,特制定本法。本法未規定者,適用其他法律之規定。」
34 著作權法第84條規定:「著作權人或製版權人對於侵害其權利者,得請求排除之,有侵害之虞者,得請求防止之。」

損害賠償，被害人得依民法契約及可預期之利益，賠償所受之損害，向法院提出請求[35]。如被害人不能證明其損害時，得以其行使權利依通常情形可得預期之利益，減除被侵害後行使同一權利所得利益之差額，為其所受損害，請求侵害人因侵害行為所得之利益。

侵害人不能證明其成本或必要費用時，則以其侵害行為所得之全部收入，作為其所得利益。如被害人不易證明其實際損害額，得請求法院依侵害情節，在新臺幣1萬元以上1百萬元以下酌定賠償額。如損害行為屬故意且情節重大者，賠償額得增至新臺幣5百萬元[36]。

（三）刑事保護

為積極保障著作權，著作權法也規定對侵害著作權之行為，透過刑事處分的手段進行保護，著作權法自第91條至第103條，規定著作權侵害有關處以有期徒刑、拘役，或科或併科罰金，供犯罪所用或因犯罪所得之物，司法警察機關得逕為沒入，法人之代表人、法人或自然人之代理人、受雇人或其他從業人員，因執行業務侵權，科以罰金等相關罰則規定。

5-2-2　商標法

商場如戰場，商業競爭有時手段可說無所不用其極，加上市場多元化，市場利益的爭奪激烈，追求利潤，是企業的最高指導原則。

---

35 民法第216條規定：「損害賠償，除法律另有規定或契約另有訂定外，應以填補債權人所受損害及所失利益為限。依通常情形，或依已定之計劃、設備或其他特別情事，可得預期之利益，視為所失利益。」

36 著作權法第88條規定：「因故意或過失不法侵害他人之著作財產權或製版權者，負損害賠償責任。數人共同不法侵害者，連帶負賠償責任。前項損害賠償，被害人得依下列規定擇一請求：一、依民法第二百十六條之規定請求。但被害人不能證明其損害時，得以其行使權利依通常情形可得預期之利益，減除被侵害後行使同一權利所得利益之差額，為其所受損害。二、請求侵害人因侵害行為所得之利益。但侵害人不能證明其成本或必要費用時，以其侵害行為所得之全部收入，為其所得利益。依前項規定，如被害人不易證明其實際損害額，得請求法院依侵害情節，在新臺幣一萬元以上一百萬元以下酌定賠償額。如損害行為屬故意且情節重大者，賠償額得增至新臺幣五百萬元。」

但從消費者角度而言，消費者如何能夠以最合理的價格，購買到最優質的商品。在廣大的市場中，消費者如何能夠正確判斷所購買的商品來源是真實的，避免被不肖商人矇騙，則必須有特定的識別表彰讓消費者能夠輕易的分辨。商標法的制定，乃是因應市場公平競爭及消費者利益為主要目標。因此，商標法規定主要目的，開宗明義即說明商標法在於保障商標權及消費者利益，維護市場公平競爭，促進工商企業正常發展[37]。

一、商標權利類型

（一）商標

「商標」即所謂的品牌，自消費市場上可以讓消費者區別及辨識商品或品牌提供服務的特定來源，避免混淆以維護商標權人權利及消費者利益，並防止不公平競爭行為。商標得以文字、圖形、記號、顏色、聲音、立體形狀或其聯合式所組成。商標，必須以使商品或服務之相關消費者，認識其為表彰商品或服務之標識，並得藉以與他人之商品或服務相區別[38]。

由於市場經濟盛行及高度商業化結果，品牌行銷已成為當今市場的主要銷售策略，而商標的型態可能為包裝設計、立體實物、聲音，甚至為氣味等，商標它須具有能夠讓一般購買商品的消費者認識、以辨別不同商品來源的特性，而有關商品的普通名稱或直接明顯的說明，則不具有商標的特徵。

商標權是指商標註冊公告以後，商標權人依法取得權利，換言之，凡表彰自己之商品或服務，欲取得商標權者，應依本法申請註冊[39]。

商標自註冊公告日當日起，由權利人取得商標權，商標權期間為10

---

37 商標法第1條規定：「為保障商標權及消費者利益，維護市場公平競爭，促進工商企業正常發展，特制定本法。」
38 商標法第5條規定：「商標得以文字、圖形、記號、顏色、聲音、立體形狀或其聯合式所組成。前項商標，應足以使商品或服務之相關消費者認識其為表彰商品或服務之標識，並得藉以與他人之商品或服務相區別。」
39 商標法第2條規定：「凡因表彰自己之商品或服務，欲取得商標權者，應依本法申請註冊。」

年[40]，商標權人於經註冊指定之商品或服務，取得商標權[41]。因此，商標權即內含使用權能及排他權能。

（二）證明標章

凡以標章證明他人商品或服務的特性、品質、精密度、產地或其他事項，欲專用其標章者，應申請註冊為證明標章。證明標章之申請人，以具有證明他人商品或服務能力之法人、團體或政府機關為限[42]。

證明標章是用以證明他人商品或服務來自於特定地理區域，並且具有特定的品質、聲譽或其他特性的產地證明標章。如「防火標章」、「節能標章」等，是屬於一般證明標章。「池上米」、「嘉義縣政府阿里山高山茶標章」等，是產地證明標章。

證明標章申請人必須以具有證明他人商品或服務能力的法人、團體或政府機關為限。

申請註冊產地證明標章，應以具有證明他人之商品或服務源自於該特定地理區域之資格或能力者為申請人。

證明標章之使用，指證明標章權人為證明他人商品或服務之特性、品質、精密度、產地或其他事項之意思，同意他人於商品或服務之相關物品或文書上，標示該證明標章。

（三）團體商標

凡具法人資格之公會、協會或其他團體，欲表彰該團體成員所提供

---

40 商標法第27條規定：「商標自註冊公告當日起，由權利人取得商標權，商標權期間為十年。商標權期間得申請延展，每次延展專用期間為十年。」
41 商標法第29條規定：「商標權人於經註冊指定之商品或服務，取得商標權。除本法第三十條另有規定外，下列情形，應得商標權人之同意：一、於同一商品或服務，使用相同於其註冊商標之商標者。二、於類似之商品或服務，使用相同於其註冊商標之商標，有致相關消費者混淆誤認之虞者。三、於同一或類似之商品或服務，使用近似於其註冊商標之商標，有致相關消費者混淆誤認之虞者。」
42 商標法第72條規定：「凡以標章證明他人商品或服務之特性、品質、精密度、產地或其他事項，欲專用其標章者，應申請註冊為證明標章。證明標章之申請人，以具有證明他人商品或服務能力之法人、團體或政府機關為限。前項申請人係從事於欲證明之商品或服務能力之業務者，不得申請註冊。」

的商品或服務，並得藉以與他人所提供的商品或服務相區別，欲專用標章者，得申請註冊為團體商標[43]。

團體商標之使用，指為表彰團體成員所提供的商品或服務，由團體成員將團體商標使用於商品或服務上，並得藉以與他人之商品或服務相區別者[44]。

團體商標，是指表彰某個團體成員所共同使用的品牌，如農會、漁會、商業會，團體可以依法註冊團體商標，而團體所屬成員所產製的商品或提供的服務皆可加以標示該團體商標，使該團體成員的商品或服務得與他人相區別。

除一般團體商標外，申請人亦得以地理名稱申請註冊為產地團體商標，主要是指地理區域界定範圍內所成立的團體會員共同使用該地理名稱為商標，以表示其商品或服務來源。

團體商標本質上仍屬商標，由團體的各個成員將團體商標使用於團員的商品或服務上，而不是用以表彰一來源的商品或服務。

（四）團體標章

凡具有法人資格之公會、協會或其他團體為表彰其組織或會籍，欲專用標章者，應申請註冊為團體標章[45]。團體標章之使用，指為表彰團體或其會員身分，而由團體或其會員將標章標示於相關物品或文書上[46]。

獅子會、扶輪社、政黨組織等，都可以依法申請團體標章以代表該組織或其會員身分。「團體標章」乃純粹表彰團體組織本身或其會員身分，

---

43 商標法第76條規定：「凡具法人資格之公會、協會或其他團體，欲表彰該團體之成員所提供之商品或服務，並得藉以與他人所提供之商品或服務相區別，欲專用標章者，得申請註冊為團體商標。前項團體商標註冊之申請，應以申請書載明商品或服務類別及名稱，並檢具團體商標使用規範，向商標專責機關申請之。」

44 商標法第77條規定：「團體商標之使用，指為表彰團體之成員所提供之商品或服務，由團體之成員將團體商標使用於商品或服務上，並得藉以與他人之商品或服務相區別者。」

45 商標法第74條規定：「凡具有法人資格之公會、協會或其他團體為表彰其組織或會籍，欲專用標章者，應申請註冊為團體標章。前項團體標章註冊之申請，應以申請書載明相關事項，並檢具團體標章使用規範，向商標專責機關申請之。」

46 商標法第75條規定：「團體標章之使用，指為表彰團體或其會員身分，而由團體或其會員將標章標示於相關物品或文書上。」

由團體或其會員將標章標示於相關物品或文書上，其與商品或服務相關的商業活動較無直接關係，而團體商標所表彰者係其成員所提供的商品或服務，二者本質上有所不同。

（五）產地團體商標

產地團體商標，主要在於表彰來自特定地理區域的商品，或服務具有一定之品質或特性。因為該地理名稱經由長期使用，已為大眾所熟知，並形成一定的信譽，消費者可以立即了解該地理名稱，並馬上理解其所指定之商品或服務，因而具有產地團體商標章的識別性，並由地理區域界定範圍內，所成立的團體會員共同使用該地理名稱作為商標，經依法核准註冊的產地團體商標。例如彰化縣大村鄉農會「巨峰葡萄」。

（六）產地證明標章

產地證明標章，是指證明標章的內容，證明他人商品或服務來自於特定地理區域，並具有特定的品質、信譽。

產地證明標章證明之商品或服務可以是農產品、食品、烈酒及工藝品等。其商品或服務必須與地理來源具有相關聯因素，例如商品產出之特性、品質與該地理環境的土壤、氣候、風、水質、海拔高度、溼度等特殊自然因素有關之陳述與證據。此外，如果產品本身與當地或地區傳統、公認的製造過程、產出方法、特殊的製造技巧，與人文因素相關聯者，也可申請產地證明標章。

經依法核准註冊之產地證明標章，例如台東縣池上鄉公所註冊之「池上米」證明標章、「南投縣鹿谷鄉公所凍頂烏龍茶認證標章」證明標章及「嘉義縣政府阿里山高山茶標章」證明標章[47]。

---

47 同註27。

二、商標權保護

（一）商標權人對於侵害其商標權者，得請求損害賠償，並得請求排除

其侵害，有侵害之虞者，得請求防止之。[48]於同一商品或服務，使用相同於其註冊商標之商標者，或於類似之商品或服務，使用相同於其註冊商標之商標，有致相關消費者混淆誤認之虞者，及於同一或類似之商品或服務，使用近似於其註冊商標之商標，有致相關消費者混淆誤認之虞者[49]，上述行為都必須事先取得商標權人之同意。

（二）商標侵權行為

商標的主要功能，在於表彰自己的商品或服務，能夠立即地與他人的商品或服務區別，就消費者而言，則是以商標來分辨識別不同來源的商品與服務，以進行選擇與購買。

所以商標最主要之功能，就是在於分辨識別商品及服務真正來源，商標識別的功能，是維護自由競爭市場正常運作的重要機制。為確保市場的公平競爭，彰顯商標識別功能，就必須防制對此一機制的破壞。

行為人如果未具使用商標權的合法性，並導致消費者可能對商品或服務產生混淆而誤認商品或服務的來源，消費者若無從由商標來正確識別商品或服務來源，則該行為人未具正當性使用商標之行為，應受到約制。

避免消費者對商標產生混淆誤認，是確保商標識別功能的必要手段，也是禁止行為人使用商標的範圍，對商標混淆誤認的判斷，是商標法最核

---

[48] 商標法第61條規定：「商標權人對於侵害其商標權者，得請求損害賠償，並得請求排除其侵害；有侵害之虞者，得請求防止之。未經商標權人同意，而有第二十九條第二項各款規定情形之一者，為侵害商標權。商標權人依第一項規定為請求時，對於侵害商標權之物品或從事侵害行為之原料或器具，得請求銷毀或為其他必要處置。」

[49] 商標法第29條規定：「商標權人於經註冊指定之商品或服務，取得商標權。除本法第三十條另有規定外，下列情形，應得商標權人之同意：一、於同一商品或服務，使用相同於其註冊商標之商標者。二、於類似之商品或服務，使用相同於其註冊商標之商標，有致相關消費者混淆誤認之虞者。三、於同一或類似之商品或服務，使用近似於其註冊商標之商標，有致相關消費者混淆誤認之虞者。」

心的主要課題。

　　同類商品使用類似的商標，商品在用途、功能、行銷管道與場所、買受人、原材料、產製者或其他因素上具有共同或關聯之處，依一般社會通念及市場交易情形，易造成消費者混淆，致使一般商品購買人誤認其為來自相同，或雖不相同但有關聯之來源者。反之，若不屬於同類商品，則不構成侵害商標權。

　　商標權人在註冊指定的商品或服務後，便取得商標權。在未經商標權人同意前，如果同一商品或服務使用，與其註冊商標相同的商標；或是類似商品或服務，使用與其註冊商標相同的商標，有導致消費者混淆誤認之虞；或是同一或類似商品或服務，使用近似於其註冊商標的商標，有導致相關消費者混淆誤認之虞者，就已是侵害註冊者的商標權。

　　對於「著名商標」商標法有加強保護措施，未得商標權人同意，明知為他人著名之註冊商標而使用相同或近似之商標或以該著名商標中之文字作為自己公司名稱、商號名稱、網域名稱或其他表彰營業主體或來源之標識，致減損著名商標之識別性或信譽者。明知為他人之註冊商標，而以該商標中之文字作為自己公司名稱、商號名稱、網域名稱或其他表彰營業主體或來源之標識，致相關消費者混淆誤認者，雖不是同類商品，也是侵害著名商標的商標權。

　　判斷二商標間有無混淆誤認之虞，應參考相關因素。綜合參酌國內外案例所提及之相關因素，有下列八項因素：

　　1.商標識別性之強弱；

　　2.商標是否近似暨其近似之程度；

　　3.商品／服務是否類似暨其類似之程度；

　　4.先權利人多角化經營之情形；

　　5.實際混淆誤認之情事；

　　6.相關消費者對各商標熟悉之程度；

　　7.系爭商標之申請人是否善意；

　　8.其他混淆誤認之因素。

當然，在大多數新申請註冊案，由於商標尚未使用，不必然呈現所有

參考因素，自可僅就商標識別性之強弱、商標之近似程度及商品或服務之類似程度等因素為斟酌即可。

　　商標法涉及有「混淆誤認之虞」要件之各條款，基於同一用語同一內涵的法理，在判斷時其基本概念的一致性誠屬當然。惟在各參酌因素的斟酌上，猶如個別案件因案情不同，在各參酌因素的強弱要求上可能會有所不同，各條款也可能因其立法意旨的不同，所著重的參酌因素也有所不同，自可依其需要而為參酌[50]。

（三）損害評估

　　商標權人請求損害賠償時，得依民法第216條規定[51]。但不能提供證據方法以證明其損害時，商標權人得就其使用註冊商標通常所可獲得之利益，減除受侵害後使用同一商標所得之利益，以其差額為所受損害。

　　請求損害賠償亦可依侵害商標權行為所得之利益，於侵害商標權者不能就其成本或必要費用舉證時，以銷售該項商品全部收入為所得利益。

　　損害金額的計算，可就查獲侵害商標權商品之零售單價500倍至1,500倍之金額。但所查獲商品超過1,500件時，以其總價定賠償金額。如果賠償金額顯不相當時，法院得予酌減之。商標權人之業務上信譽，因侵害而致減損時，並得另請求賠償相當之金額[52]。

---

50 經濟部智慧財產局，2010，商標審查基準彙編五「混淆誤認之虞」審查基準。
51 民法第216條規定：「損害賠償，除法律另有規定或契約另有訂定外，應以填補債權人所受損害及所失利益為限。依通常情形，或依已定之計劃、設備或其他特別情事，可得預期之利益，視為所失利益。」
52 商標法第63條規定：「商標權人請求損害賠償時，得就下列各款擇一計算其損害：一、依民法第二百十六條規定。但不能提供證據方法以證明其損害時，商標權人得就其使用註冊商標通常所可獲得之利益，減除受侵害後使用同一商標所得之利益，以其差額為所受損害。二、依侵害商標權行為所得之利益；於侵害商標權者不能就其成本或必要費用舉證時，以銷售該項商品全部收入為所得利益。三、就查獲侵害商標權商品之零售單價五百倍至一千五百倍之金額。但所查獲商品超過一千五百件時，以其總價定賠償金額。前項賠償金額顯不相當者，法院得予酌減之。商標權人之業務上信譽，因侵害而致減損時，並得另請求賠償相當之金額。」

（四）刑事責任

商標權的保護涉及消費者利益，市場公平競爭，工商企業正常發展及國際潮流趨勢，且商標侵權行為，行為人可能因此獲得鉅額利益，相對地造成他人龐大的損失。為嚇阻行為人任意侵害他人商標權，並以違反商標為常業，破壞市場機制。侵害商標法之處罰，違法行為也透過刑事手段保護，商標法第81條至第83條規定了商標侵害之罰責[53]。主要應受刑事責任之侵害態樣，包括侵害商標權之行為及明知為仿冒商品而販賣、意圖販賣而陳列，輸出或輸入者。

單純印製商標之行為，則涉嫌觸犯刑法第253條規定，意圖欺騙他人而偽造或仿造已登記之商標、商號者，處2年以下有期徒刑、拘役或科或科3,000元以下罰金。

5-2-3　專利法

人類文明的發展，知識的累積，不斷的演化進步，每天都有新的發明，不管是日常生活用品或高科技產業，發明與創作可說日新又新，日日新。

為了鼓勵、保護、利用發明與創作，以促進產業發展，而有專利制度的產生[54]。為鼓勵發明及創作人，讓一般人願意投入研究發展，科技企業因研究發展的成果，可以獲得法律上專利的獨占權。

---

53 商標法第81條規定：「未得商標權人或團體商標權人同意，有下列情形之一者，處三年以下有期徒刑、拘役或科或併科新臺幣二十萬元以下罰金：一、於同一商品或服務，使用相同之註冊商標或團體商標者。二、於類似之商品或服務，使用相同之註冊商標或團體商標，有致相關消費者混淆誤認之虞者。三、於同一或類似之商品或服務，使用近似於其註冊商標或團體商標之商標，有致相關消費者混淆誤認之虞者。」
　商標法第82條規定：「明知為前條商品而販賣、意圖販賣而陳列、輸出或輸入者，處一年以下有期徒刑、拘役或科或併科新臺幣五萬元以下罰金。」
　商標法第83條規定：「犯前二條之罪所製造、販賣、陳列、輸出或輸入之商品，或所提供於服務使用之物品或文書，不問屬於犯人與否，沒收之。」
54 專利法第1條定：「為鼓勵、保護、利用發明與創作，以促進產業發展，特制定本法。」

保護研究發展的成果，由法律賦予研究發展的成果一種排他權，在法律上規定得以禁止他人製造、銷售、使用發明品，透過專利權的給予，發明人能夠從市場中取得消費者給予發明品價值上的報酬。

專利制度給予發明人在一定期間內享有排他的使用、收益該知識財產上的權利，以利用將其發明與創作的知識公開，並對發明人於發明時所付出之時間、資本、心力予以適度的報償。

一、專利權利

（一）發明專利：利用自然法則技術思想創作，物品專利、方法專利[55]。

（二）新型專利：利用自然法則技術思想，對物品形狀、構造或裝置之創作[56]。

（三）新式樣專利：對物品形狀、花紋、色彩或其結合，透過視覺訴求之創作[57]。

二、專利定義

（一）發明定義

發明的申請，必須符合專利的要件，專利之發明必須是利用自然界中固有之規律所產生之技術思想的創作。

由發明規定可知，專利法所指之發明，必須具有技術性（technical character），以發明解決問題的方法必須是涉及技術性。換言之，申請發明專利的技術性，判斷是否符合發明之定義，單純的發現、資訊揭示、美術創作等，並不符合發明定義之規定。

申請專利之發明是否符合發明之定義，應考量申請專利之發明的內容，而非申請專利範圍的記載形式，據以確認該發明之整體對於先前技術的貢獻是否具有技術性；亦即考量申請專利之發明中所揭露解決問題的手

---

[55] 專利法第21條規定：「發明，指利用自然法則之技術思想之創作。」
[56] 專利法第93條規定：「新型，指利用自然法則之技術思想，對物品之形狀、構造或裝置之創作。」
[57] 專利法第109條規定：「新式樣，指對物品之形狀、花紋、色彩或其結合，透過視覺訴求之創作。聯合新式樣，指同一人因襲其原新式樣之創作且構成近似者。」

段，若該手段具有技術性，則該發明符合發明之定義。

　　發明專利分為物之發明及方法發明兩種，以「應用」、「使用」或「用途」為申請標的之用途發明視同方法發明。[58]

（二）新型定義

　　新型者，謂對物品之形狀、構造或裝置之創作或改良。「新型」是利用自然法則的技術思想，且具體地表現於物品之空間型態上。

　　新型是占據有一定空間的物品實體，或裝置上的具體創作或改良，並非抽象的技術思想或觀念。

　　申請專利之新型必須是利用自然法則之技術思想，占據一定空間的物品實體，且具體表現於物品上之形狀、構造或裝置的創作。亦即新型專利係指基於形狀、構造或裝置之創作，所製造出具有使用價值和實際用途之物品。

　　新型專利之標的僅限於有形物品之形狀、構造或裝置的創作，非僅屬抽象的技術思想或觀念，因此舉凡物之製造方法、使用方法、處理方法等，及無一定空間形狀、構造的化學物質或醫藥品，甚至以美感為目的之物品形狀、花紋、色彩或其結合等創作，均非新型之標的[59]。

（三）新式定義

　　新式樣，是指對物品之形狀、花紋、色彩或其結合，透過視覺訴求之創作[60]。申請專利之新式樣尚必須具備物品性及視覺性。

　　物品性，指申請專利之新式樣必須是應用於物品外觀之具體設計，以供產業上利用。視覺性，指申請專利之新式樣必須是透過視覺訴求之具體設計。

　　新式樣之設計與著作權法所保護之純藝術創作或美術工藝品均係透過

58 經濟部智慧財產權，2009，發明專利與實質審查，第二章，何謂發明。
59 經濟部智慧財產權，2009，第四篇，新型形式審查。
60 專利法第109條規定：「新式樣，指對物品之形狀、花紋、色彩或其結合，透過視覺訴求之創作。聯合新式樣，指同一人因襲其原新式樣之創作且構成近似者。」

視覺訴求之創作，兩者之區別即在於新式樣之設計必須具備物品性，亦即新式樣之設計必須應用於物品外觀，以供產業上利用。因此，新式樣的實質內容應為設計結合物品所構成之整體創作。[61]

新式樣專利，著重於視覺效果的增進，由商品的造形來提升對產品感受，藉以吸引消費者視覺上的注意，而產生購買的興趣。

新式樣的形狀或色彩，其主要在於強調對物品質感的視覺效果表達，增進商品在市場上的競爭力，並讓消費者增加使用及視覺感上的舒適性。

三、專利之舉發

專利經依法申請，並經審定公告，取得專利權後，並非就不得再為該專利有所爭執。

由於授予專利權，將在一段期間內具有排他之效力，為調和專利權人，公眾或利害關係人的利益。除了某些特定情事限於利害關係人始能提起外，任何人對於已經依法取得的專利權，均可向專利權責機關提起舉發，並請求撤銷已准之專利權[62]。

已取得專利權之發明、新型及新式樣專利，依專利法第67條[63]、第107[64]條及第128[65]條規定，皆得於專利權期間內提起舉發。

---

61 經濟部智慧財產權，2009，第三篇，新式樣實體審查。

62 劉國讚，2007，專利舉發實務，第5頁，台灣大學科際整合法律學研究所編印。

63 專利法第67條規定：「有下列情事之一者，專利專責機關應依舉發或依職權撤銷其發明專利權，並限期追繳證書，無法追回者，應公告註銷：一、違反第十二條第一項、第二十一條至第二十四條、第二十六條、第三十一條或第四十九條第四項規定者。二、專利權人所屬國家對中華民國國民申請專利不予受理者。三、發明專利權人為非發明專利申請權人者。以違反第十二條第一項規定或有前項第三款情事，提起舉發者，限於利害關係人；其他情事，任何人得附具證據，向專利專責機關提起舉發。舉發人補提理由及證據，應自舉發之日起一個月內為之。但在舉發審定前提出者，仍應審酌之。舉發案經審查不成立者，任何人不得以同一事實及同一證據，再為舉發。」

64 專利法第107條規定：「有下列情事之一者，專利專責機關應依舉發撤銷其新型專利權，並限期追繳證書，無法追回者，應公告註銷：一、違反第十二條第一項、第九十三條至第九十六條、第一百條第二項、第一百零八條準用第二十六條或第一百零八條準用第三十一條規定者。二、專利權人所屬國家對中華民國國民申請專利不予受理者。三、新型專利權人為非新型專利申請權人者。以違反第十二條第一項規定或有前項第三款情事，提起舉發者，限於利害關係人；其他情事，任何人得附具證據，向專利專責機關提起舉發。舉發審定書，應由專利審查人員具名。」

65 專利法第128條規定：「有下列情事之一者，專利專責機關應依舉發或依職權撤銷其新式樣

提出舉發申請時應備妥理由、詳細證據，並繳納規費，各種專利舉發涉及之情況不同，應載明舉發之專利法明確之條文，以符合舉發之形式要件。

專利權舉發案經審定為舉發成立者，應撤銷專利權。專利權經撤銷確定者，專利權效力，自始即為不存在。

專利舉發制度，為專利制度中之核心概念，一件發明專利申請案，必須依法審查，符合一定的專利要件後始能獲准。

由於科技技術資料龐雜廣泛，要遍查所有技術資料，在實務上有所困難。因此，任何人若發現專利權之授予不當，就可透過舉發制度，將已獲准之專利權撤銷。

（一）舉發人

對於已取得專利權之專利申請案，任何人得以檢具證據提起舉發，舉發之提起限於利害關係人始得為之，舉發人應於舉發理由書中聲明其為利害關係人並提出證據。

例如僱傭關係中之專利申請歸屬，舉發人在程序審查時只須形式上提出僱傭關係之相關證明文件以證明其為利害關係人即可。至於所提文件是否能證明雙方確有僱傭關係存在，須經對造答辯後，經實質審查始能認定[66]。

（二）舉發對象

舉發的目的在於撤銷對造的專利權，因此必須以專利權的存在為舉發前提。舉發對象未獲准專利，或未領得專利證書，均屬未取得專利權，對這種舉發，並非適法之舉發。舉發對象未取得專利權，通常在程序審查時查明後，給予不受理處分。

專利權，並限期追繳證書，無法追回者，應公告註銷：一、違反第十二條第一項、第一百零九條至第一百十二條、第一百十七條、第一百十八條或第一百二十二條第三項規定者。二、專利權人所屬國家對中華民國國民申請專利不予受理者。三、新式樣專利權人為非新式樣專利申請權人者。以違反第十二條第一項規定或有前項第三款情事，提起舉發者，限於利害關係人；其他情事，任何人得附具證據，向專利專責機關提起舉發。」

66 劉國讚，2007，專利舉發實務，第19頁，台灣大學科際整合法律學研究所編印。

（三）舉發理由

提出舉發必須具備理由及檢附有關的證據，並具體載明舉發的專利法規定，條文為原申請案，審定當時的法條條文，如法條規定填載不明，應予補正，以完成舉發的形式要件，以進行程序審查，如果舉發欠缺法定事由，形式要件不完備，則無法進入實質審查。

（四）舉發文件

舉發所附的有關書面資料，應檢附之證明文件，原則上以原本或正本為主。如果提供影本，經當事人說明與原本或正本相同者，得以該影本代之。但舉發證據之書證為影本者，舉發人應證明與原本或正本相同。

（五）一事不再理

舉發案經審查不成立者，任何人不得以同一事實及同一證據，再為舉發[67]。以避免舉發人不當利用舉發制度，對專利權之行使造成妨害。

發明專利權之民事訴訟，在申請案、舉發案、撤銷案確定前，得停止審判[68]。為避免拖延訴訟之進行，及前後爭執之認定或處理結果不一致。舉發案中所主張之事實及證據經審查不成立，不論是否審查確定，任何人不得以同一事實及同一證據再為舉發，即一事不再理原則。

（六）專利權人答辯

專利專責機關接到舉發書後，應將舉發書副本送達專利權人，專利權人應於副本送達後一個月內答辯。除先行申明理由，准予展延者外，屆期不答辯者，逕予審查[69]。

---

67 專利人法第67條第4項規定：「舉發案經審查不成立者，任何人不得以同一事實及同一證據，再為舉發。」

68 專利人法第90條規定：「關於發明專利權之民事訴訟，在申請案、舉發案、撤銷案確定前，得停止審判。法院依前項規定裁定停止審判時，應注意舉發案提出之正當性。舉發案涉及侵權訴訟案件之審理者，專利專責機關得優先審查。」

69 專利人法第69條規定：「專利專責機關接到舉發書後，應將舉發書副本送達專利權人。專利權人應於副本送達後一個月內答辯，除先行申明理由，准予展期者外，屆期不答辯者，逕予審查。」

　　舉發人如果須補提供理由及證據，應自舉發之日起一個月內為之，但在舉發審定前提出者，仍應審酌之。在舉發審定前，舉發人可隨時提供補提理由及證據，專利專責機關收到補充提供之理由及證據時，仍須再送達專利權人限期補充答辯。

（七）審查人員

　　專利專責機關於進行舉發審查時，應指定未曾審查原案之專利審查人員審查，作成審定書，並送達專利權人及舉發人。

　　舉發案符合程序審查後，專利專責機關應指定未曾審查原案的專利審查人員進行審查，並作成審定書。

　　實務上一件舉發案，專利專責機關會指定2名審查人員審查，2名審查人員意見不一致時，再加1名審查人員，以多數決來決定最終審定結果。

（八）面詢

　　專利專責機關於舉發審查時，得依申請或依職權通知專利權人在指定期間接受專利機關的面詢[70]。面詢採非公開方式，審查人員與被通知人進行面對面溝通，面詢過程，雙方針對與案情有關部分進行釐清，面詢可以直接進入問題核心，有助審查的進行。

（九）實驗及樣品辨明

　　專利專責機關於舉發審查時，得依申請或依職權通知專利權人在一定時間內進行實驗、補送模型或樣品。專利專責機關必要時，得至現場或指定地點實施勘驗[71]。就專利說明書或圖說、創作目的、技術構成或外觀式樣、作用功效等作實證上的檢視。

---

70 專利法第71條第1項第1款規定：「專利專責機關於舉發審查時，得依申請或依職權通知專利權人限期為下列各款之行為：一、至專利專責機關面詢。」
71 專利法第71條第2項規定：「前項第二款之實驗、補送模型或樣品，專利專責機關必要時，得至現場或指定地點實施勘驗。」

5-2-4 營業秘密法

1996年1月17日公布實施「營業秘密法」，以專法來規範營業秘密，對智慧財產及營業秘密保護，更加完備。

營業秘密法可補智慧財產權之不足，可使得在尚未取得智慧財產權之前，有效保護研究者的權益，並對經營資訊保護，並且在防止不公平競爭與規範競爭秩序方面，可發揮其作用。營業秘密法的施行，更提供國內研究機構保護秘密資訊明確的法源依據。

一、什麼是營業秘密

營業秘密法目的是為保障營業秘密，維護產業倫理與競爭秩序，調和社會公共利益[72]。

傳統上將營業秘密客體分為兩類，一為「關於生產方法之技術上資訊」，例如設計圖、製造方法、製程、配方、程式、設計、實驗資料、研究報告及模型等。另一為「關於販賣方法之營業上資訊」，例如顧客名簿、販賣策略及價目表等。前者稱為「技術性之營業秘密」，後者稱為「商業性或是經營性的營業秘密」[73]。

營業秘密一般有幾項認定標準，外界所知的範圍、相關人員對於該資訊的了解程度、資訊擁有者本身的保密措施、資訊的潛在價值、資訊開發者付出之努力與金錢、第三人合法取得資訊的難易度、受雇人擔任職務高低與工作內容、對於資訊擁有者造成經濟損害之程度[74]。

二、營業秘密要件

營業秘密，是指方法、技術、製程、配方、程式、設計或其他可用於生產、銷售或經營之資訊，而且符合非一般涉及該類資訊之人所知者，因

---

72 營業秘密法第1條規定：「為保障營業秘密，維護產業倫理與競爭秩序，調和社會公共利益，特制定本法。本法未規定者，適用其他法律之規定。」

73 許智誠，1989，營業秘密之立法趨勢與政策課題，法令月刊第11期，第100頁。

74 劉志鵬，2002，我國法院競業禁止法理之形成，行政院勞工委員會2002年10月4日研商「競業禁止條款」座談會，第22頁。

其秘密性而具有實際或潛在之經濟價值者，且所有人已採取合理之保密措施者[75]。營業秘密受保護的要件，包括：

（一）新穎性

　　新穎性是指一般人所不知的資訊，雖某事項涉及專業知識，但其相關之技術，卻為一般人所知悉，則屬於一般知識，公眾皆可得之而使用，即無所謂營業秘密可言。

（二）價值性

　　營業秘密必須具有「實際或潛在之經濟價值」，對營業秘密人來說，若無經濟上的價值，則似無保護的必要。

　　營業秘密並不以已在商業上實施、應用的經濟價值為限，亦包括尚未在營業上使用，只要具有潛在的經濟價值者，即屬營業秘密。例如科技公司之員工，若負責公司重要設施的銷售業務，且其了解市場需求、市場競爭及掌握公司主要客戶資料，如果員工在離職之後，自行開設公司或至與原公司有競爭性之公司任職，而將原公司業務上所有之客戶資料、市場分布、業務銷售等資料供自己或新任之公司使用，造成原公司之實質上的經濟損害，則屬違反營業秘密。

（三）秘密性

　　秘密性，就是不公開性，所以營業秘密必須是所有人已經採取合理的保密措施，才受營業秘密的保護。

　　如果所有人已採取合理的保密措施，一般人在正常情形下，必無法輕易探知，例如一般公司設置的保全門禁管理，內部監控，即為保密措施的一種。

---

75 營業秘密法第2條規定：「本法所稱營業秘密，係指方法、技術、製程、配方、程式、設計或其他可用於生產、銷售或經營之資訊，而符合下列要件者：一、非一般涉及該類資訊之人所知者。二、因其秘密性而具有實際或潛在之經濟價值者。三、所有人已採取合理之保密措施者。」

但所謂保密措施，並不需要達到滴水不漏，絕對機密的程度，如因操作上的實際需要，由少部分的特定人員知道有關內容，也屬被認為已採取相當程度的保密措施。

有關營業秘密的範圍，無論是商業性或技術性的營業秘密，都以營業秘密法作為判斷的主要依據。例如公司客戶資料，買賣雙方的成交紀錄、買賣的成交價格、支付佣金、業績分配等資料，都足以顯示公司的營業整體概況，這些資料被其他人使用後，將造成公司競爭及經濟上的損害。因此，濫用公司內部資料，也是屬於違反營業秘密。

三、司法實務上對營業秘密之認定

從法院相關判決，司法實務上認為，產品製造方法、研發、管理、經營方式、銷售策略[76]、人事、財務、市場及營運狀況等各項業務內容與相關資訊[77]。客戶名單、產品底價或營業價格[78]、技術資料[79]、產品分析報告[80]、仲介業之買賣雙方相關資料、成交價格、仲介費之支出與佣金比例、客服統計表或過期委賣之客戶資料[81]，產品標準、製造規範與配方、廠房建造之相關資料。營業狀況相關資料，如預算目標、虧損狀況、營業狀況與薪資、績效獎金額度等[82]，均屬於營業秘密。

被認定為非屬於營業秘密的事項，如製造流程之一般性資料、專利證書影本、員工考察報告、與合作夥伴之意願書或備忘錄、交易相對人的請款支出明細、公司內部一般性注意規定或條文[83]、不具特殊性的客戶資料[84]、包裝成本設定[85]等，在司法實務上被認為不是營業秘密的範疇。

---

76 李旦，1999，營業秘密之保護—關於客戶名單，智慧財產期刊第1期，第120頁。轉引自湯文章，2008，勞工離職後競業禁止與營業秘密之保護，東華大學財經法律研究所碩士論文。
77 最高法院81年度台上字第1899號判決，轉引自湯文章，同上註。
78 最高法院81年度台上字第2322號判決、臺灣高等法院87年度勞上字第18號判決，轉引自湯文章，同註76。
79 臺灣桃園地方法院87年度訴字第263號判決，轉引自湯文章，同註76。
80 臺灣高等法院88年度上易字第1461號刑事判決，轉引自湯文章，同註76。
81 臺灣高等法院88年度重勞上字第5號判決，轉引自湯文章，同註76。
82 臺灣臺北地方法院89年度重訴字第302號判決，轉引自湯文章，同註76。
83 同註80。
84 臺灣臺中地方法院90年度訴字第1825號判決，轉引自湯文章，同註76。
85 臺灣雲林地方法院89年度易字第237號刑事判決，轉引自湯文章，同註76。

四、營業秘密侵權

（一）民法、刑法保護

　　營業秘密法雖無刑事處罰之規定，但並不代表違反營業秘密就沒有刑事責任，侵害營業秘密之刑事責任規定在刑法妨害秘密罪章，刑法第316條[86]、第317條[87]、第318條[88]及公平交易法第36條[89]規定，對於具有業務職務之人，無故洩漏因業務知悉或持有之他人秘密者；或依法令或契約有守因業務知悉或持有工商秘密；公務員或曾任公務員之人，無故洩漏因職務知悉或持有他人之工商秘密；以脅迫、利誘或其他不正當方法，獲取他事業之產銷機密、交易相對人資料或其他有關技術秘密之行為，違反上述規定，均須受刑罰或罰金之處罰。

　　營業秘密法雖無刑事處罰規定，但有民事救濟之規定，不當違反營業秘密法，侵害人須負民事責任。營業秘密受侵害時，被害人得請求排除之，有侵害之虞者，得請求防止之[90]。

　　因故意或過失不法侵害他人之營業秘密者，負損害賠償責任。如果侵害人數不只一人，共同不法侵害者，連帶負賠償責任。損害賠償請求權，自請求權人知悉有行為及賠償義務人時起，二年間不行使而消滅；自行為時起，逾十年者亦同[91]。

---

86 刑法第316條規定：「醫師、藥師、藥商、助產士、心理師、宗教師、律師、辯護人、公證人、會計師或其業務上佐理人，或曾任此等職務之人，無故洩漏因業務知悉或持有之他人秘密者，處一年以下有期徒刑、拘役或五萬元以下罰金。」

87 刑法第317條規定：「依法令或契約有守因業務知悉或持有工商秘密之義務，而無故洩漏之者，處一年以下有期徒刑、拘役或一千元以下罰金。」

88 刑法第318條規定：「公務員或曾任公務員之人，無故洩漏因職務知悉或持有他人之工商秘密者，處二年以下有期徒刑、拘役或二千元以下罰金。」

89 公平交易法第36條規定：「違反第十九條規定，經中央主管機關依第四十一條規定限期命其停止、改正其行為或採取必要更正措施，而逾期未停止、改正其行為或未採取必要更正措施，或停止後再為相同或類似違反行為者，處行為人二年以下有期徒刑、拘役或科或併科新台幣五千萬元以下罰金。」

90 營業秘密法第11條規定：「營業秘密受侵害時，被害人得請求排除之，有侵害之虞者，得請求防止之。被害人為前項請求時，對於侵害行為作成之物或專供侵害所用之物，得請求銷燬或為其他必要之處置。」

91 營業秘密法第12條規定：「因故意或過失不法侵害他人之營業秘密者，負損害賠償責任。數人共同不法侵害者，連帶負賠償責任。前項之損害賠償請求權，自請求權人知有行為及賠償

被害人請求損害賠償時，得依民法第216條之規定請求。但被害人不能證明其損害時，得以其使用時依通常情形可得預期之利益，減除被侵害後使用同一營業秘密所得利益之差額，為其所受損害。請求侵害人因侵害行為所得之利益。但侵害人不能證明其成本或必要費用時，以其侵害行為所得之全部收入，為其所得利益。侵害行為如屬故意，法院得因被害人之請求，依侵害情節，酌定損害額以上之賠償，但不得超過已證明損害額之三倍[92]。

（二）程序法保護

為保全債權人金錢請求或得易為金錢之請求之強制執行，對債務人的財產予以查封進行假扣押[93]。科技企業受到營業秘密侵害，造成損害要求加害人賠償，可以利用假扣押程序保全不作為請求權。

債權人若為保全金錢請求以外的請求強制執行，或請求標的變更日後不能執行或有甚難執行之虞，為保全權利，禁止債務人處分或暫時不得為一定行為之程序[94]。例如某項侵權的產品，等到法院判決後，往往該產品已銷售一空，對被侵權廠商事實上已造成重大影響。權利人就加害者的持續製造、販賣行為，先向法院聲請暫時狀態的假處分，以假處分程序禁止侵權人繼續為侵害的行為。

義務人時起，二年間不行使而消滅；自行為時起，逾十年者亦同。」

92 營業秘密法第13條規定：「依前條請求損害賠償時，被害人得依下列各款規定擇一請求：一、依民法第二百十六條之規定請求。但被害人不能證明其損害時，得以其使用時依通常情形可得預期之利益，減除被侵害後使用同一營業秘密所得利益之差額，為其所受損害。二、請求侵害人因侵害行為所得之利益。但侵害人不能證明其成本或必要費用時，以其侵害行為所得之全部收入，為其所得利益。依前項規定，侵害行為如屬故意，法院得因被害人之請求，依侵害情節，酌定損害額以上之賠償。但不得超過已證明損害額之三倍。」

93 民事訴訟法第522條規定：「債權人就金錢請求或得易為金錢請求之請求，欲保全強制執行者，得聲請假扣押。前項聲請，就附條件或期限之請求，亦得為之。」

94 民事訴訟法第532條規定：「債權人就金錢請求以外之請求，欲保全強制執行者，得聲請假處分。假處分，非因請求標的之現狀變更，有日後不能強制執行，或甚難執行之虞者，不得為之。」

五、營業秘密侵害之審理

　　民事訴訟程序，原則上採公開審理，但營業秘密常涉及專業知識領域，為加強法官在專業領域的能力，法院在審理營業秘密訴訟案件時，得設立專業法庭或指定專人辦理[95]，以免造成執法上之困難，並符合知識專業的時代。

　　文書內容涉及當事人或第三人之隱私或業務秘密，如予公開，有致該當事人或第三人受重大損害之虞者，當事人得拒絕提出[96]。當事人提出之攻擊或防禦方法，涉及當事人或第三人隱私、業務秘密，經當事人聲請，法院認為適當者，得不公開審判，經兩造合意不公開審判者，亦同[97]。

　　當事人提出之攻擊或防禦方法涉及營業秘密，經當事人聲請，法院認為適當者，得不公開審判。營業秘密案件之審理，如當事人提出之攻擊或防禦方法涉及營業秘密時，如採公開審判，可能造成營業秘密的再度損害，因此予以適度限縮，可避免營業秘密的損害擴大。

六、企業可採取之營業秘密管理方法

　　科技企業之研發成果與企業的發展存續關係密切，營業秘密的觀念與作為，必須要落實在科技研發與管理中，當發生營業秘密洩漏影響企業之正常營運時，雖然可以透過民事、刑事尋求補救措施，對加害人進行刑事追訴或民事求償，但是損害已造成，無形的損失並不是法律可以解決或彌補的，因此如果能事先作好營業秘密的管理，以預防的觀念，防範事件發生，保障企業權益，對企業與員工是雙贏的策略。企業可採取的營業秘密管理方法如下[98]：

---

[95] 營業秘密法第14條規定：「法院為審理營業秘密訴訟案件，得設立專業法庭或指定專人辦理。當事人提出之攻擊或防禦方法涉及營業秘密，經當事人聲請，法院認為適當者，得不公開審判或限制閱覽訴訟資料。」

[96] 民事訴訟法第344條第2項規定：「前項第五款之文書內容，涉及當事人或第三人之隱私或業務秘密，如予公開，有致該當事人或第三人受重大損害之虞者，當事人得拒絕提出。但法院為判斷其有無拒絕提出之正當理由，必要時，得命其提出，並以不公開之方式行之。」

[97] 民事訴訟法第195條之1規定：「當事人提出之攻擊或防禦方法，涉及當事人或第三人隱私、業務秘密，經當事人聲請，法院認為適當者，得不公開審判；其經兩造合意不公開審判者，亦同。」

[98] 謝銘洋，營業秘密之保護與管理，經濟部智慧財產局專利法網頁。

（一）企業與員工訂立保密約款

訂立保密條款讓員工了解，哪些資料是屬於營業秘密，員工不可以不知情為由，將營業秘密資料任意使用，或交付第三人。

（二）禁止營業競爭之約款

科技企業競爭日益激烈，企業往往投入龐大的財力、物力進行科技研發，企業為使營運具競爭力，追求利潤及永續發展，以契約方式限制從業人員、研發人員，在離職後一定期限，不得在其相同企業從事同一業務。明確訂立約定條款，未來發生爭議，可作為追訴的佐證資料。

（三）員工離職時應辦理之事項規定

明確規定員工離職時應辦理的各項移交事項，須繳回的各項資料，包括硬體與軟體資料，例如電腦及軟體，各項資料完成清點無誤後，才准予離職，避免離職後因交接不清，衍生紛爭。

（四）影印之限制與管理

科技研發成果有許多為重要資料，為避免被私自影印外流，造成企業之重大損害，影印除了限制份數以外，對於影印者及影印資料的追蹤也必須控管。影印機設定影印者密碼，並在影印機內貼上標誌，可以知道影印的來源，對影印機的控管可以減少一項資料流失的風險。

（五）機密文件的管理

機密文件的管理是控管文件的重要觀念，也是營業秘密中認定必須採取合理的保密措施作為，限制特定人員才能接觸機密資料，且接觸機密文件之前與之後，都必須設定標準作業規範，以符合機密的要件。

（六）重要區域之管制與監控

對於研發重地及置放重要資料或精密設備區域的管理與監控，可以控

管無關人員進入重要區域，或於發生資訊外洩時，可以即時防範及事後舉證之用。

（七）資料之銷燬

科技研發與設計過程中，必然會經過許多的測試檢驗，對於研發的歷史紀錄或廢棄之資料，必須控管與銷燬，任意丟棄會被竊取資訊者有可乘之機，在重要區域或研發重地的垃圾，必須謹慎處理，防止企業重要資料外流。

（八）網路安全與管理

網路資訊迅速便捷，任何資料都可以透過網路傳輸傳送出去，網路的發達對資訊的保護造成一大挑戰，從企業的內部管理而言，如何防止員工利用網路資訊，將企業研發成果及重要資料以網路電子郵件不當傳送，對於公司及員工電子郵件的管理，必須訂定電子郵件使用規範，禁止於企業內部進行非公務的電子傳輸作業，維護企業的營業秘密。

（九）實施門禁管制

實施必要的門禁管制，重要區域特定人員的限制，重點時間人員的管制，門禁的監控系統及人車出入的詳細記錄與檢查，門禁的嚴格管控，以避免對機密資料的刺探或不當接觸，是預防的重要措施。

第六篇

科技與司法個案
訴訟攻防篇

第一輯　科技與智慧財產權

案例

　　阿國一早如往常到科技公司上班，正在享用太太準備的養生早餐時，辦公桌電話響起，對方告知阿國公司產品有侵害商標權，希望立刻停止侵權行為，對方告知本通電話有錄音，且將於近日寄發存證信函給阿國！阿國震驚之餘，放下早餐，仔細思索：「錄音、侵害商標權、存證信函」，對方到底要幹嘛，是不是要打官司了，匆忙吃完早餐，阿國即前往請教公司的律師顧問，了解因應之道。

6-1-1　構築堡壘

　　構築堡壘，立於不敗之地。訴訟案件的成敗，事前的蒐證是主要關鍵，發現侵害智慧財產權案件，被害人可能在市面上或客戶交易時發現，或自行調查了解有侵權情事，也有可能是司法警察機關發現有仿品，而通知智慧財產權人，在發現智慧財產侵權時，應作必要的蒐證及資料的準備，為未來的訴訟做好基礎工作。

（一）儘量了解涉嫌侵權嫌疑人的正確個人基本資料，以利後續的追蹤及訴訟的提出。

（二）向侵權的對象取得其販售的仿冒產品，以正常交易方式購買多件，並要求廠商開立正式的銷售憑證，例如統一發票、收據、出貨單等，以證明確實有販售的行為。

（三）若無法直接取得產品，則蒐集仿冒的樣本及照片、主要銷售產品的商店或製造工廠的現址照片資料。

（四）蒐集涉嫌侵權者利用媒體廣告銷售產品的相關資訊，登載的聯絡電話、聯絡人姓名、公司地址、網路資訊等，未來可透過這些資料的申請人，證明侵權者身分。

（五）向侵權廠商購買產品的下訂單、買賣契約、支付款項等資料。

（六）利用公開的商業登記資料，了解侵權者的公司登記資料、主要股東、資本額、營業項目等。

（七）與涉嫌侵權廠商聯繫接洽購買產品過程中，蒐集侵權廠商製造或銷售的確實地點。

（八）涉嫌侵權廠商在產品上的標籤標示製作廠商，印刷業等相關資料。

（九）蒐集侵權者在侵權期間之所有資料，與該侵權者聯繫之通聯紀錄資料，錄音等相關證據資料。

（十）在蒐集證據告一段落，確認已無法再蒐獲其他事證後，在提起訴訟之前，寄發存證信函，但須注意蒐證未齊全前，寄發存證信函對方可能即有警覺，影響後續的訴訟作為。

6-1-2 訴訟準備

　　侵權者的侵權行為可能會一直持續，甚至會完全否認辯駁有任何侵權行為。當損害不斷擴大，個人或企業無法阻擋損害時，即可能要進入司法的訴訟，以公權力介入來中止損害，以保障個人及企業的合法權益。訴訟準備主要在於了解有哪些具體作為，可以在訴訟時，作出妥善的因應之道。

一、警告函內容

　　當對侵權行為要展開訴訟時，已了解侵權者特定對象，因此以存證信函寄發警告函，要求侵權者停止違反智慧財產權的侵害，存證信函主要在於了解侵權者的回應及態度外，也是蒐證的另外一種方式。警告信函內容強調事項，主要有如下：

（一）要求侵權者在媒體公開道歉，說明侵權行為已造成損害之情形。

（二）要求侵權廠商提供說明銷售的下游廠商資料，了解侵權範圍，作為
　　　評估損害的依據。

（三）依據先前蒐證的結果，評估受損害情形，具體要求提出賠償金額。

（四）自侵權行為開始後所有的銷售數量及生產總額。

（五）要求立刻停止侵權行為，並強調繼續侵權須負的法律責任。

　　存證信警告函寄發後，侵權者可能會有回應，或置之不理，無論如何，如果未獲如警告函內容所要求事項，具體履行，被害廠商應利用已蒐證之資料，提起侵權告訴，以保障權利。

　　如果侵權者有數人，應同時寄發警告函予每位侵權者，未獲善意回應，即可向管轄之司法機關提出檢舉或告訴。

二、正式提出告訴

　　犯罪之被害人、被害人之法定代理人或配偶，得為告訴之人[1]。智慧財產侵權案件，在完成證據蒐集之後，權利人可採取進行刑事告訴的程序，權利人的蒐證調查作為有其極限，冀由公權力的介入，啟動刑事偵查作為，並對侵權者要求損害賠償。

三、侵權告訴期間

　　告訴乃論之罪，其告訴應自得為告訴之人知悉犯人之時起，於六個月內為之。發生侵權事件，權利人行使刑事告訴之時效，應自知悉有犯罪情事及犯罪人之日起六個月內提起告訴，如果侵害行為一直繼續中，告訴期間之起算，以告訴之人知悉犯人最後一次行為起算。

四、民事賠償時效

　　因侵權行為所生之損害賠償請求權，自請求權人知有損害及賠償義務

1　刑事訴訟法第232條規定：「犯罪之被害人，得為告訴。」同法第233條規定：「被害人之法
　定代理人或配偶，得獨立告訴。被害人已死亡者，得由其配偶、直系血親、三親等內之旁系
　血親、二親等內之姻親或家長、家屬告訴。但告訴乃論之罪，不得與被害人明示之意思相
　反。」

人時起,二年間不行使而消滅。自有侵權行為時起,逾十年者亦同[2]。

五、司法偵查

　　檢察官因告訴、告發、自首或其他情事知有犯罪嫌疑者,應即開始偵查。司法警察機關,須接受檢察官指揮協助偵查[3]。因此司法機關在受理權利人的告發後,依法發動刑事偵查,權利人在司法機關偵查期間,必須隨時提供資訊給司法機關參考,例如仿冒品的辨識、侵權者的行蹤、產品銷售的管道等,以協助司法機關完成侵權案件的追訴,同時保障企業權益。

六、證據保全

　　告訴人、犯罪嫌疑人、被告或辯護人於證據有湮滅、偽造、變造、隱匿或礙難使用之虞時,在偵查中可以聲請檢察官為搜索、扣押、鑑定、勘驗、訊問證人或其他必要之保全處分[4]。

　　告訴人、犯罪嫌疑人、被告、辯護人或代理人在偵查中,除了有妨害證據保全之虞者外,對於其所聲請保全的證據,得於實施保全證據時在場。保全證據之日、時及處所,應通知前項得在場之人。但有急迫情形致不能及時通知,或犯罪嫌疑人、被告受拘禁中者,不在此限。

2　民法第197條第1項規定:「因侵權行為所生之損害賠償請求權,自請求權人知有損害及賠償義務人時起,二年間不行使而消滅。自有侵權行為時起,逾十年者亦同。」

3　刑事訴訟法第228條第1項規定:「檢察官因告訴、告發、自首或其他情事知有犯罪嫌疑者,應即開始偵查。前項偵查,檢察官得限期命檢察事務官、第二百三十條之司法警察官或第二百三十一條之司法警察調查犯罪情形及蒐集證據,並提出報告。必要時,得將相關卷證一併發交。」

4　刑事訴訟法第219條之1規定:「告訴人、犯罪嫌疑人、被告或辯護人於證據有湮滅、偽造、變造、隱匿或礙難使用之虞時,偵查中得聲請檢察官為搜索、扣押、鑑定、勘驗、訊問證人或其他必要之保全處分。檢察官受理前項聲請,除認其為不合法或無理由予以駁回者外,應於五日內為保全處分。檢察官駁回前項聲請或未於前項期間內為保全處分者,聲請得逕向該管法院聲請保全證據。」

第二輯　妨害秘密罪

在暗處窺視他人，刺探別人隱私，是人性之一，因為可以自我滿足在暗處掌控他人的控制慾！

商場如戰場，科技企業經營，處處充滿危機與轉機，今日的夥伴，可能就是明日的敵人，誰是朋友，哪一個是敵人，有時難以預料，不管如何，做好一切人為的防範措施，將危機與風險降到最低，當敵人來臨時，確保安全無虞！

6-2-1　午夜裡的秘密[5]

案情概要：徐大明為某科技公司董事長，徐小明擔任公司之經理職務，徐大明經公司安全警衛回報稱，徐小明經常在深夜與友人進出公司，並不清楚是否在處理公務。徐大明在了解此一情形後，未經徐小明的同意，私自指派該公司資訊室不知情的工程師委託電訊事業公司人員，利用徐小明出國洽公期間，在徐小明辦公室座位所使用之專線電話裝設錄音設備，持續竊錄徐小明與他人非公開之談話內容，所竊錄得到之通話錄音內容存置於公司資訊室電腦主機中。徐大明透過其個人專用的電腦密碼，得以進入聽取徐小明與他人之通話內容，以此方式妨害徐小明之談話秘密。

主要爭點

公司從管理的角度，必須對人、物做有效的管控，以了解公司全盤營

5　臺灣板橋地方法院97年易字第2708號判決參照。

運狀況,以確保公司的正常營運。公司對於經理人專用的電話,可否在當事人不知情的情形下進行竊錄,雖然錄音地點是位於辦公處所,但此一行為,有無妨害秘密的問題。

原告提出侵權主張

　　一般人在公司擔任主管職務時,公司為了方便主管人員處理公事上的聯絡,通常會設置有個人專用的專線電話,或是個人之分機電話。個人在使用通訊聯絡時,可能會將公務與私人間的通訊混在一起,而且縱然是用於公務,也可能與往來的廠商談論到私人的問題,尤其通訊的另一方,並非屬於公司之員工,因此會衍生公司竊聽員工電話的爭議。若認為公司有侵害個人隱私及妨害秘密之行為,依法可提出告訴,並舉出如下之事證,以維護個人權益。

　　一、公司是利用員工出國洽公期間,未經告知有側錄員工談話之行為,致員工之隱私權受到侵害,事實上發現與他人多次言談內容均為公司所知悉,始心啟疑問,向公司資訊室人員查證,以確認竊聽個人電話之事實。

　　二、提出個人出入國境之護照紀錄,證明未在辦公處所期間,專用電話在出國期間被私自裝置竊聽器之事實。

　　三、員工遭竊錄之與他人非公開談話內容,只有公司負責人擁有錄音主機之密碼始得進入聽取談話內容,有竊聽之主觀犯意。

　　四、公司針對進出之員工已有錄影設施,可以對公司安全進行了解掌控,無須再對特定人士進行錄音,私自裝置錄音設備,即為故意竊取私人非公開談話。

　　五、依法向司法警察機關提出檢舉,請求司法機關進行追訴。

被告防禦抗辯攻防

　　公司企業在面對市場激烈競爭的環境下,對於公司大小事務的管理,當須步步為營,不能稍有差池。面對員工的異常行為,當然會特別注意,此乃人情之常。

　　公司基於管理的需要,對員工行為做必要性的規範,應是合情合理。

惟管理的目的與方法，仍須周延完善。遭員工提出侵權告訴，自當採取抗辯作為，以維護公司權益。

　　一、公司警衛多次回報公司員工經常在半夜進出公司，為保護公司及員工之安全，公司必須負責整體的安全，透過資訊室單位進行架設錄影及錄音設備，錄音設備並非針對個人，無竊聽之事實，基於維護公司安全，所採取之安全措施。

　　二、公司員工本身即知悉公司有錄音之情事，裝置錄音期間適逢員工出國期間，並非刻意利用員工未在辦公處所期間，私自裝設錄音設備。

　　三、經理一職主要負責之業務涉及公司營業秘密，經常於深夜與不明人士進出辦公室，為保護公司營業秘密，裝設錄音設備並無違必要手段及適當性，以錄音方式保護公司營業秘密並非出於無故，於法應無不合。

　　四、員工知悉公司錄音之情事，提出員工在公司任職之相關文件紀錄，證明告訴期間已逾法定期間。

結語

　　行為人未經當事人同意，利用當事人不在場時，私自竊錄他人談話內容，影響他人隱私權，可能會觸犯刑法妨害秘密罪。且若僅以一次裝設竊錄之設備，所為接續的錄音行為，評價上認為是一行為，成立一罪。

相關法條

刑法第315條之1（妨害秘密罪）

　　有下列行為之一者，處三年以下有期徒刑、拘役或3萬元以下罰金：

　　一、無故利用工具或設備窺視、竊聽他人非公開之活動、言論、談話或身體隱私部位者。

　　二、無故以錄音、照相、錄影或電磁紀錄竊錄他人非公開之活動、言論、談話或身體隱私部位者。

刑法第319條（告訴乃論）

　　第315條、第315條之1及第316條至第318條之2之罪，須告訴乃論。

刑事訴訟法第237條

告訴乃論之罪,其告訴應自得為告訴之人知悉犯人之時起,於六個月內為之。

得為告訴人之有數人,其一人遲誤期間者,其效力不及於他人。

最高法院28年上字第919號判例

刑事訴訟法第216條第1項規定,告訴乃論之罪,應自知悉犯人之時起,於六個月內為之,所稱知悉,係指確知犯人之犯罪行為而言,如初意疑其有此犯行,而未得確實證據,及發見確實證據,始行告訴,則不得以告訴人前此之遲疑,未經申告,遂謂告訴為逾越法定期間。

最高法院71年台上字第6590號判決

所謂之「知悉犯人」係指得為告訴人之人確知犯人之犯罪行為而言,以其主觀為標準,且其知悉必須達於確信之程度,故若事涉曖昧,雖有懷疑未得實證,因而遲疑未告,其告訴期間並不進行。

6-2-2 凡走過必留下痕跡[6]

案情概要:徐大明任職於元件載具工廠之工程部維護室領班,負責廠房各設備,包含生產線機組之維修工作,徐大明亦因此得接觸、了解屬於公司營業秘密之生產線機組設計之概念、原理及實際運作之詳情。並與公司簽訂書面僱傭契約,允諾就其在公司任職期間,所接觸關於該公司之製程、產品資訊,包括材料、設計、組件、製造過程、製造工廠設計、公式、價格等資訊,在職期間及離職後,均會將公司視為營業機密之資訊,嚴加保密,不會洩漏或以任何方式使他人知悉,有保守因業務知悉或持有工商秘密之義務。徐大明明知公司之元件載具生產線,所設計製作之元件載具乃

---

6 臺灣桃園地方法院92年易字第87號判決書參照。

該公司所研發、規劃、設計，並得使該廠產能因此遠優於其他同類產品廠商，乃公司重要之營業上秘密，並嚴禁員工將之洩漏於外。徐大明於離職後，利用其所知悉前揭之營業上秘密，以能提供元件載具生產技術為出資，另成立科技股份有限公司，依其先前所知悉之元件載具生產技術、製程，訂製與產線原理、概念相同之生產機組，安裝於新公司，原公司人員於市面上發現其元件載具產品上，具有僅原公司採行之生產方式，才會出現的特徵，始悉上情。

主要爭點

企業從業人員因業務上知悉公司營業秘密，離職後自行創業，可否運用之前在原公司知悉的有關生產技術，製造相同的產品於市場中銷售。企業從業人員若不能以自己了解的技術智能，做為自我發展，謀求生存的技能，難道一輩子注定都要聽命於他人，員工自行創業與原公司的糾葛，到底要如何釐清，並避免觸犯法律。

原告提出侵權主張

一、提出員工勞工保險被保險人投保資料表、公司員工個人資料表、員工離職書等資料，確認員工任職之時間。

二、公司有關元件載具所設計製作之生產流程，屬僱傭契約書及營業秘密法所指之機密資料。

三、公司所生產之元件載具具備之特徵，提出製程及產品特徵比較分析資料，佐證製程並非一般業者所得以知悉，且產品具有一定之市場銷售量，生產資訊具有相當之經濟價值。

四、提出公司內部對於生產流程之控管作為，只有經過特殊授權之工作人員始得進入生產線，廠區出入管制、訪客換證及物品檢查等，強調公司對於產品生產流程，已採取合理之保密措施。

五、員工任職於公司負責之工作內容，平日接觸業務之範圍，經手與生產設備元件製程有關事項之歷史紀錄資料。

六、要求勘驗比對二公司有關之生產設備、流程，實地了解生產元件之特徵，以證明二公司生產元件之技術具有相似性。

被告防禦抗辯攻防

一、在公司任職期間並沒有接觸有關生產元件載具的技術，也未與公司簽訂僱傭契約，非刑法上依法令或契約負有保守秘密業務之人。

二、市面上生產元件載具之廠商很多，製造元件載具的機具在市面上可自行購買並組裝後，即可生產元件載具，有關元件載具的生產技術並不是秘密，新成立公司內生產元件載具的機器、流程，為個人習得即具備之技術。

結語

行為人係依契約應守保密義務之人，若無故洩漏工商秘密之犯行，事證經證明後，涉嫌觸犯刑法洩漏業務上知悉工商秘密罪。

相關法條

刑法第317條

依法令或契約有守因業務知悉或持有工商秘密之義務，而無故洩漏之者，處1年以下有期徒刑、拘役或1,000元以下罰金。

營業秘密法第2條

本法所稱營業秘密，係指方法、技術、製程、配方、程式、設計或其他可用於生產、銷售或經營之資訊，而符合下列要件者：

一、非一般涉及該類資訊之人所知者。
二、因其秘密性而具有實際或潛在之經濟價值者。
三、所有人已採取合理之保密措施者。

6-2-3 失去的夥伴

案情概要：徐大明係資訊股份有限公司負責人，與徐小明國際開發有限公司簽訂「資訊管理應用系統建置專案合約書」，負責設計徐小明公司之進

銷存貨資訊管理、專案管理、會員管理及會計作業管理等系統，並協議將其開發金額一百萬元轉換為徐小明公司10%股份。後因該資訊軟體建置系統無法達成徐小明公司之需求，故未予付款，亦未進行股份轉讓程序。徐大明明知其公司人員於測試中列印之徐小明公司之年度銷售統計報表，為該公司之營業秘密或委託他人設計開發之軟體及該公司客戶之營業秘密，負有保密義務，不得無故洩漏，竟將資料無故洩漏與陳姓男子。

主要爭點

廠商因業務上的接觸，知悉企業內部營運有關的進銷存貨管理、專案管理、會計管理等資訊，未得當事人同意，私自將資料洩漏予第三人知悉，影響企業權益，這些資料是否屬於營業秘密資訊範疇。

原告提出侵權主張

一、提出簽訂資訊管理應用系統建置專案合約書，負責設計公司進銷存貨資訊管理、專案管理、會員管理及會計作業管理等系統資訊管理應用系統建置專案合約書，證明為刑法上依契約負有保密之義務。

二、公司電腦系統平日即由資訊公司維護，無切斷連線情事，其可輕易接觸並取得公司平日進銷存貨數據並無困難。

三、公司所有之銷售統計表，係公司銷售各類商品之銷售金額及銷售成本，其中銷售成本欄所列之數字，即可推算公司各類商品之定價，關乎公司與同業間就同一商品之競爭及獲利能力，具有秘密之性質。

四、雙方簽訂之合約中，即註明不得將公司產品之生產成本洩漏，公司對銷售統計表有採取保護措施，是銷售統計報表符合屬營業秘密法之規定。

被告防禦抗辯攻防

一、有關公司資料之銷售統計報表非出自於其個人所列印，且未將資料予任何無關之人，與陳姓男子並不認識。

二、電腦列印之資料，應追查其真正列印之來源，公司之印表機與列印之資料為不同之型號，無法證明資料來自於個人所屬之公司。

三、未經受維護公司之授權，不會將公司內部資料進行列印，除非是測試時所用。

結語

企業所有的銷售統計表，與同業間就同一商品之競爭及獲利能力，具有秘密之性質。洩漏公司產品的生產成本，且企業若對銷售統計等相關資料採取保護措施，無故洩漏交付第三人，將對公司營運造成不利影響，洩漏資料的行為人可能會觸犯妨害秘密規定。

相關法條

刑法第317條

依法令或契約有守因業務知悉或持有工商秘密之義務，而無故洩漏之者，處一年以下有期徒刑、拘役或1,000元以下罰金。

刑法第318條之2

利用電腦或其相關設備犯第316條至第318條之罪者，加重其刑至二分之一。

6-2-4 腳踏兩條船

案情概要：徐大明是科學園區科技公司工程師，負責該公司內部半導體導線架連續電鍍之產製與品管任務，並負有嚴守該公司列為最機密之連續電鍍技術不得外洩之義務。而該公司，也是政府積極獎勵輔導策略性工業之公司，且與日本公司有技術合作生產製造半導體導線架之電鍍製品，該電鍍技術在當時係專精先進之連續電鍍技術，徐大明係科技公司積極培養之技術經理人，曾派往日本鍍金株式會社，學習先進之連續電鍍技術。徐大明在習得此一連續電鍍技術後，欲牟取更高薪資，提供先進之連續電鍍技術給徐小明公司，並每月支領徐小明公司給付之高薪。

主要爭點

科技企業工程技術人員，於職務上知悉公司機密性特殊技術，私自將技術提供給第三人，並因此獲利，行為人是否涉及背信及妨害工商秘密罪。

原告提出侵權主張

一、員工任職之基本資料表、勞工保險資料表、支領薪資明細、業務職掌及責任分工表。

二、公司要求員工簽訂保密條款之約定及「競業禁止」之約定有關資料。

三、臺灣公司與日本技術合作產製半導體導線架之電鍍製品，高度科學技術之合作紀錄、簽訂之契約、雙方保密條款。

四、員工派遣至日本學習先進技術之有關計畫，履約條款，員工親自填載之承諾書、保證書，公司培養員工出國研習之整體計畫相關文件及歷次召開之會議紀錄。

五、員工以公務電話、電子郵件對外聯繫之歷史清單紀錄，了解員工與洩漏先進科技技術對象之聯繫事證。

六、員工洩漏公司高科技技術機密，造成公司產業之危害之實際評估，強調科學園區為高科技產業之示範，具有帶動產業升級，增加商品競爭能力，並擴大生存空間，員工將自公司習得之高科技技術，移轉至其他公司投資生產，領取高薪，並指導生產相同產品，圖利其他廠商，危害經濟發展秩序，並嚴重破壞公司與外商合資之信譽，均造成公司及社會之重大損害。

七、提出科學工業園區管理局核准投資設立文件，證明公司確為從事高科技產品之製造。

被告防禦抗辯攻防

一、否認有上揭洩漏業務上機密及背信之犯行，並沒有洩漏公司之連續電鍍技術，該連續電鍍技術在當時僅屬一般性之技術，絕非高科技之技術，任何人均可透過網路資訊或文獻資料取得，且國內具備此種連續電鍍

技術之廠商甚多，國內亦未將此種技術列為管制項目，公司亦未明確將此技術列為該公司之機密，並無洩秘之情事。

二、連續電鍍技術未符合「營業秘密法」所稱營業秘密「新穎性」、「經濟性」、「秘密性」之要件，從而無洩漏公司秘密。

三、公司要求員工簽定之承諾書違反公平原則及自由權，不能作為論證依據。

結語

企業工程技術人員，簽訂保密條款約定「競業禁止」，若利用公司電子郵件傳送洩漏公司具有機密性的技術性資訊，行為人並因此獲得利益，造成公司權益損失，涉及洩漏職務上工商秘密罪嫌。

相關法條

刑法第317條

依法令或契約有守因業務知悉或持有工商秘密之義務，而無故洩漏之者，處一年以下有期徒刑、拘役或1,000元以下罰金。

刑法第342條

為他人處理事務，意圖為自己或第三人不法之利益，或損害本人之利益，而為違背其任務之行為，致生損害於本人之財產或其他利益者，處五年以下有期徒刑、拘役或科或併科1,000元以下罰金。

前項之未遂犯罰之。

第三輯　背信罪

飼老鼠，咬布袋、吃裡扒外、恩將仇報，人心實在難測。人類的生存戰，為了自己的利益，利己性的考量，是人性之一。

當親信好友背信時，要站穩腳步，小心應戰。當然被背叛時，心理會受到嚴重震盪而不安，然給敵人最佳的回報，並不是攻擊他，而是漂亮的存在，只要自己亮麗存在，敵人將寢食難安。

6-3-1　科技始終來自於人性[7]

案情概要：徐大明任職科技股份有限公司經理一職，負責鋰電池保護電路板之研發、製作等業務，為受公司委任處理事務之人。因業務及職責關係，明知鋰電池保護電路板電路佈局圖係公司請研發人員研發，是公司享有科技工程圖形著作權之創作，並屬於公司不欲為有業務競爭關係廠商、一般民眾知悉意思之工商秘密。詎徐大明竟意圖為自己及其他科技公司之不法利益，利用職務上知悉公司關於鋰電池保護電路板之電路佈局圖相關設計圖檔工商祕密之機會，未自公司辦理離職手續之際，即先行另成立同性質且具有業務競爭廠商關係之公司，且擔任該公司董事職務，並從事相同鋰電池保護電路板之研發及製作業務。將其所持有之前開鋰電池保護電路板之電路佈局圖之工商秘密故意洩漏於新公司，洩漏工商秘密，違背其依契約應保守業務秘密任務之行為，致生損害於原公司。經由警察機關持

7　臺灣板橋地方法院94年易字第353號判決參照。

搜索票查獲,並扣得板號、生產管制表、出貨單、應收帳款明細、電路圖、電路圖檔磁片等物。

主要爭點

科技公司研發人員為了另立門戶,將職務上知悉的技術資訊,做為成立新公司研發產品的主要技術方法,行為人在未離職之際,此一行為是否涉及背信及妨害工商秘密罪。

原告提出侵權主張

科技公司自認受到侵權,離職員工涉嫌有背信、妨害工商秘密等罪嫌,對侵權提出訴訟主張,應具體提供事證予司法機關審酌,資料愈詳細完整,當更有助於權利之保障,可提供之事證如下:

一、被告在原公司名片及在職證明書,以證明被告自任職期間、擔任之職務,詳述工作內容,如專門負責研發、製作等,以確認有機會接觸到公司所有的資訊與相關圖檔。

二、新成立公司之基本資料,足認新公司設立時,被告即已擔任該公司董事一職。

三、原公司板號之電路佈局圖。

四、新成立公司之統一發票、快捷貨運單、公司出貨單,足認曾向新成立之公司購買到相同之鋰電池保護電路板。

五、原公司板號之電路佈局圖、原始工作底稿、檔案光碟片、產品研發紀錄,足認原公司該板號之鋰電池保護電路板電路佈局圖及研發之相關紀錄。

六、提出有關機構「電路板之電路佈局圖」鑑定報告書,以確認新公司所生產之產品與原始公司產品之電路佈局圖相同

七、會同司法機關查扣取得之相同電路板、生產管制表、出貨單、應收帳款明細、電路圖、電路圖檔磁片等。

被告防禦抗辯攻防

被告受指控侵害原公司之權利,為維護個人之權益,亦須提出抗辯,

抗辯主張有如次：

一、電路板佈局圖是個人做的，並沒有從原公司取走檔案或任何資料，電路板佈局圖可以從市面上買到，並不需要從原公司拿走任何資料。

二、刑法第342條之背信罪，須以為他人處理事務為前提，所謂為他人云者，係指受他人委任，而為其處理事務而言[8]。背信罪之主體限於為他人處理事務之人，倘無此身分或已喪失者，不能成為本罪之犯罪主體。被告至新成立之公司任職，與原公司即無任何勞務契約關係存在，受公司委任處理事務之身分關係既已喪失，即不能成為背信罪之犯罪主體。且不能以被告在新公司從事與原始公司相同之業務，即推論離職前涉有背信罪嫌。

三、提出薪資匯款證明、離職文件，確認真正離職之時間點。

四、刑法第317條之洩漏業務上知悉之工商秘密罪，其前提要件，乃係「依法令或契約」負有保密義務，且所謂「工商秘密」，應屬工業或商業上之發明或經營計畫具有不公開之性質者。勞資雙方並無簽立任何「保密契約切結」，亦無任何法定規定被告負有保密義務。

五、原公司電路布局相關資料，並未採取有保密措施。且電路板之電路佈局圖得自原物件鋰電池上之電路板翻製，則稍具製作鋰電池保護電路板知識之人，自得依此方式取得電路佈局圖，是該種電路佈局並非屬「工商秘密」。

六、分析被查扣物件之序號，詳細比對找出不同之序號，從差異性證明並非來自於原始公司之電路板，並無洩漏業務上所知悉之工商秘密之行為。

結語

刑法第317條之洩漏業務上知悉之工商秘密罪，其前提係「依法令或契約」負有保密義務，且所謂「工商秘密」，應屬工業或商業上之發明或經營計畫具有不公開之性質者。

8　最高法院49年台上字第1530號判例。

　　鋰電池保護電路板之電路佈局圖既得自鋰電池上之電路板翻製,則稍具製作鋰電池保護電路板知識之人,自得依此方式取得電路佈局圖。

　　被告離職後,雖轉任其他科技企業,且研發、製作鋰電池保護電路板,然參並不足以認定被告有何背信及洩漏業務上所知悉之工商秘密之行為。

　　刑事訴訟法第154條第2項、第301條第1項規定,按犯罪事實應依證據認定之,無證據不得認定犯罪事實,又不能證明被告犯罪者,應諭知無罪之判決。次按認定不利於被告之事實,須依積極證據,苟積極之證據本身存有瑕疵而不足為不利於被告事實之認定,即應為有利於被告之認定,更不必有何有利之證據,而此用以證明犯罪事實之證據,猶須於通常一般人均不至於有所懷疑,堪予確信其已臻真實者,始得據以為有罪之認定,倘其證明尚未達到此一程度,而有合理性之懷疑存在,致使無從為有罪之確信時,即應為無罪之判決,此有最高法院82年度臺上字第163號判決、76年臺上字第4986號、30年上字第816號等判例意旨可資參照。

　　刑事訴訟法第161條已於2002年2月8日修正公布,其第1項規定:檢察官就被告犯罪事實,應負舉證責任,並指出證明之方法,因此檢察官對於起訴之犯罪事實,應負提出證據及說服之實質舉證責任,倘所提出之證據,不足為被告有罪之積極證明,或其指出證明之方法,無從說服法院以形成被告有罪之心證,基於無罪推定之原則,自應為被告無罪判決之諭知,最高法院92年台上字第128號判例可資參照。

　　最高法院91年度臺上字第5846號判決,當事人得聲請法院調查證據,而法院為發見真實,亦得依職權調查證據,但限於維護公平正義或對被告之利益有重大關係之事項為限,修正刑事訴訟法第163條第1、2項定有明文。故法院固得依職權調查證據,但並無蒐集證據之義務。蒐集證據乃檢察官或自訴人之職責,事實審法院應以調查證據為其主要職責,其調查之範圍,亦以審判中所存在之一切證據為限,案內不存在之證據,即不得責令法院為發現真實,應依職權從各方面蒐集證據告訴人之指訴,係以使被告受刑事訴追為目的,是其陳述是否與事實相符,仍應調查其他證據以資審認,最高法院52年度臺上字第1300號判例可資參照。

相關法條

刑法第317條

依法令或契約有守因業務知悉或持有工商秘密之義務，而無故洩漏之者，處一年以下有期徒刑、拘役或1,000元以下罰金。

刑法第342條

為他人處理事務，意圖為自己或第三人不法之利益，或損害本人之利益，而為違背其任務之行為，致生損害於本人之財產或其他利益者，處五年以下有期徒刑、拘役或科或併科1,000元以下罰金。

前項之未遂犯罰之。

6-3-2　按鍵刪除情未了[9]

案情概要：徐大明擔任科技股份有限公司之業務經理，並為徐小明之直接上級主管，二人在職期間，受科技公司所託負責處理公司所代理銷售日本公司產品之相關業務，包括公司的客戶接洽購買原廠產品，與協助提供相關之檢測數據、辦理產品認證及售後服務等相關業務。受雇人負有為公司妥善處理公務使用之手提電腦之軟硬體及完整保存於電腦中屬於公司財產之電磁紀錄等事務之義務，並負有於離職時將電腦檔案及相關業務交接之責任。

二人竟基於共同刪除二人電腦電磁紀錄及損害公司對於電磁紀錄所有權及使用利益等犯意聯絡，分別於離職時，將電腦格式化並重新灌製之方式，將原有電磁紀錄、電子郵件、原廠提供之機台數據資料、各家客戶實驗結果、數據、報價單、客戶訂單、業務報告檔案、部門銷售計畫、營收預估、會議紀錄、拜訪客戶內容等在內之所有業務上製作及保存之檔案之電

---

9 臺灣新竹地方法院96年自字第16號判決。

磁紀錄及業務文件等檔案加以刪除，透過電腦回復程式，僅能知悉該等檔案確曾遭刪除，然檔案內容亦幾乎無法開啟或辨識，足生損害於公司。

主要爭點

科技企業業務經理人，在離職時將原職務上保管的電子郵件、數據資料、實驗結果、報價單、客戶訂單、業務報告檔案、部門銷售計畫、營收預估、會議紀錄等電磁紀錄資料刪除，造成公司損害，此一行為是否違反破壞電磁紀錄及背信罪。

原告提出侵權主張

一、公司工商登記資料簡介公司營業主要項目、員工職掌工作勤務之分配表等資訊。

二、員工離職手續資料確認在公司任職之時間點，作為判斷員工之責任。

三、員工任職期間使用之個人電腦列印所使用歷史檔案清單。

四、公司與員工簽訂之工作暨保密契約資料。

五、員工與代理銷售公司聯繫之所有電子郵件清單。

六、紀錄員工詳細工作之日報，出勤接洽廠商有關之紀錄。

七、員工使用公司公務電話撥打之電話號碼明細。

八、回復遭刪除之部分電子郵件及D磁碟機電磁紀錄之清單。

九、回復遭被告刪除之部分

十、新更正之「回復遭刪除之部分電磁紀錄之清單」，電腦檔案比對清單。

被告防禦抗辯攻防

一、公司取得之有關電腦資訊內容，來源不明確，依刑事訴訟法第158條之4規定，不具無證據能力。

二、個人業務相關的資料已存在公司資訊室的主要伺服器內，有紀錄與備份，離職交接的業務都已經完全交給交接人，業務資料包含客戶清單的電子檔與書面、客戶的業務進度的電子檔與書面，刪除公司所配發的電

腦內的資料都是私人資料，雖然電腦內仍有公司的業務資料，均屬交接以外的重複且多餘的資料。

三、公司平日即要求員工以電腦撰寫日報表，每天的業務行程所做的情形、客戶資料、客戶狀況都在日報表內，撰妥後就直接傳輸到公司的伺服器內，每日的工作日報都會傳輸給所有相關人員包括總經理、副總經理、經理等有關業務人員，對於員工所作的日報表若有問題，公司會利用電腦系統作連結。

四、刑法第359條規定之無故刪除電磁紀錄罪之構成要件，係以「他人」之電磁紀錄等為行為客體。公司新進員工配發電腦，所有作業系統都是由公司資訊部門配發，新進員工拿到的電腦都是全新的，電腦內只有公司簡介。公司配發手提電腦予員工之初，公司在手提電腦並無存放、交付電磁紀錄予員工使用，公司配發之手提電腦內，只有基本的作業系統，並沒有業務資料，均由自己建立手提電腦內之測試報告、會議紀錄、簡報資料等。員工於離職時刪除自己建立之電磁紀錄，與刑法第359條規定之「他人電磁紀錄」之構成要件不符。

五、於離職繳回電腦時，經公司人員檢查外觀、螢幕、硬體設備均符合當時交付時的規格，交付外觀、螢幕、硬體設備均屬完好。公司配發新進員工手提電腦，與刑法第342條第1項之「受委託處理事務」之構成要件不符，刪除員工自己建立之電磁紀錄，均與刑法背信罪並無干涉。

結語

認定不利於被告之事實，須依積極證據，苟積極證據不足為不利於被告之事實認定時，即應為有利於被告之認定，更不必有何有利之證據[10]。認定犯罪事實所憑之證據，無論直接或間接證據，其為訴訟上之證明，須於通常一般之人均不致有所懷疑，而得確信其為真實之程序者，始得據之為有罪之認定，倘其證明尚未達到此一程度，而有合理性懷疑之存在時，即無從為有罪之認定[11]。

---

10 最高法院30年上字第816號判例。
11 最高法院76年台上字第4986號判例。

公司員工職務上單純整理相關電磁紀錄資料，尚難逕以認定論以刑法之背信罪嫌。員工自公司離職後，若有造成公司之損失，屬單純民事問題。

相關法條

刑法第342條

為他人處理事務，意圖為自己或第三人不法之利益，或損害本人之利益，而為違背其任務之行為，致生損害於本人之財產或其他利益者，處五年以下有期徒刑、拘役或科或併科1,000元以下罰金。

前項之未遂犯罰之。

刑法第359條

無故取得、刪除或變更他人電腦或其相關設備之電磁紀錄，致生損害於公眾或他人者，處五年以下有期徒刑、拘役或科或併科20萬元以下罰金。

6-3-3 兔脫的滑鼠[12]

案情概要：徐大明在科技股份有限公司期間擔任研發部門無線射頻滑鼠等電腦產品之研究開發業務，主管硬體設計，為公司委託處理事務之人。明知公司單頻無線滑鼠模組（One Channel RF Module）資料，係其業務知悉之商業機密，如由同業取得，乃屬不正競爭，將使公司受到損害。徐小明公司原是徐大明公司之客戶，雙方曾議定雙頻無線滑鼠模組向徐小明公司提出每件美金5元之報價。但徐大明竟於任職期間，為獲取10萬元之不法利益，利用職務之便，取得公司研發整合可以商品化之無線滑鼠規格「單頻、多頻之發射、接收、雙接收產品規格／型號表」後，在未經公司授權

---

12 臺灣高等法院95年上易字第2287號判決參照。

或同意之情況下，違背其任務，挪用無線滑鼠規格之資料，另行製作「產品規格／型號表」並同生產單頻無線滑鼠模組之發射器（Transmitter）、接收器（Receiver）、研發時間、所需儀器設備及成本預估等商業機密，以電子郵件方式，傳送資料至徐小明電子郵件信箱，無故洩露其因業務知悉之公司商業機密，致徐小明公司因而得知有關製造單頻無線滑鼠模組之成本，而不接受徐大明公司前開報價，導致徐大明公司喪失該筆訂單之機會，並使徐小明公司有能力自行生產，而致徐大明任職之公司蒙受損失。

主要爭點

科技公司研發人員，利用業務上知悉的商業機密，未經原公司的授權同意，以電子郵件方式，將公司儀器設備及成本預估等商業機密傳送給第三人，無故洩漏因業務知悉的商業機密，這種以網路傳輸商業機密資訊行為，是否涉及背信罪嫌。

原告提出侵權主張

一、提出員工到任、離職之詳細資料，例如薪資匯款明細、公司員工薪資名冊、員工出勤明細表、員工離職申請單、勞工保險退保申報表、移交清冊等資料，證明員工在職期間及離職之確切時間。

二、彙整員工在公司任職期間職掌之工作內容，詳列工作項目，參與會議之紀錄，在公司曾經發表研發工作之文章、報告，尤其是對於系爭工作項目工作研究開發有關業務之資料，以確認員工在離職前是為公司處理事務之人。

三、如未簽訂保密契約書，然員工任職於研發部門職務，本即負有為公司爭取客戶並謀求最大利潤之義務，為僱傭契約之附隨義務，受僱人應絕對服從指示服其勞務，且有忠實服務、保守秘密及不為競業之義務。

四、員工於任職期間因職務關係而取得公司註明或標示（機密）、限閱或其他同義字等一切商業上、技術上或生產上之秘密資訊，諸如發展階段之研究、發展、製程、流程、特殊製造或生產方法、機器裝置或其他設備、發展計劃等，均屬具有機密性質之資訊，自有採取資訊之保密義務。

五、員工使用之電腦及電子郵件密碼，論證只有特定人員始能開啟並傳送特定資訊，強調資訊之秘密性。

六、列印員工電子郵件傳送資料之詳細內容，例如「產品規格／型號表」及生產成本預估等資料，並針對規格數據作詳細比對，以確認資料之真正來源，證明員工違背任務之積極行為。

七、提出公司完整之作業流程，說明產品製程之完整階段，藉以區辨秘密與公開之階段。

八、提出公司科技研發過程時間及所投入耗費之研究經費成本，歸納目前所使用之科技產品，為公司整體研發之重要儀器設備，自屬公司之商業機密資料。

員工未經授權使用，或未經公司之同意，擅自將公司之研發成果，透過電子郵件傳送予他人之行為，當然構成違背任務之行為。

九、公司與往來客戶廠商之報價資料，比對公司重要資訊資料洩漏前後，公司所受到之業務損失，作為損害依據。

被告防禦抗辯攻防

一、傳送電子郵件為正常之商務往來，電子郵件內容並非公司營業機密文件，是公開資訊，是自己參考網路資料後，依個人專業知識設計，未使用到公司營業秘密資料，且未獲取任何不法利益，電子郵件傳送之資料，並未對公司造成損害。

二、有關公司之產品規格／型號表係公司產品型錄之資料，屬已公開之資料，非屬營業秘密資料。

三、提出任職期間對公司之重要貢獻，舉證實際業績，以證係忠誠執行職務，無背信之故意。

結語

科技公司之研發人員，屬科技研發的重要部門，若明知公司的競爭發展是以研發技術為主要目標，科技研發技術資料將是公司生存的根基。若將研發重要資訊洩漏予第三人，或競爭之同業，將導致市場上其他公司能夠以較低的成本生產同質性之產品，對原公司將造重大損害，嚴重影響公

司在市場上的競爭力。因此利用電子郵件，將公司儀器設備及成本預估等商業機密傳送給第三人，有觸犯為他人處理事務，意圖為自己或第三人不法之利益，或損害本人之利益，而為違背其任務行為之背信罪。

相關法條

刑法第342條

　　為他人處理事務，意圖為自己或第三人不法之利益，或損害本人之利益，而為違背其任務之行為，致生損害於本人之財產或其他利益者，處五年以下有期徒刑、拘役或科或併科1,000元以下罰金。

　　前項之未遂犯罰之。

最高法院21年度上字第1574號、22年度上字第3537號、30年度上字第1210號判例

　　刑法第342條之背信罪，必須違背任務之行為係為圖取不法利益，或圖加不法損害之手段，始符成立。至該條所謂意圖為自己或第三人得不法利益一語，原指自己或第三人在法律上不應取得之利益，意圖取得或使其取得者而言。即應以有取得不法利益或損害本人利益之意圖為必要，若無此意圖，即屬缺乏意思要件，縱有違背任務之行為，並致生損害於本人之財產或其他利益，亦難律以本條之罪。

6-3-4　利益超越承諾[13]

案情概要：徐大明任職於科技股份有限公司，擔任測試研發工程師職務，負責設計開發測試應用軟體系統所需之積體電路，為受委任處理事務之人。其任職之初即與公司簽訂聘僱契約書，表明公司列為機密之計畫、文件、圖表或是電腦檔案等，為特別守密義務，不得以口頭、複印、傳真、

---

13 臺灣新竹地方法院93年易字第243號判決參照。

電子郵件，或是其他方式洩漏他人。並同意於聘僱契約終止或解約以後兩年內，除非經公司書面同意，不得利用公司列為機密資訊為自己或他人從事、或經營有損公司權益之虞之業務，屬於依契約有保守因業務知悉及持有工商祕密之義務之人。惟徐大明於離職前，意圖為自己不法利益及洩漏公司所有工商秘密之犯意，違背所簽訂之義務，利用公司內部網址，透過公司電腦網路，將個人及公司團隊所研發由公司所有專利之檔案，無故洩漏而傳送予他人。

主要爭點

科技公司員工在任職之初，即與公司簽立保密條款，不得以任何方式將公司列為機密之資料，為自己或於離職二年後為他人經營有損原公司之權益。行為人在離職前將原公司所有工作之商業秘密，利用公司內部網址，將公司研發的專利檔案，無故洩漏而傳送予他人，此一行為是否涉及背信罪嫌。

原告提出侵權主張

科技公司內部重要之專利研發資料，為公司重要之資產，攸關公司重大經濟利益，公司雖已採取相當之防止洩漏工商秘密之措施，於發現離職員工無故洩漏工商秘密行為，為避免公司權益受到重大損害，應即採取防制侵權主張，具體作為如下：

一、公司聘任員工之聘僱契約書、員工親自書寫簽立保密切結書，說明當事人乃依契約負有保密義務與遵守工作規範身分之人。

二、公司對於機密檔案管理說明、公用網址使用規定及離職員工注意事宜規範。

三、電子郵件傳送紀錄清單。

四、被侵害專利之核准審定書。

五、當事人為高科技產業公司之研發工程師，理應知悉智慧財產權乃高科技公司獲利之關鍵，保護研發智慧財產權已為科技公司競爭力之核心，專利權更為高科技產業之重要價值，關係科技公司產品、製程技術、

式樣、裝置之創新發展，為維持競爭優勢、提升產品價值、發明新穎技術等，若公司內部人員將先前獲知之營業秘密任意洩漏，將嚴重妨礙專利的開發及公司業務的營運，研發人員更應了解尊重智慧財產權及營業秘密保護的重要性。

被告防禦抗辯攻防

一、公司要求新進人員簽立聘僱契約書，表明公司列為機密之文件、電腦資料等，不得洩漏他人，且聘僱契約終止兩年內，不得利用公司列為機密之資訊，為不平等條款，影響科技技術人員生存權，違反公平條款。

二、科技研發團隊成員，對研發成果本來就具有相關之專業技能，利用本身具有之技術與能力做進一步的研發，為產業界普遍之現象，與背信妨害工作秘密均毫無關聯。

結語

科技公司員工在新任職務之時，與公司簽立保密條款，即屬依契約負有保密義務與遵守工作規範身分之人，若未經公司同意或授權，無故將業務上知悉的機密資訊洩漏予第三人，可能會觸犯刑法洩漏工商秘密罪。另行為人利用電腦及其相關設備犯刑法洩漏工商秘密罪之罪，應依刑法第318條之2規定，加重其刑至二分之一。

行為人多次利用電腦無故洩漏工商秘密，而違背其任務之行為，如基於單一的犯罪意思下的接續行為，僅侵害一個法益，為接續犯，只論以一罪。

行為人所犯刑法第342條背信未遂罪與同法第317條、第318條之2之加重洩漏工商祕密罪間，是以一個洩漏工商秘密資料行為同時觸犯之，為想像競合犯，依刑法第55條規定，應從一重之背信罪處斷。

相關法條

刑法第317條

依法令或契約有守因業務知悉或持有工商秘密之義務，而無故洩漏之者，處一年以下有期徒刑、拘役或1,000元以下罰金。

刑法第318條之2

利用電腦或其相關設備犯第316條至第318條之罪者,加重其刑至二分之一。

刑法第342條

為他人處理事務,意圖為自己或第三人不法之利益,或損害本人之利益,而為違背其任務之行為,致生損害於本人之財產或其他利益者,處五年以下有期徒刑、拘役或科或併科1,000元以下罰金。

前項之未遂犯罰之。

最高法院87年度臺上字第2450號判決

按刑法上之背信罪,以損害本人之財產或其他利益為構成要件之一,並以本人之財產或其他利益已否受有損害,為既遂與未遂之標準。

第四輯　著作權法

> 　　嘔心瀝血的著作，是創作者自我實現的夢想，尊重與了解勝於法律的制約。美麗的浪花，必定是源於自然的流水，優美的旋律，更是創作者心靈的結合，著作的價值在於原創性。

6-4-1　綠茶中的污點[14]

案情概要：徐大明是「綠茶連鎖專賣店」負責人，其委託設計公司負責人徐小明設計其飲料店之商標、招牌等圖形。明知徐小明所設計之「綠茶連鎖專賣店」圖形，為設計公司擁有著作權之著作，未經許可或授權，不得非法重製。徐大明於第一次交款後，徐小明表示額外設計動物圖樣可免費贈送，但所提出新報價單之金額比原報價金額高出許多，徐大明遂表明只願意就前次洽談之圖形設計費用事宜簽約，徐小明則稱如僅購買圖形，單價則需提高，徐大明認為不合理遂未簽約，其依先前付款取得之設計圖形，予以使用。徐小明則認為其擅自重製圖形著作，印製於飲料店之招牌、衣服、貼紙上，以此方式侵害圖形著作之重製權，因認徐大明涉犯著作權法第91條第1項之擅自以重製之方法侵害他人之著作財產權罪嫌。

主要爭點

　　設計人所製作之設計圖，表示必須俟完工收齊尾款後，委託人才取得著作權，若尾款未結清，則設計著作權仍屬於設計人所有。委託人則認為

---

14 智慧財產法院98年刑智上易字第85號判決參照。

已支付第一次價金，已取得設計圖形著作權，之後因報價金額未獲雙方同意，後續則未再合作。委託人取得設計圖之緣由，為本件審究之爭點，使用原設計圖形，是否涉及擅自以重製之方法侵害他人之著作財產權。

原告提出侵權主張

一、向司法機關提出舉發並製作檢舉筆錄，說明被侵權之始末詳情。

二、委託設計之圖形著作、聯繫電話、報價單、雙方簽訂之合約書。

三、發現侵權行為，寄發存證信函，要求停止使用受著作權保障之設計圖形字樣。

四、重製圖形之現場照片。

五、侵權者所支付之金額，為設計之定金，無從取得所設計圖樣之著作權，使用圖形著作，主觀上有擅自以重製之方法侵害他人之著作財產權之犯意。

六、司法機關依法執行搜索，依法製作之扣押筆錄及扣押物品目錄表。

被告防禦抗辯攻防

一、並無違反著作權法之犯意及行為，已在契約上簽名並支付款項，係合法購得該設計圖而使用，並無違反著作權法之行為。

二、支付第一次設計圖形字樣之金額後，因後續之圖形設計單價過高，雙方遂未達成合意。

三、當事人收獲設計圖形字樣款項，始有可能交付所設計之成品，且從未退回款項，委託人自有使用之權。

四、使用圖形設計與委託所設計之圖形完全相同，與一般仿冒品均會就原有設計再加以增刪修改以避免著作權人查緝之情形有別，因此主觀上並無擅自以重製之方法侵害著作財產權之犯意。

結論

委託人確實支付設計圖形之款項，且經設計人收受為圖形設計之費用，並非契約之定金，委託人可使用設計人所交付之圖形設計以作為其店

內招牌之設計，其所為尚難認有擅自以重製之方法侵害著作財產權之行為。

相關法條

著作權法第91條

擅自以重製之方法侵害他人之著作財產權者，處三年以下有期徒刑、拘役，或科或併科新臺幣75萬元以下罰金。

意圖銷售或出租而擅自以重製之方法侵害他人之著作財產權者，處六月以上五年以下有期徒刑，得併科新臺幣20萬元以上200萬元以下罰金。

以重製於光碟之方法犯前項之罪者，處六月以上五年以下有期徒刑，得併科新臺幣50萬元以上500萬元以下罰金。

著作僅供個人參考或合理使用者，不構成著作權侵害。

6-4-2　東瀛愛你入骨[15]

案情概要： 徐大明係企業公司負責人，明知「我想要變幸福」、「天真可愛」日本電視劇，均是日本放送系統股份有限公司Broadcasting System, INC.享有著作財產權之視聽著作，著作權法第4條第2款及世界貿易組織（WTO）「與貿易有關之智慧財產權協定」之約定，均受我國著作權法所保護之著作物，未經同意或授權，不得擅自重製及散布。竟虛偽製作內容不實之英文與日文之使用權授權書，並持該偽造之使用權授權，以每片新臺幣12元之價格，委託不知情之科技有限公司負責人徐小明重製「我想要變幸福」、「天真可愛」光碟而行使之，以每套100元的價格在網路上販售牟利。

---

15 臺灣台北地方法院96年簡上字第177號判決參照。

主要爭點

日劇之視聽著作，是否屬受我國著作權法所保護之著作物，視聽著作專屬授權之約定為何，在臺灣地區重製、發行日劇著作，未經原公司之同意或授權，擅自重製及散布享有著作財產權之視聽著作，是否違反著作權法規定。

原告提出侵權主張

廠商於市場中發現有違反著作權法之侵權行為時，應即進行必要的蒐證，並啟動相關的司法告訴程序，以避免權益持續受到損害。

一、由授權之廠商代理人正式向司法機關提出告訴，向犯罪地之轄區警察機關、調查機關、地方法院檢察署具名提出告訴，依法製作檢舉筆錄，俾司法機關進行偵查。

二、光碟授權證明文件，授權公司與原廠簽訂之錄影帶授權合約書英文版及中文版、原產地證明、經駐日辦事處簽證章、獨家總代理合約書及錄影節目審查合格證明書等資料。

三、蒐集違反著作權法公司之訂購單、公司出貨單、不實之公司授權證明書、統一發票等資料。

四、被重製光碟之獨家授權合約書英文版及中文版、駐日辦事處簽證章、證明書、原產地證明。

五、司法機關依法執行搜索扣押之扣押物品清單、扣押物品目錄。

六、涉嫌侵權公司之銷貨明細分析、搜索之現場照片。

七、侵權公司基本資料查詢，經濟部光碟聯合查核小組提供之光碟廠商資料。

八、提出告訴時提供侵權盜版影音光碟照片，具授權代理公司之營利事業登記證及亞東關係交流協會認證之在臺專有權利之書面契約及原產地證明書。

被告防禦抗辯攻防

一、日本電視劇之視聽著作，不受我國著作權法所保護之著作物範圍。

二、日本電視劇之視聽著作光碟，僅作為自己及親友觀賞之用，並無任何販售之行為。

結論

行為人未經授權同意，違反著作權法第91條第2項之意圖銷售而擅自以重製於光碟之方法侵害他人之著作財產權罪、刑法第216條、第210條之行使偽造私文書罪。意圖散布而持有明知係侵害著作財產權之光碟重製物、明知係侵害著作財產權之光碟重製物而散布之低度行為分別為散布、非法重製之高度行為所吸收。又偽造私文書，並持以行使，其偽造私文書之低度行為應為行使偽造私文書之高度行為所吸收，不另論罪。利用不知情之人重製盜版光碟，其為間接正犯。

相關法條

著作權法第91條

擅自以重製之方法侵害他人之著作財產權者，處三年以下有期徒刑、拘役，或科或併科新臺幣75萬元以下罰金。

意圖銷售或出租而擅自以重製之方法侵害他人之著作財產權者，處六月以上五年以下有期徒刑，得併科新臺幣20萬元以上200萬元以下罰金。

以重製於光碟之方法犯前項之罪者，處六月以上五年以下有期徒刑，得併科新臺幣50萬元以上500萬元以下罰金。

著作僅供個人參考或合理使用者，不構成著作權侵害。

刑法第210條

偽造、變造私文書，足以生損害於公眾或他人者，處五年以下有期徒刑。

刑法第216條

行使第210條至第215條之文書者，依偽造、變造文書或登載不實事項或使登載不實事項之規定處斷。

6-4-3　電腦與人腦

案情概要：徐大明係科技股份有限公司之負責人，明知「MS Windows 95」、「MS Windows 98 Sec」、「MS Word 97 SR-1」等電腦程式著作為美商微軟公司享有著作權之電腦程式著作，與受雇科技公司之電腦工程師，共同基於意圖銷售、營利之犯意，於銷售電腦硬體設備時，應客戶之要求，未經上開著作權人之同意或授權，連續在科技公司門市部，擅自重製侵害前開著作權人享有著作權之電腦程式著作光碟，並安裝於電腦硬碟中，明知灌有擅自重製著作之電腦硬體設備為侵害著作權之物，意圖營利而交付予不特定之人。

主要爭點

行為人意圖營利，利用業務上之機會，未經著作權人的同意或授權，重製侵害著作權人享有著作權之電腦程式著作，是否違反著作權法規定。

原告提出侵權主張

著作權受到侵權，應即進行蒐證，並依法向司法機關提出告訴，以避免侵權行為繼續擴大，提出之侵權主張如下：

一、微軟公司可逕行向科技公司購買電腦，以初步舉證廠商有擅自重製著作之電腦設備而侵害著作權。

二、科技公司安裝於客戶非法軟體電腦程式著作之紀錄。

三、微軟公司銷售之軟體產品即電腦程式著作，在每套軟體使用者合約書上均會載明一份使用軟體安裝於一台電腦上，而每套軟體上有一組金鑰（一組數字組合），軟體安裝於電腦上時，必須輸入金鑰，電腦本身就會產生一列序號（四組數字），假如同一個軟體金鑰輸入不同電腦時，均會產生序號前面三組號碼相同，第四組數字未必相同，可資辨別。

被告防禦抗辯攻防

一、科技公司所有電腦軟體都有合法版權，爭議之光碟片係公司幹部所有，與公司無涉。

二、提出科技公司購買合法軟體之統一發票，證明公司所擁有之電腦軟體均屬合法。

三、與客戶交易之買賣合約書，確認公司銷售予客戶之產品，均具有合法電腦軟體之商品。

結論

行為人本身即為電腦科技專業人員，明知電腦程式著作為他人專屬所有，與受雇科技公司之電腦工程師，共同基於不法銷售之意圖、營利，於銷售電腦設備時，未經著作權人之同意或授權，擅自重製侵害著作權人享有著作權之電腦程式著作光碟，並安裝於電腦硬碟中，意圖營利而交付予不特定之人，涉嫌違反著作權法第87條、第91條之規定。

相關法條

著作權法第87條

有下列情形之一者，除本法另有規定外，視為侵害著作權或製版權：

一、以侵害著作人名譽之方法利用其著作者。

二、明知為侵害製版權之物而散布或意圖散布而公開陳列或持有者。

三、輸入未經著作財產權人或製版權人授權重製之重製物或製版物者。

四、未經著作財產權人同意而輸入著作原件或其重製物者。

五、以侵害電腦程式著作財產權之重製物作為營業之使用者。

六、明知為侵害著作財產權之物而以移轉所有權或出租以外之方式散布者，或明知為侵害著作財產權之物，意圖散布而公開陳列或持有者。

七、未經著作財產權人同意或授權，意圖供公眾透過網路公開傳輸或重製他人著作，侵害著作財產權，對公眾提供可公開傳輸或重製著作之電腦程式或其他技術，而受有利益者。

前項第7款之行為人，採取廣告或其他積極措施，教唆、誘使、煽惑、說服公眾利用電腦程式或其他技術侵害著作財產權者，為具備該款之意圖。

著作權法第91條

擅自以重製之方法侵害他人之著作財產權者，處三年以下有期徒刑、拘役，或科或併科新臺幣75萬元以下罰金。

意圖銷售或出租而擅自以重製之方法侵害他人之著作財產權者，處六月以上五年以下有期徒刑，得併科新臺幣20萬元以上200萬元以下罰金。

以重製於光碟之方法犯前項之罪者，處六月以上五年以下有期徒刑，得併科新臺幣50萬元以上500萬元以下罰金。

著作僅供個人參考或合理使用者，不構成著作權侵害。

著作權法第93條

有下列情形之一者，處二年以下有期徒刑、拘役，或科或併科新臺幣50萬元以下罰金：

一、侵害第15條至第17條規定之著作人格權者。

二、違反第70條規定者。

三、以第87條第1項第1款、第3款、第5款或第6款方法之一侵害他人之著作權者。但第91條之1第2項及第3項規定情形，不在此限。

四、違反第87條第1項第7款規定者。

最高法院88年度臺非字第35號判決

所進行訴訟之代理人是否合法代理，授與代理權者是否有權代表法人、公司為訴訟，因屬私法性質，仍應依其適用之準據法定之。因之美國公司在我國所進行之訴訟，有關其公司是否成立享有法人人格、公司之組織、權限及公司之行為能力、責任能力等，仍應依美國之本國公司法或其他法律定之。

6-4-4　一帆風順[16]

案情概要：徐大明係「順意家股份有限公司」之負責人，「彌勒佛」及「帆船」等圖樣，係徐小明股份有限公司享有著作權之美術著作。而徐大明在明知非經徐小明公司之同意或授權下，不得擅自重製、散布。徐大明意圖營利，委由不知情第三人，擅自重製「彌勒佛」及「帆船」等圖樣之紙雕，而以重製之方法侵害享有著作權公司之著作財產權，並自重製之日起，基於營利之目的，以每件新臺幣700元之價格，連續販售予不特定之人，而以移轉所有權之方法散布其重製物，以此方法侵害享有著作權公司之著作財產權。

主要爭點

「彌勒佛」、「一帆風順」之圖樣紙雕產品，在一般市面上早已普遍流傳，任何人都可以在網路、雜誌上輕易了解取得相關圖樣，其是否具有美術著作中最重要之「原創性」要件，行為人在網路上搜尋所得之「彌勒佛」、「帆船」等圖樣予以運用，是否違反著作權法規定。

原告提出侵權主張

一、提出畫作原創人之原始圖樣，並於法院準備程序中提出原創圖樣進行比對，並要求記明筆錄佐證。確認畫作確係原作人設計構思創作而成，並非抄襲或複製他人之著作。

二、著作權所保護之著作係專指屬於文學、科學、藝術或其他學術創作範圍之創作，雖然其特徵係以具備創新及獨立為其本質，所謂原創性，指著作必須係由著作人自己完成，而非自他人著作抄襲而來，並不要求新穎性，縱然有所雷同，亦無礙於著作之成立。

三、系爭圖案之題材、構圖、要素均係作者獨立思考組合而成，並已運用己身智慧巧思併同心靈技巧呈現其創作之結果，獨創性雖不高，但仍

---

16 臺灣板橋地方法院94年訴字第452號判決參照。

具有創新、獨立之特性。

四、將圖案送由專業認證單位鑑定，證明作品確為作者所獨創，以符合「原創」之定義，為著作權所保護之著作。

五、圖案內題字書款，文辭均為一致，足以證明系爭商品確係重製而來，自有侵權之事實。

六、以放大鏡檢視系爭圖樣細部人物，證明細部網點完全一致，則難掩仿作之事實。

七、侵權公司以經營商品為專業，對於所有圖樣之權利取得自應謹慎，且當然知悉有關著作財產之保護。

八、侵權公司販售產品之銷貨憑單，證明其意圖營利重製圖樣，並連續以移轉所有權散布重製物。

被告防禦抗辯攻防

一、公司生產之「彌勒佛」、「帆船」圖樣紙雕產品，該二圖樣已在一般市面所流傳廣見，任何人均可在網路上、市面上輕易取得相類圖樣。

二、「彌勒佛」、「帆船」等圖樣，為具體描繪實物之中外常見畫作，顯不具美術著作中最重要之「原創性」要件。著作人須將內心的思想、情感、生活經驗，藉由繪畫之方式表現在外，足以表現出著作人的個性與獨特性，才能具有原創性。

三、公司係委託友人購買獲得系爭圖樣，並非直接使用註冊之二圖樣，比對兩者圖樣並非完全一樣，以資證明。

四、「彌勒佛」、「帆船」圖樣係甚為普及平常之畫作，致未查證是否已有人註冊，並無侵害他人著作權之故意。「彌勒佛」、「帆船」圖樣，依一般人通常經驗，可輕易了解並非從未出現之創作，不具享有著作權之保護。

五、觀念思想之抄襲，並不受著作權之保護，凡具有原創性之人類精神上之創作，已達足以表現作者之個性及獨特之程度者，非抄襲或複製他人之著作，縱二者著作相同或極為相似，因二者均屬創作，自皆屬著作權法上之著作。

結語

　　行為人所為，涉嫌觸犯著作權法第91條第1項意圖營利而重製之方法侵害他人著作財產權罪，利用不知情之第三人印製告訴人之著作，為間接正犯。

相關法條

著作權法第91條

　　擅自以重製之方法侵害他人之著作財產權者，處三年以下有期徒刑、拘役，或科或併科新臺幣75萬元以下罰金。

　　意圖銷售或出租而擅自以重製之方法侵害他人之著作財產權者，處六月以上五年以下有期徒刑，得併科新臺幣20萬元以上200萬元以下罰金。

　　以重製於光碟之方法犯前項之罪者，處六月以上五年以下有期徒刑，得併科新臺幣50萬元以上500萬元以下罰金。

　　著作僅供個人參考或合理使用者，不構成著作權侵害。

著作權法第101條

　　法人之代表人、法人或自然人之代理人、受雇人或其他從業人員，因執行業務，犯第91條至第93條、第95條至第96條之1之罪者，除依各該條規定處罰其行為人外，對該法人或自然人亦科各該條之罰金。

　　對前項行為人、法人或自然人之一方告訴或撤回告訴者，其效力及於他方。

最高法院85年臺上字第5203號判決意旨

　　著作權所保護之著作係專指屬於文學、科學、藝術或其他學術創作範圍之創作，雖然其特徵係以具備創新及獨立為其本質，所謂原創性，指著作必須係由著作人自己完成，而非自他人著作抄襲而來，並不要求新穎性，即使英雄所見略同，亦無礙於著作之成立，而創作性採所謂美學不歧視原則，只要具有最起碼之創作性，即有資格成為一個著作，受著作權之

保護，不需將著作之品質列入考量，是凡具有原創性之人類精神上之創作，且已達足以表現作者之個性及獨立之程度，即享有著作權。

6-4-5 電腦燒賣[17]

案情概要：徐大明明知具有著作權之各種電腦軟體程式，均為他人享有著作財產權之電腦程式著作，其財產權屬著作財產權人所有，未經該著作財產權人之同意或授權，不得擅自重製及散布，其基於侵害著作財產權人著作財產權之犯意，以其申設之寬頻網路及其所有之電腦主機、筆記型電腦、燒錄機等電腦週邊配備為工具，在其住居處內，藉由電腦設備，透過網際網路，自大陸地區網站中，下載已遭他人破解之軟體程式，或自不詳管道購入他人擅自重製之軟體程式光碟等方式，取得各種軟體程式後，再以電腦設備及燒錄機，將取得之軟體程式燒錄在空白光碟片上，而擅自重製各種軟體程式光碟，並在網路上架設「CAD／CAM軟體網」網站刊登以販賣軟體程式光碟為內容之廣告，並以電子郵件信箱地址做為聯絡方式，待顧客透過上開電子郵件信箱與其聯絡後，再將重製之軟體光碟出售予不特定顧客。

主要爭點

以網際網路自境外或大陸地區網站中，下載已遭他人破解之軟體程式，以電腦設備及燒錄機，將取得之軟體程式燒錄在空白光碟片上，擅自重製各種軟體程式光碟販售，行為人是否違反著作權法。

原告提出侵權主張

以電腦設備透過網際網路，侵害他人之電腦軟體著作權，為取得涉嫌不法事證，必須透過司法機關之強制處分進行搜索取證，因此依法向司法機關提出檢舉，以利後續之偵查及證據取得。

---

17 臺灣桃園地方法院94年訴字第2383號判決參照。

一、向司法機關提出檢舉，由司法警察依法持搜索票進行搜索取證。

二、查扣供犯罪所用之筆記型電腦、電腦設備（包含螢幕、主機、鍵盤、內接式燒錄機、滑鼠）、電腦主機、外接式燒錄機、硬碟及盜版軟體程式光碟軟體。

三、與客戶往來交易之銀行帳號存摺及資金往來詳細資料，郵局有關之郵寄包裹資料紀錄。

四、相關客戶透過網路購買電腦軟體之陳述證詞。

五、為販售電腦軟體所架設之「CAD／CAM軟體網」，網頁列印資料及由科技公司出具鑑定報告，證明販售不法軟體事證。

六、電腦軟體程式之原始著作財產權，外國著作權登記證書暨有關之著作權聲明書。

七、重製、販售之電腦軟體程式，為特殊專業軟體，在業界具有實際用途之性質，顯有蓄意蒐集重製之意圖。

八、利用架設網站，在網路上公然販售重製之電腦軟體，顯係以重製、販賣盜拷電腦軟體程式為生，有為營利販售之嫌。

被告防禦抗辯攻防

一、擁有之電腦軟體為個人收藏之用，並無作為販賣之用，所販賣的電腦軟體都明確的標示，且在個人網站上均可查詢，無侵害任何著作權犯意。

二、與客戶往來交易之銀行帳號存摺及資金往來詳細資料、郵寄包裹、掛號執據均無法證明與重製電腦軟體有關。

結語

行為人意圖銷售而擅自以重製於光碟之方法侵害他人之著作財產權，係犯著作權法第91條之1第3項之以犯明知係侵害著作財產權之光碟重製物而散布之罪為常業罪。侵害著作財產權之光碟重製物，意圖散布，而持有上開光碟重製物之低度行為，為散布之高度行為所吸收，不另論罪。行為人係出於單一犯意，為實質上一罪，行為人雖同時侵害多數著作財產權人之著作財產權，無想像競合犯之適用。

相關法條

著作權法第91條

擅自以重製之方法侵害他人之著作財產權者，處三年以下有期徒刑、拘役，或科或併科新臺幣75萬元以下罰金。

意圖銷售或出租而擅自以重製之方法侵害他人之著作財產權者，處六月以上五年以下有期徒刑，得併科新臺幣20萬元以上200萬元以下罰金。

以重製於光碟之方法犯前項之罪者，處六月以上五年以下有期徒刑，得併科新臺幣50萬元以上500萬元以下罰金。

著作僅供個人參考或合理使用者，不構成著作權侵害。

著作權法第91條之1

擅自以移轉所有權之方法散布著作原件或其重製物而侵害他人之著作財產權者，處三年以下有期徒刑、拘役，或科或併科新臺幣50萬元以下罰金。

明知係侵害著作財產權之重製物而散布或意圖散布而公開陳列或持有者，處三年以下有期徒刑，得併科新臺幣7萬元以上75萬元以下罰金。

犯前項之罪，其重製物為光碟者，處六月以上三年以下有期徒刑，得併科新臺幣20萬元以上200萬元以下罰金。但違反第87條第4款規定輸入之光碟，不在此限。

犯前二項之罪，經供出其物品來源，因而破獲者，得減輕其刑。

第五輯 商標法

人類的行為是社會化學習的結果，觀察模仿是重要的學習歷程。模仿可以縮短學習的過程，快速獲得學習的成果。仿冒商標雖然也是學習的過程，但涉及侵權行為，這種學習則必須審慎為之。

6-5-1 拜金名牌[18]

案情概要：徐大明係皮件行之實際負責人，為從事販賣知名品牌圍巾、披巾、領帶等皮件商品為業之人，明知「BURBERRY」及其圖樣之商標圖、文，係英商布拜里公司向經濟部智慧財產局申請核准在案之商標，指定使用於披肩、圍巾、領巾及領帶等之一切商品，仍在商標專用權期間內而受我國商標法保護，且該等商標圖樣之商品，在國際間已行銷有年，已為相關大眾所共知，任何人未經該等商標專用權人之同意或授權，不得於同一商品，使用相同於此等註冊商標之商品，將此等商品陳列及販賣。基於販賣營利之犯意，陸續以不詳價格，自不詳管道予以販入，並與購物百貨股份有限公司簽訂商品寄售契約書，伺機藉由購物頻道將仿冒商品公開販售，供不特定之消費者選購。

主要爭點

如何證明行為人明知「BURBERRY」其圖樣之商標圖、文，仍在商標專用權期間內而受我國商標法保護，且已為相關大眾所共知，舉證行為

---

18 臺灣臺中地方法院96年易字第4446號判決書參照。

人販售仿品的具體事實及主觀犯意。

原告提出侵權主張

一、聲明有關真仿品勘驗所須比對之商品相關製造方法、設計或其他可用於生產、銷售或經營之資訊等內容，均乃告訴公司之營業秘密等，主張審理過程中因比對真仿品，告訴人方面所須揭露之商品防偽措施，均乃屬於告訴人之營業秘密。請求法院以不公開審理程序，並限制相關閱覽訴訟證據資料，以避免營業秘密因訴訟而被揭露。

二、提出經濟部智慧財產局商標資料檢索，證明系爭圖樣之商標圖、文，係告訴人向經濟部智慧財產局申請核准在案之商標，指定使用於披肩、圍巾、領巾及領帶等之一切商品，仍在商標專用權期間內而受我國商標法保護之事實。任何人未經該等商標專用權人之同意或授權，不得於同一商品，使用相同於此等註冊商標之商品，或將此等商品陳列及販賣。

三、由代理國外公司在臺灣的告訴代理人、鑑定人對被侵權商品進行鑑定。

四、侵權公司與購物頻道簽訂之商品寄售契約書，以證明伺機藉由購物頻道將商品公開販售，供不特定之消費者選購之事實。

五、侵權之公司本身經營皮件行，為具經驗之商業從業人員，當有能力辨別仿冒商品，對於意圖販售之商品，顯無不能辨別之理，卻仍執意予以販入，並與購物公司簽約伺機販售，確有販賣仿冒商標商品以營利之意圖。

被告防禦抗辯攻防

一、所販售之商品，均為本人，或委由友人自國外帶回，均係合法平行輸入之真品，並無仿冒商標之犯意。

二、商品原本即要交由電視購物公司在該所屬頻道上銷售，若係仿冒商品，購物公司亦不會接受，個人經營之皮件行甚具規模，並無必要販賣仿冒商品。

三、提出公司海外購物發票、收據、進口報單、發票、完稅證明、銷貨明細等，佐證有自海外平行輸入告訴人商標商品之事實。

結語

　　行為人明知未得商標權人同意，於同一商品使用相同之註冊商標商品而販賣，違反商標法第82條之罪。其意圖營利，多次為販賣仿冒商標商品之行為，是在密集期間內，以相同的方式持續進行，未曾間斷，具有反覆、延續實行之特徵，在行為概念上，雖屬多次反覆為之，應評價認為是為包括一罪之集合犯。

相關法條

商標法第82條

　　明知為前條商品而販賣、意圖販賣而陳列、輸出或輸入者，處一年以下有期徒刑、拘役或科或併科新臺幣5萬元以下罰金。

最高法院95年度臺上字第1079號判決

　　刑事法若干犯罪行為態樣，本質上原具有反覆、延續實行之特徵，立法時既予特別歸類，定為犯罪構成要件之行為要素，則行為人基於概括之犯意，在密切接近之一定時、地持續實行之複次行為，倘依社會通念，於客觀上認為符合一個反覆、延續性之行為觀念者，於刑法評價上，即應僅成立一罪，俾免有重複評價、刑度超過罪責與不法內涵之疑慮；學理上所稱「集合犯」之職業性、營業性或收集性等具有重複特質之犯罪均屬之，例如經營、從事業務、收集、販賣、製造、散布等行為概念者是。

6-5-2　為名牌賭性命[19]

案情概要：徐大明係國際精品店之負責人，明知「FENDI」、「GUCCI」、「GG」、「PRADA」暨其商標圖樣是義大利商芬蒂艾德有限公司、義大利商固喜歡固喜公司、盧森堡商普瑞得有限公司分別依法向

---

19 臺灣臺南地方法院97年易字第1395號判決參照。

我國經濟部智慧財產局申請註冊登記，經核准取得指定使用於手提包、手提箱袋、皮夾、金屬錢包、手提袋、帽子、腰帶、圍巾等商品之商標專用權，現仍於商標專用期間內。且專用權人所生產製造使用上開商標圖樣之商品，在國際及國內市場均行銷多年，具有相當之聲譽，為業者及一般消費大眾所熟知，屬相關大眾所共知之商標及商品。徐大明利用個人電腦主機暨網路相關設備連結雅虎奇摩拍賣網站，張貼其向徐小明購得於同一或類似商品使用相同於上述註冊商標圖樣之「GUCCI」手提包、小手提包、銀飾品手鍊、鑰匙包、領帶、皮夾、皮帶、「PRADA」鑰匙圈、「FENDI」手提包照片及拍賣出售之訊息，供不特定人上網競標選購，得標之人匯款至銀行個人號帳戶後，再將商品寄送與客戶，以此方式販賣牟利。

主要爭點

　　行為人利用電腦網路設備連結雅虎奇摩拍賣網站，提供出售名牌手提包、小手提包之訊息，供不特定人上網競標選購，販賣牟利，如何證明名牌包是仿冒品，行為人又是否明知所販售的商品是仿冒品，以判斷是否涉及違反商標法規定。

原告提出侵權主張

　　一、提出鑑定證人鑑定之證述及委任鑑定聲明書。

　　二、司法機關執行搜索之搜索及扣押筆錄、扣押物品目錄表及扣押物品之照片及公司現場照片。

　　三、經濟部智慧財產局商標檢索資料。

　　四、雅虎奇摩拍賣網站網頁列印資料、拍賣帳號申請人年籍資料、IP位址查詢資料。

　　五、自動櫃員機交易明細表、貨款交易之銀行帳戶明細資料、寄帳地址查詢資料、宅急便託運單。

　　六、當地縣市政府登記之營利事業登記證。

被告防禦抗辯攻防

一、提出發票、進口報單、完稅證明、銷貨明細資料影本，證明販入之合法行為及無侵犯商標法之明知犯意。

二、告訴人提出之證據，僅能證明當事人向徐小明所購入，無法證明賣出之商品，係屬仿冒之商品，無法證明其主觀上有「明知」仿冒商品之情事。

三、請鑑定人當場進行鑑定，以了解其鑑定之正確性，證明難期不具專業鑑識能力之販賣當事人，能輕易分辨其真偽，「明知」係仿冒品。

四、所販售之商品，均係向徐小明所購，而有國外報關進口之商品，且販入之價格，就平行輸入之商品性質而言，商品服飾、皮件等商品，亦易因材質差異、出廠年份久遠、折舊等因素，出現較大之議價空間或折扣，價格並無過低之情事。

五、提出原廠在臺代理商證明，在臺灣地區內、外銷售之包包、皮夾、鑰匙包、皮帶、帽子、領帶、首飾等商品時，不會隨附具原廠保證卡予購買客戶之證明，無法證明購入者有「明知」仿冒之商品之行為。

結語

原告提出之證據，若僅能證明被告所販售之商品，係屬仿冒之商品，而無法證明其主觀上有「明知」其係仿冒商品之情事，即無法證明被告「明知」未得商標權人同意於同一商品使用相同之註冊商標之商品，而販賣之犯罪事實，所舉證據無法達於使法院確信為真實程度，而有合理懷疑存在時，應認被告之犯罪不能證明。

相關法條

商標法第82條

明知為前條商品而販賣、意圖販賣而陳列、輸出或輸入者，處一年以下有期徒刑、拘役或科或併科新臺幣5萬元以下罰金。

最高法院40年臺上字第86號判例

　　如未能發現相當證據，或證據不足以證明，自不能以推測或擬制之方法，以為裁判基礎。

　　最高法院76年臺上字第4986號判例、91年度臺上字第5597號、92年度臺上字第128號、第711號判決意旨，證據之證明力必須達於使法院確信起訴之犯罪事實為真實程度，倘其所提出之證據，不足為被告有罪之積極證明，或其闡明之證明方法，無從說服法官以形成被告有罪之心證，而有合理懷疑存在者，基於無罪推定之原則，即應為被告無罪判決之諭知。

6-5-3　凡影印必留下痕跡[20]

案情概要：徐大明為科技股份有限公司實際負責人，其與倉管人員，均明知「hp及圖」之商標圖樣，係美商惠普開發公司向我國經濟部智慧財產局申請註冊，並取得指定使用於影印機用油墨、影印機用碳粉、印刷油墨、列表機用墨水、列表機用碳粉等商品之商標權，現仍在商標期限內，未經美商惠普開發公司之同意或授權，不得於同一商品或服務，使用上開「hp及圖」商標圖樣。自大陸地區輸入有「hp及圖」商標之碳粉匣，再以低於市價之價格，販售予下游廠商。涉嫌犯商標法第82條之明知為未得商標權人同意，於同一商品使用相同之註冊商標之商品而販賣、意圖販賣而陳列、輸入罪嫌。

主要爭點

　　科技公司向廠商購買「hp」型號碳粉匣，是否明知為特定廠商之商標權產品，其依客戶需求，經重新包裝，直接依型號將原來包裝之貨品寄發售給一般客戶，如果發生侵害商標行為，是科技廠商之責任或係原出貨廠商應該要負責，必須釐清，以明責任。

---

20 智慧財產法院98年刑智上易字第48號判決參照。

原告提出侵權主張

一、於商場中發現商標被侵權情事，向司法機關提出檢舉，請求依法偵辦，進一步蒐取不法事證。

二、提出hp之鑑定證明書、公司「hp」碳粉匣之進貨單、銷售托運單、出貨單、營利事業登記、進口報單等資料。

三、以取證方式購買仿冒「hp」商標之碳粉匣，證明有販售之事實。

四、市售之包裝盒、貼紙、產品材質、配件均與原廠不同，並非屬原廠回收碳粉匣，而係來源不明、非原廠所出產，貼有仿冒原廠標籤之仿冒品，進口報單上亦有載明「hp」圖樣，環保回收品不能載明原廠「hp」字樣等語。

被告防禦抗辯攻防

一、並無違反商標法之犯意，「hp」型號的碳粉匣是向大陸廠商進口，進口名義是環保碳粉匣，進口包裝是空白牛皮紙包裝方式沒有任何字樣，裡面的產品也是用黑色塑膠袋封死，公司未拆封、檢驗，依客戶要求直接依型號寄送以原來的包裝出貨給下游廠商，未向客戶表示是惠普公司原廠的。進口報單有「hp」字樣是因為要表示那種型號的碳粉匣，才能確認進口的貨物是其所要的東西，且進口報單上對進口產品有載明remanufactured環保回收的東西，如果是仿冒品，出貨廠商應負責。

二、公司賣給下游廠商的商品都是環保產品，因此未作檢驗的動作，並無任何違法的意圖。採購時都是採購環保碳粉匣，從大陸直接以環保的採購名義進口到臺灣，再賣給下游廠商，未拆封，亦未再行包裝，無從了解環保碳粉匣上有「hp」字樣。

三、不知是「hp」廠牌之碳粉匣而販售，標明「hp」是要讓消費者知道碳粉匣適用何廠牌型號之印表機。進口之價格與銷售價格均十分微薄，不可能為了幾百元去賣仿冒品。

四、出貨給廠商之出貨單，品名僅記載型號，未記載任何「hp」字樣，出貨直接依型號寄送，並未使用「hp」商標銷售碳粉匣，無明知之犯意。

結語

商標法第82條規定,是以行為人以「明知」為侵害他人商標專用商品,而仍販賣,意圖販賣而陳列,或輸入為其構成要件。

行為人除須在客觀上有販賣、意圖販賣之行為外,就其所販賣、意圖販賣仿冒商標商品,在主觀上必須有直接故意始能成立犯罪。

直接故意指行為人對販賣仿冒商品之事實,明知並有意使其發生,如果行為人對構成犯罪之事實,在主觀之心態上,僅有所預見,消極的放任犯罪事實發生者,屬間接故意,則非本罪欲規範處罰之對象。

販賣使用相同於他人註冊商標商品之行為,不以該商標出自行為人之擅自仿冒者為限,只要使用之商標圖樣與註冊商標相同即可成立。

真品碳粉匣若附有原商標之標識,而碳粉使用完畢之真品碳粉匣,經第三人回收填充欲加以行銷時,因該商品已與真品品質有別,基於保障消費者權益及維護市場公平競爭,第三人即負有將商標除去之義務,第三人若明知其未將商標除去,應構成商標法第82條之罪,然仍以該第三人「明知」為要件。行為人若非明知碳粉匣上有hp商標,而加以販賣,意圖販賣,其疏忽未將原廠hp商標加以除去而有所過失,仍不該當於商標法第82條之主觀要件。

相關法條

商標法第82條

明知為前條商品而販賣、意圖販賣而陳列、輸出或輸入者,處一年以下有期徒刑、拘役或科或併科新臺幣5萬元以下罰金。

刑法第13條第2項

行為人對於構成犯罪之事實,預見其發生而其發生並不違背其本意者,以故意論。

商標法第82條規定係以行為人「明知」為侵害他人商標專用權商品而

仍販賣、意圖販賣而陳列或輸入為其構成要件，行為人除須在客觀上有販賣、意圖販賣而陳列或輸入仿冒商標商品之行為以外，就其所販賣、意圖販賣而陳列或輸入者係屬仿冒商標商品，在主觀上須有所「明知」（直接故意），否則仍屬不能成立本條犯罪。設若行為人對構成犯罪之事實，在主觀之心態上，僅係有所預見，而消極的放任或任犯罪事實之發生者（即間接故意），則其仍非本罪所欲規範處罰之對象。

6-5-4　眞假柏克[21]

案情概要：徐大明明知「COMPAQ」商標圖樣係國際知名品牌，且業經美商康柏克電腦公司（下稱康柏克公司）向經濟部智慧財產局申請商標註冊核准，享有商標專用權，需經授權方得使用。其於概括之犯意，明知徐小明所出售使用上述商標圖樣之組裝筆記型電腦，係未經該商標專用權人之同意或授權，竟意圖欺騙他人，向徐小明販入前述康柏克公司零件及其他廠牌零件組裝完成整台電腦後貼上前開商標而販售予不特定之人，圖牟不法利益，侵害他人之智慧財產權益。

主要爭點

行為人向其他科技公司購得電腦成品、半成品，重新翻修中古真品後購入，販售之電腦是經報廢後更換部分零組件改裝製成，電腦上之標示原即存在，此一販售行為，是否涉及商標法第62條處罰規定。

原告提出侵權主張

電腦公司於市場上發現商標被仿冒使用，影響公司之經濟利益，為免權益持續受損害，於初步蒐集事證後，依法向司法機關提出告訴，以保障公司權益，防止侵害擴大，影響公司之信譽。

一、依法訴請司法機關對侵權公司進行搜索之強制處分，俾證據之蒐

---

21 臺灣桃園地方法院90年易字第2084號判決參照。

取，並以非法販售之電腦成品及半成品為查扣主要標的。

二、電腦產品外型與康柏克公司生產之同型電腦相同，並在電腦螢幕上印刷有「COMPAQ」商標，提出公司鑑定報告，證明侵權所販售之電腦係未經合法授權製造之仿冒商標商品。

被告防禦抗辯攻防

一、所販售之電腦成品及半成品均係向其他之科技公司所購得，且電腦係重新翻修之中古真品才予購入，並不清楚電腦係由具有商標權公司報廢之零組件拼湊組裝而成之仿冒品。不符商標法第62條處罰規定，所販賣或意圖販賣而陳列者係仿冒商標商品為必要，行為人並無明知之故意。

二、提出系爭之商標電腦商品係向他人購買之事證，證明電腦並非個人組裝，而是他人購買，且購入之初電腦上即有當事人商標，證明個人無仿冒之事實。

三、所販售之電腦是經報廢後更換部分零組件改裝製成，其使用之零組件均是要銷毀之不良品，而該等零件被認定為不良品時，業已打上康柏之名字等事實，足證購得電腦後並未偽造「COMPAQ」商標，該電腦上之「COMPAQ」標示原即存在等語。

四、原商標權公司區別廢棄電腦或零組件與正常商品所為之顏色油漆位置，是在電腦「內部」之特定部位之情，外觀上並無法看出電腦是以何機種及零件組裝而成。以標示報廢品之顏色油漆，均噴於電腦內部之零組件，購買者亦無法得以知悉該標示之存在，且在一定之零組件上為顏色油漆之標示，客觀上並無法使一般人因此得以知悉該機件為報廢品，無法認定所購得之電腦係未經合法授權生產之情事，因此並無仿冒商標商品而加以販賣或意圖販賣而陳列之犯意。

結語

行為人販售未經原廠公司授權製作之電腦產品雖然屬實，但其取得電腦來源，是經由第三人組裝而成，若無證據證明行為人對於電腦使用的組件來源有所知悉，即缺乏積極證據證明行為人購得電腦之後，另外在電腦上標示特定之「COMPAQ」字樣，而為仿冒商標之行為，即難以認定行

為人有違反商標法之規定。

相關法條

商標法第62條

未得商標權人同意，有下列情形之一者，視為侵害商標權：

一、明知為他人著名之註冊商標而使用相同或近似之商標或以該著名商標中之文字作為自己公司名稱、商號名稱、網域名稱或其他表彰營業主體或來源之標識，致減損著名商標之識別性或信譽者。

二、明知為他人之註冊商標，而以該商標中之文字作為自己公司名稱、商號名稱、網域名稱或其他表彰營業主體或來源之標識，致商品或服務相關消費者混淆誤認者。

商標法第81條

未得商標權人或團體商標權人同意，有下列情形之一者，處三年以下有期徒刑、拘役或科或併科新臺幣20萬元以下罰金：

一、於同一商品或服務，使用相同之註冊商標或團體商標者。

二、於類似之商品或服務，使用相同之註冊商標或團體商標，有致相關消費者混淆誤認之虞者。

三、於同一或類似之商品或服務，使用近似於其註冊商標或團體商標之商標，有致相關消費者混淆誤認之虞者。

商標法第82條

明知為前條商品而販賣、意圖販賣而陳列、輸出或輸入者，處一年以下有期徒刑、拘役或科或併科新臺幣5萬元以下罰金。

第六輯　偽造文書罪

　　說一個謊言，往往要更多的謊言來圓謊，終究紙將包不住火。行為的決定，往往必須審慎地做後果評估，只要理性的思考，利益與風險的思考，就可明白，是否要為目前微小的利益，而在不確定的未來，付出官司纏訟的嚴重後果。

6-6-1　稅不稅有關係[22]

案情概要：徐大明為科技股份有限公司董事，乃公司法上之公司負責人，亦為商業會計法上所稱之商業負責人，為從事業務之人，製作各類所得扣繳暨免扣繳憑單、薪資簽收支領紀錄為其附隨業務。徐大明知悉徐小明自民國94年7月至同年11月止並未在其科技公司任職，亦未領取報酬。徐大明為浮列員工薪資以增加營業成本，竟行使偽造私文書、行使業務上登載不實文書及逃漏稅捐之犯意，利用不知情之刻印人員偽刻徐小明之印章1枚後，製作徐小明於94年度7月至12月，分別領取薪資45,000元、50,000元、50,000元、50,000元、53,333元、70,000元（共計318,333元）之屬私文書、原始會計憑證性質之薪資簽收支領紀錄，再列為94年度營業成本，據以填製94年度各類所得扣繳暨免扣繳憑單，申報科技公司94年度營利事業所得稅而據以行使，以此不正當方法逃漏科技公司該年度營利事業所得稅71,659元，足以生損害於稅捐機關稅捐核課之正確性。

22 臺灣台北地方法院97年簡字第2822號判決書參照。

主要爭點

行為人利用人頭浮報薪資，增加公司營業成本，意圖逃漏公司年度營利事業所得稅捐，如何舉證被利用之人頭在被浮報期間，真正從事的行業，以證明公司之浮報薪資行為。

原告提出侵權主張

徐小明被利用作為虛報薪資人頭，個人無端多出年度之綜合所得收入，已損害個人之權益，應即提出侵權主張。

一、向司法機關提出具名檢舉，舉發科技公司利用人頭，虛偽浮報薪資所得，涉嫌逃漏稅捐。

二、調閱比對財政部國稅局94年度綜合所得稅核定通知書、勞工保險被保險人投保資料表、個人薪資所得轉帳資料明細。

三、財政部國稅局稽徵所營利事業所得稅結算申報資料、各類所得扣繳暨免扣繳憑單、薪資簽收支領紀錄。

四、科技公司基本工商登記資料。

被告防禦抗辯攻防

一、公司係依照實際狀況申報員工薪資所得，當事人確於公司任職。如果當事人未於公司任職，公司將無法取得其個人資料。

二、公司無任何逃漏稅情事，當事人並無領取雙重所得或在同一時間於二家公司任職之情形，並無浮列員工薪資，藉以增加營業成本，逃漏稅捐之情事。

結語

行為人以人頭浮報薪資，虛增公司營業成本，係觸犯刑法第216條、第210條行使偽造私文書罪、商業會計法第71條第1款之填製不實會計憑證罪。所得扣繳暨免扣繳憑單部分，則違反刑法第216條、第215條之行使業務上登載不實文書罪，及稅捐稽徵法第47條第1項第1款、第41條之公司負責人以不正當方法逃漏稅捐之罪。

行為人偽造私文書、業務上登載不實文書之低度行為，應為行使該

偽造私文書、業務上登載不實文書之高度行為吸收，亦不另論罪。行為人基於為公司逃漏稅捐之目的，基於同一犯意，接續填製不實之薪資支領紀錄，屬接續犯。

相關法條

刑法第210條

　　偽造、變造私文書，足以生損害於公眾或他人者，處5年以下有期徒刑。

刑法第215條

　　從事業務之人，明知為不實之事項，而登載於其業務上作成之文書，足以生損害於公眾或他人者，處3年以下有期徒刑、拘役或5百元以下罰金。

刑法第216條

　　行使第210條至第215條之文書者，依偽造、變造文書或登載不實事項或使登載不實事項之規定處斷。

商業會計法第71條

　　商業負責人、主辦及經辦會計人員或依法受託代他人處理會計事務之人員有下列情事之一者，處五年以下有期徒刑、拘役或科或併科新臺幣60萬元以下罰金：

　　一、以明知為不實之事項，而填製會計憑證或記入帳冊。
　　二、故意使應保存之會計憑證、會計帳簿報表滅失毀損。
　　三、偽造或變造會計憑證、會計帳簿報表內容或毀損其頁數。
　　四、故意遺漏會計事項不為記錄，致使財務報表發生不實之結果。
　　五、其他利用不正當方法，致使會計事項或財務報表發生不實之結果。

稅捐稽徵法第47條

本法關於納稅義務人、扣繳義務人及代徵人應處徒刑之規定,於下列之人適用之:

一、公司法規定之公司負責人。

二、民法或其他法律規定對外代表法人之董事或理事。

三、商業登記法規定之商業負責人。

四、其他非法人團體之代表人或管理人。

前項規定之人與實際負責業務之人不同時,以實際負責業務之人為準。

稅捐稽徵法第41條

納稅義務人以詐術或其他不正當方法逃漏稅捐者,處5年以下有期徒刑、拘役或科或併科新台幣6萬元以下罰金。

6-6-2 不給錢就給我稅[23]

案情概要:徐大明是科技公司負責人,明知員工徐小明僅在科技公司領取薪資20萬元,並非60萬元,徐大明因於報稅前一、二日始得知徐小明部分亦要報稅否則會遭受處罰,即基於行使業務上登載不實文書之犯意,向會計師表示徐小明在科技公司共領取60萬元薪資之不實內容,委託利用不知情之會計師於徐大明業務上所附隨製作之科技公司給付徐小明所得扣繳憑單上,虛列徐小明於93年間,在該公司總計領取薪資共60萬元,並據以填製業務上所製作之科技公司93年度各類所得扣繳暨免扣繳憑單申報書,進而將該不實之薪資金額虛列為科技公司之薪資支出,再連同不實之給付徐小明所得扣繳憑單,持向財政部國稅局報稅而行使,足以生損害於徐小明與稅捐稽徵機關徵稅之正確及公平性。

---

23 臺灣桃園地方法院95年桃簡字第2012號判決參照。

主要爭點

　　科技公司員工在任職期間，實際薪資所得與公司所核發的年度各類所得扣繳憑單上所載的所得金額不同。應辨明員工確實的任職期間，被浮報薪資者在該段期間內，是否另任他職，或有關人員可以舉證，員工在該期間內的真正身分。

原告提出侵權主張

　　個人被利用當人頭作為申報不實薪資，不僅影響個人所得稅申報之正確性，亦可能衍生於申請各項社會福利時發生資格不符之情形，因此個人所得之正確性甚為重要，為求更正必須向稅捐機關或司法機關提出告訴，以求正確。

　　一、提出報案紀錄，或至司法機關提出告訴之相關資料。

　　二、提出個人任職於科技公司之確切時間、任職時之履歷資料及被虛報期間個人真正領取之薪資轉帳資料。

　　三、提供個人之當年度綜合所得稅結算申報所得資料。

被告防禦抗辯攻防

　　一、科技公司係依規定，發給員工實際薪資，並稽實製作個人年度所得扣繳憑單，無虛列個人薪資所得情事。

　　二、公司委由具合法證照之會計師辦理稅捐之申報，完全符合法定程序，並無損害於當事人或稅捐稽徵機關徵稅之正確及公平性。

結語

　　營利事業填報扣繳憑單，是附隨業務而製作，屬業務上所掌之文書。扣繳憑單內容如有不實，而足生損害於公眾或他人，即係犯業務上登載不實文書之罪名。營利事業納稅義務人填報不實之扣繳憑單，以逃漏自己稅捐時，除成立稅捐稽徵法第41條之罪名外，另又觸犯刑法第216條、第215條之罪，為想像競合之一行為，應從一重處斷。

相關法條

刑法第215條

從事業務之人，明知為不實之事項，而登載於其業務上作成之文書，足以生損害於公眾或他人者，處三年以下有期徒刑、拘役或500元以下罰金。

刑法第216條

行使第210條至第215條之文書者，依偽造、變造文書或登載不實事項或使登載不實事項之規定處斷。

最高法院70年9月21日70年度第九次刑事庭會議決議參照

營利事業填報扣繳憑單，乃附隨其業務而製作，不得謂非業務上所掌文書，此種扣繳憑單內容如有不實，而足生損害於公眾或他人，即係犯業務上登載不實文書之罪名。

最高法院90年5月8日90年度第五次刑事庭會議複審決議仍維持上開決議，並不認定扣繳暨免扣繳憑單屬會計憑證。

最高法院71年度臺上字第7749號判決意旨

稅捐稽徵法第41條之規定係屬結果犯，除犯罪之目的在逃漏稅捐外，並須有逃漏應繳納之稅捐之結果事實，始足構成本法條之罪。而同法第43條所規定之幫助犯第41條之罪，當亦應以正犯之納稅義務人確有犯第41條之事實與結果者，方有幫助犯之罪責成立之可言。

最高法院73年度臺上字第614號判決意旨

稅捐稽徵法第41條之逃稅罪，係結果犯，須以發生逃漏稅捐之現實結果為成立之要件。

最高法院86年度臺上字第6405號判決參照

　　刑法上所謂「業務」，指公務以外之職業事務而言，亦即日常生活從事於公務員以外之職業所處理之事務，不論為全（專）職或半（兼）職，主要事務或附隨事務，有給或無給，已否得法律之許可，凡以反覆同種類之行為為目的之社會活動具有持續性者，皆屬之，並不以具備一定之形式條件為必要；所謂「業務上作成之文書」，指從事業務之人，基於業務上之行為所作成之文書。

最高法院91年度臺上字第7411號判決參照

　　各類所得扣繳暨免扣繳憑單係由扣繳義務人依所得稅法第92條規定所製作之單據，為業務上製作之文書。而商業會計法第15條所規定之商業會計憑證分「原始憑證」與「記帳憑證」二類。所謂「原始憑證」，係指證明交易事項發生之經過，而為造具記帳憑證所根據之憑證；「記帳憑證」，則指證明處理會計事項人員之責任，而為記帳所根據之憑證。至於所得稅之扣繳義務人依所得稅法第89條第3項填發之免扣繳憑單，或依同法第92條開具之扣繳憑單，其用意在於方便稅捐稽徵機關蒐集及掌握課稅資料，以利稅捐之核課，並非證明交易事項發生之經過而為造具記帳憑證，或證明處理會計事項人員之責任而為記帳所根據之憑證，自難認係商業會計法所稱「原始憑證」或「記帳憑證」。

第七輯　詐欺罪

詐欺土石流，氾濫嚴重，社會上各種詐欺事件，層出不窮，已影響人們的日常生活，詐欺如影隨形，造成當代治安的最大困擾。沒有人希望被騙，但是詐騙的陷阱卻又處處存在。

人為何會如此輕易受騙，人又為何要以詐術騙人，騙人與被騙顯現人性中的善與惡，害人之心不可有，防人之心不可無，在善惡難分的年代，要厚實自己的防衛力量，防範詐騙上身。

6-7-1 　騙得了一時，騙不了一世

案情概要：徐大明為科技股份有限公司業務員，仲介電腦產品販售予他人，並按比例收取佣金之業務，意圖為自己不法之所有，佯稱客戶徐小明之科技公司要向公司下單，使公司陷於錯誤，因而陸續交付總計新臺幣300萬元貨物給徐大明作為銷貨之用，延遲多日後公司仍未收到貨款，經公司查證發現未有銷貨之事實，科技公司始知受騙。

主要爭點

科技公司員工向公司虛偽表示，客戶要大批購買產品，卻中飽私囊，是否涉及以詐術訛騙款項。

原告提出侵權主張

一、員工在職證明文件、擔任之職務、詳述工作內容、雙方簽訂之僱傭契約等資料。

二、公司購買商品之下單資料、公司出貨憑證、經收人簽收憑證等資料。

三、應收帳款明細帳統計資料。

四、支付貨物銷售之佣金明細資料。

被告防禦抗辯攻防

一、客戶確實有意向公司下單訂購電腦產品，後來未能成交，無關詐欺情事。

二、舉證客戶訂購產品的電話紀錄，或請客戶出面證明，證明無詐欺之犯意與事實。

結語

行為人提供不實之訂貨資料，致科技公司陷於錯誤而交付電腦產品，致生損害於公司，涉嫌觸犯詐欺罪嫌。

相關法條

刑法第339條

意圖為自己或第三人不法之所有，以詐術使人將本人或第三人之物交付者，處五年以下有期徒刑、拘役或科或併科1,000元以下罰金。

以前項方法得財產上不法之利益或使第三人得之者，亦同。

前二項之未遂犯罰之。

6-7-2 放長線釣大魚

案情概要：徐大明是資訊科技公司經理，負責公司之電腦用品採購，基於意圖為自己不法之所有，以公司名義，陸續向徐小明經營之電腦資訊公司購買WINDOWS 98電腦軟體，共計400萬元，且為取信於徐小明，先支付現金10萬元，致使徐小明不疑有他，乃依約交付電腦軟體予徐大明，其並在出貨單上簽名以示簽收。嗣於徐大明之科技公司負責人發現有電腦資訊

公司之發票，而向徐小明查詢原委，並告知徐大明早已離職不知去向，徐小明至此始發現原來科技公司並未向其訂購上開電腦軟體，方知受騙。

主要爭點

行為人於科技公司離職後，仍以原來任職公司之名義，向同業訂購大批電腦產品，其開立支票支付貨款之時，帳戶內是否仍有一定之存款，其有無利用詐術使人陷於錯誤而交付財物，是否違反詐欺罪嫌。

原告提出侵權主張

資訊科技公司經理利用職務之名義，向電腦公司佯稱公司要購買電腦設備，實則於取得貨物後，另行轉賣，以獲取不法利益，資訊科技公司無法取得應收之帳款，權益受損，為維護公司權益，避免公司正常營運受到影響，應即提出如下之侵權主張。

一、科技公司對帳單明細、出貨單等詳細資料，證明商品銷售之事實。

二、出貨單上所載之客戶名稱及當事人在出貨單上簽收取貨之文書資料。

三、公司接受訂貨購買電腦軟體之營業人員，陳述訂購之詳細過程及當事人於取得商品後未支付貨款之情形。

四、提出公司接受個人與公司採購電腦軟體價格上之差異，證明公司係陷於錯誤誤以為是公司採購，並以公司採購規定之價格銷售貨品。

被告防禦抗辯攻防

一、其係接受公司委託向廠商訂購電腦產品，並曾支付貨款予廠商，足以證明確有正常買賣交易之事實。

二、商業交易常因市場波動，會影響買賣現況，訂購產品只要能依約支付貨款，即無任何故意詐欺之犯意。

結語

行為人向廠商誑稱其具有科技公司經理職務，並先以小額採購獲取廠

商信任後，再大量進貨，致廠商陷於錯誤，而交付大量商品，後經查證原公司並無訂購貨品事實，又開立支票支付貨款時，若該帳戶內根本無一定之存款，顯無足以支付貨款之能力，則有故意詐欺之虞，致生損害於出貨廠商，涉嫌違反詐欺罪嫌。

相關法條

刑法第339條

意圖為自己或第三人不法之所有，以詐術使人將本人或第三人之物交付者，處五年以下有期徒刑、拘役或科或併科1,000元以下罰金。

以前項方法得財產上不法之利益或使第三人得之者，亦同。

前二項之未遂犯罰之。

6-7-3 跳躍的芭樂票[24]

案情概要：徐大明是科技有限公司代表人，公司因經營不善倒閉，實已無力償還任何票款及貨款，意圖為自己不法所有，仍持續簽發發票人為科技公司、付款人為臺灣銀行，票面金額30萬元之支票，以科技公司名義借款30萬元，致使徐小明誤信科技公司屆期必將付款，而交付30萬元現金給徐大明。另科技公司因存款不足遭到退票後，徐大明卻仍以不法所有之概括犯意，持續向廠商訂購電腦周邊產品，並簽立「付款條件協議書」詆稱貨款將如期以支票支付，致使廠商陷於錯誤，交付貨物。嗣徐小明及廠商提示支票時不獲付款，且電腦廠商向徐大明收取貨款時，發現該公司已無營業跡象。

主要爭點

科技公司在陷入經營困境之時，仍持續向廠商及同業購買產品或進

---

24 臺灣臺中地方法院96年易字第6333號判決參照。

行資金週轉，是單純的財務不佳問題，衍生的債務糾紛，或是有詐欺之主觀犯意，使人陷於錯誤而交付財物，須證明行為人具有不法意圖的積極證據，始能論以刑法之詐欺罪嫌。

原告提出侵權主張

當事人誤信科技公司為正常營運之公司，接受該公司之票據，並借予款項或銷售商品予科技公司，惟於事後始知悉科技公司早已經營不善，公司資金早已出現缺口，致票據屆期提示，無法獲取應得之款項，權益平白受損，當即依法提出告訴，以追償財務上受到之損失。

一、提供科技公司之經濟部公司執照、縣市政府營利事業登記證，了解該公司之營運、登記設立，變更登記，歇業等實際情形。

二、科技公司負責人，已明知公司經營不善，復持公司支票借款，且於支票到期之日向應付款之金融行庫撤銷付款委託，致債權人持支票提示時，不獲付款，顯有明知之不法意圖。

三、公司在明知簽發支票開始退票後，仍向廠商訂購貨品，嗣後又未償還貨款，涉嫌不法詐取財物。

四、提出支票正反面影本、退票理由單、公司票據信用資料查覆單、付款條件協議書及銷貨單等，證明科技公司明知資金不足仍訂購商品之事實。

五、公司明知票據信用已經不佳，但隱瞞資金不足情事，未告知訂貨之廠商，復向廠商大量進貨，顯然能夠預見無法付款，有故意詐欺取財意圖。

被告防禦抗辯攻防

民事債務人未依債履行償還，在一般社會生活經驗上可能之原因甚多，即使在債之關係成立之後惡意遲延給付甚或不為給付，尚須證明債務人自始即具有不法所有意圖之積極證據，不然僅是一般的民事債權債務糾紛。

一、科技公司並無倒閉，只是申請公司歇業，公司在購買貨物之後，銷售給客戶，因為客戶支付貨款的支票，有的並未兌現，部分有兌現之支

票，也已支付給其他公司之貨款，公司因資金調度週轉問題，致撤銷部分付款之委託，並無詐騙之犯意。

二、公司雖資金出現缺口，但自認仍有實力繼續經營，為勉力支撐營運，因此再向廠商訂貨，本身亦有未收取之貨款，未來仍可以未受貨款支付借取之款項及向廠商進貨之應付款。

三、向他人借款時雖資金已有所不足，但不能因此就認為有詐欺取財之不法意圖，其間並無必定之關聯性，因個人仍有積極清償之企圖心，不得僅憑公司已有虧損或發生退票情形，仍為借款或訂貨，作為詐欺取財之依據，本身並無施用任何詐術，致被害人陷於錯誤之情形。

四、科技公司自開始營運起即向固定廠商訂購貨物，且均以公司支票支付貨款，支票均有如期兌現，迄本件之貨款未支付，純為資金週轉問題，並無詐騙情事。

五、商場上之交易行為，本來就存在有一定程度之風險，公司在訂購商品時並未施用任何不法詐術手段，不得僅因嗣後未獲得貨款，而逕行推斷其在交易時，有令廠商陷於錯誤之情形。且商業交易原則上並無應主動出示個人之債信資料，未向出賣人說明財產狀況，並不能與施用詐術相提並論。

結語

詐欺取財罪之成立，以意圖為自己或第三人不法之所有，以詐術使人將本人或第三人之物交付為構成要件，而所謂以詐術使人交付，必須被害人因其詐術而陷於錯誤，或利用被害人之錯誤而行詐，若其所用的方法，不能認為詐術，亦不致使被害人發生錯誤，即無詐欺之可言。

民事債務人未依債履行，在一般社會生活經驗上可能之原因甚多，即使在債之關係成立之後，故意遲延給付，或不為給付，若無其他足以證明債務人自始即具有不法所有意圖之積極證據，仍然僅能認係民事債權債務糾紛。

交易行為在通常社會生活上，本來就存有一定程度的風險，如果買受人在交易之時，曾利用不法手段，否則不得僅因出賣人於事後未獲得款

項，而推斷在交易時，即有陷於錯誤之情形。

　　行為人未達於通常一般人於借款或訂購貨物之時，即有拒絕清償或付款之不法所有意圖，或有施用詐術之行為，未依約清償借款或貨款，僅屬單純民事糾葛。

相關法條

刑法第339條

　　意圖為自己或第三人不法之所有，以詐術使人將本人或第三人之物交付者，處五年以下有期徒刑、拘役或科或併科1,000元以下罰金。

　　以前項方法得財產上不法之利益或使第三人得之者，亦同。

　　前二項之未遂犯罰之。

最高法院82年度臺上字第3532號判決

　　刑法詐欺取財罪之成立，以意圖為自己或第三人不法之所有，以詐術使人將本人或第三人之物交付為要件；而所謂以詐術使人交付，必須被害人因其詐術而陷於錯誤，或利用被害人之錯誤而行詐，苟其所用之方法，不能認為詐術，亦不致使被害人發生錯誤，即無詐欺之可言。

6-7-4　移形換位，中飽私囊[25]

案情概要：徐大明是科技股份有限公司之負責人，公司因發生公款遭人挪用，其明知科技公司經營已發生困難，仍基於意圖為自己不法所有之概括犯意，以詐術向徐小明之資訊股份有限公司詐取財物，其先向徐小明購買一部價值10萬元之投影機，並依約付款以取得徐小明公司之信任。之後再向其公司之承辦人員佯稱雙方日後須長久配合，且本身有接獲公家機關、學校的大案子，必須使用大量之投影機，希望徐小明公司出售投影機，並

---

25 臺灣高雄地方法院93年易字第1462號判決參照。

以月結方式收款，致承辦人員信以為真，因而陷於錯誤，連續多次接受徐大明之訂貨，而將共值100萬元投影機送至徐大明之科技公司，於貨品得手後，徐大明即利用網路銷售，以低價將詐得之投影機售出。

主要爭點

科技公司因本身財務發生危機，未能尋求正當管道，解決資金問題，向廠商詭稱已獲得其他單位的大批訂貨，以此方式取信於廠商，遂行其大量採購商品的機會，在獲得貨品後，並未如期支付貨款予出貨之廠商，致廠商受到財務上之損失，此一行為是否涉及以詐術，使人陷於錯誤而交付財物。

原告提出侵權主張

一、訂貨廠商為取得公司信任，先購買一部投影機，並依約付款。之後即向公司之承辦人員訛稱為求得長久配合，且公司有接獲公家機關、學校的大案子，必須使用大量之投影機為幌子，希望公司能出售投影機，並能以月結方式收款。連續向公司訂購投影機多次，於收取貨品後，交付之支票4紙，屆期均遭退票未獲兌現。

二、有關購得之投影機之去向，當事人均無法交待，經過公司自行查證之結果，得悉部分投影機已遭當事人於網路上以低於5,000元之進貨價，出售予其他科技公司。未將出售貨物之款項支付供貨廠商或債權人，且又無法交代款項之流向，足見其購貨、借款之時，即有不法所有之意圖。

三、科技公司因公司公款遭挪用，財務發生危機，明知已無力再經營投資，復無其他人願入主公司。仍隱匿事實，向新的供貨廠商訂購商品，且支付貨款之支票，均遭退票而未兌現，顯然有詐欺之故意。

被告防禦抗辯攻防

一、公司為了繼續經營下去，所以才持續訂貨，目的是要把公司的資金缺口填補起來，讓公司正常營運，如果公司能有正常生意，仍然可以繼續運轉。

二、公司資金週轉不靈造成部分支票無法如期兌現，原本要挹注資金的公司也未如期履行約定，導致公司營運發生困難。

三、公司曾運用調度借來的錢匯給廠商，已盡力將公司可以取得之資源維繫公司之營運，部分廠商發現公司財務有問題，紛紛要求給付現金買賣，造成公司運轉更形困難，為了解決資金問題，公司也曾簽下本票，證明確實有盡全力去挽救公司，並無蓄意詐騙廠商之犯意。

結語

科技公司隱匿財務不良事實，明知已無法支付供貨廠商貨款，復向供貨廠商表示，接獲公家機關、學校之採購案，以此詐騙廠商之貨物，並將所得之貨物以低價透過網路進行銷售，觸犯意圖不法所有之詐欺罪。

相關法條

刑法第339條第1項

意圖為自己或第三人不法之所有，以詐術使人將本人或第三人之物交付者，處五年以下有期徒刑、拘役或科或併科1,000元以下罰金。

第八輯　商業會計法

　　商業行為，首重誠信，有道是騙得了一時，騙不了永遠。以虛偽不實的會計憑證提供給第三人，或自己使用，雖可暫時享受到免除課徵稅捐或得到某些利益，但東窗事發時，可能要付出更高的罰金或刑罰的追訴，最後終將得不償失。由於人性都存有僥倖的心理，總認為自己的某些行為，不可能被發現，但古諺即言，夜路走多，難保安全，保身之道，誠實為上策。

6-8-1　魚目混珠

案情概要：徐大明係科技公司之董事，為商業會計法所稱之商業負責人，基於違反商業會計法、稅捐稽徵法之概括犯意聯絡，明知科技公司與徐小明之資訊股份有限公司，並無銷項交易往來，竟連續以科技公司名義，填製總銷項金額3,000餘萬元之不實會計憑證統一發票共20張，交予徐小明資訊公司持以申報扣抵銷項稅額，而幫助該等營業人逃漏營業稅總計100餘萬元，足以生損害於稅捐稽徵機關課稅之公平性及正確性。

主要爭點

　　科技公司以不實的銷項紀錄，提供給第三人作為進項扣抵稅額，即無銷售貨品事實，虛偽開立銷貨憑證，是否涉及以不正當方式逃漏稅捐。

原告提出侵權主張

　　一、科技公司之登記資料，財政部國稅局審查科查緝案件稽查科技公

司營業稅年度資料。

二、查詢進項來源明細及進口報單總項資料查詢。

三、科技公司專案申請調檔統一發票查核名冊及進、銷項部分查核清單。

四、科技公司成立之後，辦理領用統一發票購票證情形，開立發票及申報稅捐係公司營運之重要事項，了解開立科技公司發票詳情，比對確定使用發票之情形。

被告防禦抗辯攻防

一、科技公司與廠商長期以來均有正常之交易往來，且均依法開立各項銷貨憑證，未有故意逃漏稅捐之犯意。

二、以進銷項勾稽進貨與銷貨之比例，查核無進貨事實，則無銷貨情事，有邏輯上的錯誤，且既無銷貨事實，即無任何營業所得，未有任何收入，如何能逃漏稅捐，並無違反稅捐稽徵法情事。

結語

納稅義務人明知無進項事實，以不實的進項資料，提供予稅捐機關，致稅捐機關陷於錯誤，涉嫌以詐術及不正當方法逃漏稅捐。提供不實銷項資料者則為幫助犯。

相關法條

商業會計法第71條

商業負責人、主辦及經辦會計人員或依法受託代他人處理會計事務之人員有下列情事之一者，處五年以下有期徒刑、拘役或科或併科新臺幣60萬元以下罰金：

一、以明知為不實之事項，而填製會計憑證或記入帳冊。

二、故意使應保存之會計憑證、會計帳簿報表滅失毀損。

三、偽造或變造會計憑證、會計帳簿報表內容或毀損其頁數。

四、故意遺漏會計事項不為記錄，致使財務報表發生不實之結果。

五、其他利用不正當方法，致使會計事項或財務報表發生不實之結果。

稅捐稽徵法第41條

納稅義務人以詐術或其他不正當方法逃漏稅捐者，處五年以下有期徒刑、拘役或科或併科新台幣6萬元以下罰金。

稅捐稽徵法第42條

代徵人或扣繳義務人以詐術或其他不正當方法匿報、短報、短徵或不為代徵或扣繳稅捐者，處五年以下有期徒刑、拘役或科或併科新台幣6萬元以下罰金。

代徵人或扣繳義務人侵占已代繳或已扣繳之稅捐者，亦同。

稅捐稽徵法第43條

教唆或幫助犯第41條或第42條之罪者，處三年以下有期徒刑、拘役或科新台幣6萬元以下罰金。

稅務人員、執行業務之律師、會計師或其他合法代理人犯前項之罪者，加重其刑至二分之一。

稅務稽徵人員違反第33條規定者，除觸犯刑法者移送法辦外，處1萬元以上5萬元以下罰鍰。

6-8-2　我真的不是董仔

案情概要：徐大明受雇於科技公司，其明知自己無財力、專業能力開設公司擔任董事或股東。且明知營業人應依銷售貨物或勞務之實際情況，據實開立統一發票。竟為謀取每月固定薪資，應徐小明之要求擔任虛設公司之負責人，基於填製不實之會計憑證，及幫助他人逃漏稅捐之犯意，以自己名義出名，成立為新的科技公司負責人，並辦理公司變更登記，擔任該新公司董事。並向財政部國稅局稽徵所辦理營利事業設立登記申請，領取統一發票，徐大明明知新成立之公司並無實際營業行為，仍將所領取之統一

發票交由徐小明使用，並在公司無實際銷貨情況下，連續開立不實統一發票，供一般公司充當進貨憑證使用，並持該等不實統一發票向稅捐機關申報扣抵稅額。徐大明、徐小明共同以不正當方法幫助他人逃漏營業稅捐，足以生損害於稅捐機關對於營業稅捐稽徵之正確及公平性。

主要爭點

行為人覓得合作對象後，共同成立一家新公司，實際上該公司並無營業的事實，僅將依規定領取的統一發票，提供給其他公司作為進項憑證，以向稅捐機關申報扣抵稅額，如何證明為買空賣空行為，及是否涉及違反相關法令規定。

原告提出侵權主張

一、辦理公司變更登記、國稅局稽徵所辦理營利事業設立登記申請、請領統一發票、營利事業統一發證設立登記申請書、股東同意書、稅捐稽徵處營利事業設立登記通報單等資料。

二、「異動事項登記表」為當事人所簽寫，當事人向戶政事務所申請辦理印鑑登記之申請書及其上所留存之行動電話及筆跡，確認「異動事項登記表」為當事人親自填寫。

三、國稅局稽徵所之公司請領統一發票紀錄，確認負責人。

四、當事人在科技公司請領有薪資所得明細資料。

被告防禦抗辯攻防

一、當事人知情並願意擔任公司董事長，且領取薪資報酬，即無所謂不知情被利用作為名義上負責人之情事。

二、公司開立統一發票給其他廠商，為正常之交易憑證，並無逃漏稅情事。

結語

正常營運之公司必定有進貨與銷貨的事實，且進項與銷項之間有其一定之關連性，單純提供銷貨統一發票憑證給其他公司作為報稅扣抵者，其

本身若無任何進項資料，進項異常者，則可能與事實不符；相對地，取得不實進項的廠商，其銷項資料亦將出現異常現象，進行雙向的比對分析即可發現買空賣空的行為。且將違反商業會計法明知為不實之事項，而填製會計憑證，即涉嫌逃漏稅捐等不法。

相關法條

商業會計法第71條

商業負責人、主辦及經辦會計人員或依法受託代他人處理會計事務之人員有下列情事之一者，處五年以下有期徒刑、拘役或科或併科新臺幣60萬元以下罰金：

一、以明知為不實之事項，而填製會計憑證或記入帳冊。

二、故意使應保存之會計憑證、會計帳簿報表滅失毀損。

三、偽造或變造會計憑證、會計帳簿報表內容或毀損其頁數。

四、故意遺漏會計事項不為記錄，致使財務報表發生不實之結果。

五、其他利用不正當方法，致使會計事項或財務報表發生不實之結果。

稅捐稽徵法第43條

教唆或幫助犯第41條或第42條之罪者，處3年以下有期徒刑、拘役或科新台幣6萬元以下罰金。

稅務人員、執行業務之律師、會計師或其他合法代理人犯前項之罪者，加重其刑至二分之一。

稅務稽徵人員違反第33條規定者，除觸犯刑法者移送法辦外，處1萬元以上5萬元以下罰鍰。

加值型及非加值型營業稅法第32條

營業人銷售貨物或勞務，應依本法營業人開立銷售憑證時限表規定之時限，開立統一發票交付買受人。但營業性質特殊之營業人及小規模營業人，得製發普通收據，免用統一發票。

營業人依第14條規定計算之銷項稅額，買受人為營業人者，應與銷售額於統一發票上分別載明之；買受人為非營業人者，應與銷售額合計開立統一發票。

統一發票，由政府印製發售，或核定營業人自行印製；其格式、記載事項與使用辦法，由財政部定之。

主管稽徵機關，得核定營業人使用收銀機開立統一發票，或以收銀機收據代替逐筆開立統一發票；其辦法由財政部定之。

最高法院92年度臺上字第6792號、94年度臺非字第98號判決

統一發票乃證明事項之經過而為造具記帳憑證所根據之原始憑證，商業負責人如明知為不實之事項，而開立不實之統一發票，係犯商業會計法第71條第1款之以明知為不實之事項而填製會計憑證罪，該罪為刑法第215條業務上登載不實文書罪之特別規定，依特別法優於普通法之原則，自應優先適用，無論以刑法第215條業務上登載不實文書罪之餘地。

6-8-3 移花接木

案情概要：徐大明係科技有限公司的董事，為商業會計法所稱之商業負責人。其代表公司與銀行承辦人員簽訂應收帳款承購合約書，約定公司如出售商品予第三人後，即可持統一發票、報價單暨銷貨單等，持向銀行辦理預支價金，以利公司資金週轉。惟徐大明因經營不善，基於填製不實會計憑證及行使偽造私文書之概括犯意，連續虛偽製作公司不實之報價、銷貨等資料而填載於報價單、銷貨單上。且未經「徐小明」之同意或授權情形下，即將其先前因與公司交易而取得留存於其電腦內之「徐小明」複製於報價單上，表示公司收到報價後同意向公司訂貨，徐大明將偽造之報價單、銷貨單及所虛偽填製公司出售電腦用品等商品之統一發票，持向銀行請求依前開應收帳款，承購合約書所同意之額度而行使，而銀行承辦人員不疑有詐，誤信為真，陷於錯誤而依應收帳款承購合約書之約定，以發票

金額預支價金成數八成予徐大明。

主要爭點

　　行為人製作不實之報價、銷貨資料，偽造他人同意購買貨品假象，以不實的銷貨資料，持向銀行取得應收帳款一定額度的貸款。如何證明行為人無銷貨事實，有無行使詐術，致銀行陷於錯誤，並造成銀行之損害。

原告提出侵權主張

　　銀行及有關人員被不實的會計憑證矇騙，依約定貸款予科技公司，後因科技公司經營不善，逾期未繳納貸款利息，銀行始知受騙，銀行權益受損，提出之侵權主張如下：

　　一、銀行經辦人員之舉證及向司法機關之依法提出告訴之檢舉資料。

　　二、銀行國內應收帳款承購申請書、預支價金申請書、預支價金撥款通知書、應收帳款債權讓與明細表、授信戶虛擬帳號繳款餘額明細。

　　三、統一發票、報價單、銷貨單。

　　四、應收帳款承購合約書影本、發票號碼明細表。

　　五、公司登記、應收帳款收買暨管理合約書、收買暨管理同意書影本、銷貨單。

被告防禦抗辯攻防

　　一、公司與銀行承辦人員簽訂應收帳款承購合約書，並約定公司如出售商品予第三人後，即可持統一發票、報價單暨銷貨單等，持向銀行辦理預支價金，以利公司資金週轉，為雙方合意之行為，證明無任何主觀之犯意。

　　二、金融行庫於辦理融資貸款時，均有標準之審查作業程序，銀行既經查核有關報價單、銷貨單、統一發票，確認無誤後，依先前簽訂之應收帳款承購合約書，給予一定之額度貸款，完全合情合理，且放款本來就有一定的風險，不能視公司一時無法繳納貸款利息，即認定公司有任何的不法。

結語

　　行為人未經他人同意，擅自複製他人名義，行使於購買商品，足以損害他人，為行使偽造文書罪。另以不實銷貨資料，向銀行貸款，意圖為自己或第三人不法之所有，以詐術使人將本人或第三人之物交付，違反詐欺罪嫌。行使偽造私文書與詐欺兩罪間為想像競合關係，從一重之詐欺罪論處。

相關法條

刑法第210條

　　偽造、變造私文書，足以生損害於公眾或他人者，處五年以下有期徒刑。

刑法第216條

　　行使第210條至第215條之文書者，依偽造、變造文書或登載不實事項或使登載不實事項之規定處斷。

刑法第339條

　　意圖為自己或第三人不法之所有，以詐術使人將本人或第三人之物交付者，處五年以下有期徒刑、拘役或科或併科1,000元以下罰金。

　　以前項方法得財產上不法之利益或使第三人得之者亦同。

　　前二項之未遂犯罰之。

商業會計法第71條

　　商業負責人、主辦及經辦會計人員或依法受託代他人處理會計事務之人員有下列情事之一者，處五年以下有期徒刑、拘役或科或併科新臺幣60萬元以下罰金：

　　一、以明知為不實之事項，而填製會計憑證或記入帳冊。

　　二、故意使應保存之會計憑證、會計帳簿報表滅失毀損。

　　三、偽造或變造會計憑證、會計帳簿報表內容或毀損其頁數。

　　四、故意遺漏會計事項不為記錄，致使財務報表發生不實之結果。

　　五、其他利用不正當方法，致使會計事項或財務報表發生不實之結果。

最高法院87年度臺非字第389號判決

　　按商業會計法所稱之商業會計憑證，分為原始憑證及記帳憑證，所謂原始憑證，係指證明事項之經過，而偽造具記帳憑證所根據之憑證，計有外來憑證、對外憑證、內部憑證三類。而記帳憑證則係指證明處理會計事項人員之責任，而為記帳所根據之憑證而言，有收入憑證、支出憑證及轉帳憑證三類，此觀諸商業會計法第15條之規定自明。統一發票係營業人依營業稅法規定於銷售貨物或勞務時，開立並交付予買受人之交易憑證，足以證明會計事項之經過，應屬商業會計法所稱之會計憑證。

6-8-4 買空賣空

案情概要：徐大明是貿易有限公司之負責人，為商業會計法所規定商業負責人，係從事業務之人，以製作會計憑證為其附隨業務，基於填載不實會計憑證，以幫助他人逃漏稅捐之概括犯意聯絡，明知公司並無實際進、銷貨交易之事實，連續多次取得徐小明科技有限公司虛設行號所開立之不實統一發票，金額合計1億元，以充當進項憑證，並將不實之進項發票資料填載於公司會計帳簿，以應付查核。在無實際銷貨之情形下，以公司名義，連續多次以明知為不實之事項而填製會計憑證即統一發票金額總計1,000萬元，交給其他科技公司營業人作為進貨憑證，以此不正當方法幫助科技公司營業人逃漏營業稅，足生損害於稅捐稽徵機關課稅之公平及正確性。

主要爭點

　　行為人無進項及銷項事實，除了自己向虛設行號公司取得不實統一發票，作為公司之進項憑證之外，並製作不實的銷項憑證，提供給其他公司以幫助他人逃漏稅捐，如何證明廠商間僅是買賣不實憑證的空頭公司，並無任何實際交易行為。

原告提出侵權主張

　　一、財政部國稅局資料勾稽有關上游公司可清查是虛設行號，有互相開立不實發票之情事。

　　二、有關外銷申報退稅部分，上游進項虛偽不實，實際上不會有貨品，因此當然沒有外銷之事實。

　　三、公司設立及變更登記表，透過財政部國稅局案件稽查報告、清查公司營業稅申報資料、營業人銷售額與稅額申報書、出口報單總項清單、進、銷項專案申請調檔統一發票查核名冊及清單等可清查出無進項、銷項之事實。

被告防禦抗辯攻防

　　一、公司依正常交易開立進銷貨物憑證，僅以書面資料查核勾稽證明無進銷貨，與事實現況不符。

　　二、若無法舉證公司取得不實憑證有任何獲得利益之情形，即難以證明行為人有任何不法犯意及犯罪動機。

結語

　　公司之負責人，為從事業務之人，明知無交易事實，以不實憑證，幫助他人逃漏稅捐，並取得其他科技公司虛設行號開立之不實統一發票，充當進項憑證，足生損害於稅捐稽徵機關課稅之公平及正確性，涉及以不正當方法逃漏營業稅。

相關法條

商業會計法第71條

　　商業負責人、主辦及經辦會計人員或依法受託代他人處理會計事務之人員有下列情事之一者，處五年以下有期徒刑、拘役或科或併科新臺幣60萬元以下罰金：

　　一、以明知為不實之事項，而填製會計憑證或記入帳冊。

　　二、故意使應保存之會計憑證、會計帳簿報表滅失毀損。

　　三、偽造或變造會計憑證、會計帳簿報表內容或毀損其頁數。

　　四、故意遺漏會計事項不為記錄，致使財務報表發生不實之結果。

　　五、其他利用不正當方法，致使會計事項或財務報表發生不實之結果。

稅捐稽徵法第43條

　　教唆或幫助犯第41條或第42條之罪者，處三年以下有期徒刑、拘役或科新台幣6萬元以下罰金。

　　稅務人員、執行業務之律師、會計師或其他合法代理人犯前項之罪者，加重其刑至二分之一。

　　稅務稽徵人員違反第33條規定者，除觸犯刑法者移送法辦外，處1萬元以上5萬元以下罰鍰。

刑法第339條

　　意圖為自己或第三人不法之所有，以詐術使人將本人或第三人之物交付者，處5年以下有期徒刑、拘役或科或併科1,000元以下罰金。

　　以前項方法得財產上不法之利益或使第三人得之者，亦同。

　　前二項之未遂犯罰之。

6-8-5 港邊騙子[26]

案情概要：徐大明是生物科技股份有限公司負責人，明知公司未對國外銷貨，為利用加值型及非加值型營業稅法第7條外銷貨物為零稅率可獲主管稽徵機關退還溢付營業稅規定，進而向稅捐稽徵機關詐取出口退稅之機會，意圖為自己不法所有之犯意聯絡，明知公司與徐小明等公司間，並無實際之營業行為，陸續收受由徐小明公司所開立記載不實進貨之統一發票，由原公司所開立記載不實進貨事項之統一發票，又明知公司並無實際銷貨，仍以公司名義船運出口，以貨櫃載運貨品多次報關出、進口於台灣高雄港、新加坡港、台灣基隆港間，而後填據營業人銷售額與稅額申報書，持向稅捐稽徵機關行使申報退稅，以此詐術使稅捐稽徵機關陷於錯誤，核退公司營業稅款。

主要爭點

行為人利用加值型及非加值型營業稅法，外銷貨物為零稅率，可獲主管稽徵機關退還溢付營業稅款規定，實際上未對國外銷貨，而以不實進銷項憑證，向稅捐稽徵機關行使申報退稅，致稅捐稽徵機關陷於錯誤，須舉證行為人明知不法之主觀犯意，及客觀上行使不實憑證資料的具體事證，才能證明涉有違法情事。

原告提出侵權主張

一、科技股份有限公司等營業人逃漏稅所得金額暨取得不實發票明細資料。

二、虛偽開立給科技公司之統一發票、海運貨櫃歷史檔及動態說明表、營業人銷售額與稅額申報書、公司營業稅查核案件查詢作業進銷交易對象明細、退稅支票。

三、科技公司支票、合約書、公司基本資料、雜項帳簿、進出款項雜

---

26 臺灣高雄地方法院92年訴字第805號判決參照。

記、公司總分類帳、出納日報表、銷退貨明細、收款日報表、出口報單、客戶資料等資料。

被告防禦抗辯攻防

一、公司依實際之營業行為，開立進貨之統一發票，且實際銷貨，正式以公司名義船運出口報關，均有相關資料足以證明。公司所填據營業人銷售額與稅額申報書，向稅捐稽徵機關行使申報退稅，乃依法令規定辦理。

二、稅捐稽徵機關以事後查核方式，指稱公司未有銷貨事實，無任何證據證明無實際銷貨之事實。

結語

統一發票為記帳憑證所根據之原始憑證，商業負責人如明知為不實之事項，而開立不實之統一發票，係犯商業會計法第71條第1款之以明知為不實之事項而填製會計憑證罪。

公司明知並無實際銷貨之事實，虛偽開立統一發票以幫助他人逃漏稅捐，係犯稅捐稽徵法第43條第1項幫助納稅義務人，以詐術或不正當方法逃漏稅捐罪，及商業會計法第71條第1款之商業負責人明知不實事項而填製會計憑證罪、刑法第339條第1項之詐欺取財罪。

以填製不實會計憑證方式，幫助他人逃漏稅捐，所犯二罪為想像競合關係，應依刑法第55條之規定，從一重之商業會計法第71條第1款之不實會計憑證罪處斷。

相關法條

稅捐稽徵法第43條

教唆或幫助犯第41條或第42條之罪者，處3年以下有期徒刑、拘役或科新台幣6萬元以下罰金。

稅務人員、執行業務之律師、會計師或其他合法代理人犯前項之罪者，加重其刑至二分之一。

稅務稽徵人員違反第33條規定者，除觸犯刑法者移送法辦外，處1萬

元以上5萬元以下罰鍰。

商業會計法第71條

商業負責人、主辦及經辦會計人員或依法受託代他人處理會計事務之人員有下列情事之一者,處五年以下有期徒刑、拘役或科或併科新臺幣60萬元以下罰金:

　　一、以明知為不實之事項,而填製會計憑證或記入帳冊。
　　二、故意使應保存之會計憑證、會計帳簿報表滅失毀損。
　　三、偽造或變造會計憑證、會計帳簿報表內容或毀損其頁數。
　　四、故意遺漏會計事項不為記錄,致使財務報表發生不實之結果。
　　五、其他利用不正當方法,致使會計事項或財務報表發生不實之結果。

刑法第339條

意圖為自己或第三人不法之所有,以詐術使人將本人或第三人之物交付者,處五年以下有期徒刑、拘役或科或併科1,000元以下罰金。

以前項方法得財產上不法之利益或使第三人得之者,亦同。

前二項之未遂犯罰之。

最高法院92年臺上字第6792號、94年臺非字第98號判決

統一發票乃證明事項之經過而為造具記帳憑證所根據之原始憑證,商業負責人如明知為不實之事項,而開立不實之統一發票,係犯商業會計法第71條第1款之以明知為不實之事項而填製會計憑證罪,該罪為刑法第215條業務上登載不實文書罪之特別規定,依特別法優於普通法之原則,自應優先適用,無論以刑法第215條業務上登載不實文書罪之餘地。

第九輯　稅捐稽徵法及公司法

會讓一個人感受到痛苦的事不外乎有二，其一為失去自由，其二為非自願性地要一個人將口袋裡的錢拿出來。繳納稅捐是人人應盡的義務，道理大家都懂，但是在報稅期間，很多人都有許多的無奈，因此想盡法子，能省則省，但要思考，切勿偷雞不著蝕把米。

6-9-1　發票外賣

案情概要：徐大明是科技股份有限公司負責人，為商業會計法之商業負責人。其接受徐小明之提議，以出售科技公司統一發票謀取不法利益，而與徐小明共同基於幫助他人逃漏稅捐及填製不實會計憑證之概括犯意聯絡，將科技公司統一發票專用章、負責人印章及購票憑證等交予徐小明，由其向農會購買統一發票。徐大明雖知悉科技公司無銷貨事實，仍由徐小明開立不實科技公司統一發票60張，作為徐中明所掛名擔任負責人之科技公司進項憑證使用，使該家營業人得持該虛開之統一發票，向稅捐稽徵機關申報扣抵銷項稅額，以此方式幫助該公司逃漏營業稅，足生損害於稅捐稽徵機關對稅捐核課之正確性。

主要爭點

行為人提供不實之統一發票，交付其他科技公司作為進項憑證使用，除了證明廠商間無實際業務往來，沒有任何進項、銷項事實之外，行為人買賣統一發票憑證之犯罪動機，有無從中獲取不利益。另虛設行號公司本

身實際上並無營業行為,因此並無營業所得,既無營業所得,則須辨明是否有逃漏稅捐問題,或損害於稅捐稽徵機關對稅捐核課之正確性,是否違反稅捐稽徵法有關規定。

原告提出侵權主張

科技公司經營不善,為謀取不法資金利益,以販售統一發票為業,幫助其他營業公司虛偽增列公司之進項憑證,藉以逃漏鉅額稅捐。

一、透過稅捐稽徵機關,以電腦勾稽進行比對,發現進銷項異常,即進行詳細查核。

二、將公司基本資料、營業項目、進項來源與大量之銷項金額進行比對,即可勾稽出科技公司無進項事實,卻有鉅額銷項金額之違常事實,循線追查即可查出詳情。

被告防禦抗辯攻防

一、公司本身若無銷貨之事實,而營業稅之課徵係針對營業行為,既無營業行為,則無課徵營業稅問題,無營業行為,亦無營利所得,並無逃漏稅捐之問題。

二、業務上登載不實之文書,是指基於業務關係,明知為不實之事項,而登載於其業務上作成之文書。公司向稅捐稽徵機關申報營業稅,是履行其公法上納稅申報義務,並非業務行為,不生登載不實文書問題。

結語

虛設行號本身並無銷貨之事實,而營業稅之課徵係針對營業行為,虛設行號既無營業行為,無法課徵營業稅,且因實際上完全無營業行為,亦無營利所得可言,因此本身並無逃漏稅捐之問題。

刑法第215條規定業務上登載不實之文書,是指基於業務關係,明知為不實之事項,而登載於其業務上作成之文書而言。公司向稅捐稽徵機關申報營業稅,僅是履行其公法上納稅申報義務,並非業務行為。

因此行為人將不實事項登載於營業人銷售額與稅額申報書上,並向稅捐稽徵機關申報營業稅,尚非成立行使業務登載不實文書之罪。

統一發票為證明事項之經過而為造具記帳憑證所根據之原始憑證，商業負責人如明知為不實之事項，而開立不實之統一發票，係犯商業會計法第71條第1款之以明知為不實之事項而填製會計憑證罪。

相關法條

商業會計法第71條

商業負責人、主辦及經辦會計人員或依法受託代他人處理會計事務之人員有下列情事之一者，處五年以下有期徒刑、拘役或科或併科新臺幣60萬元以下罰金：

一、以明知為不實之事項，而填製會計憑證或記入帳冊。

二、故意使應保存之會計憑證、會計帳簿報表滅失毀損。

三、偽造或變造會計憑證、會計帳簿報表內容或毀損其頁數。

四、故意遺漏會計事項不為記錄，致使財務報表發生不實之結果。

五、其他利用不正當方法，致使會計事項或財務報表發生不實之結果。

稅捐稽徵法第41條

納稅義務人以詐術或其他不正當方法逃漏稅捐者，處5年以下有期徒刑、拘役或科或併科新台幣6萬元以下罰金。

最高法院70年度臺上字第2842號判決

稅捐稽徵法第41條，係結果犯，故無處罰未遂犯之規定，必納稅義務人使用欺罔之手段為逃漏稅捐之方法，並因而造成逃漏稅捐之結果，始屬相當。

最高法院84年度臺上字第5999號、95年度臺上字第1477號判決

商業會計憑證分下列二類：一、原始憑證：證明會計事項之經過，而為造具記帳憑證所根據之憑證。二、記帳憑證：證明處理會計事項人員之責任，而為記帳所根據之憑證，商業會計法第15條定有明文。刑法第215

條所謂業務上登載不實之文書,乃指基於業務關係,明知為不實之事項,而登載於其等業務上作成之文書而言。公司、行號向稅捐稽徵機關申報營業稅,係履行其公法上納稅之義務,並非業務行為。營業人銷售額與稅額申報書,係公司、行號每兩個月向稅捐稽徵機關申報當期之銷售額與稅額之申報書,並非證明會計事項發生之會計憑證。

最高法院92年度臺上字第6792號、94年度臺非字第98號判決參照

統一發票乃證明事項之經過而為造具記帳憑證所根據之原始憑證,商業負責人如明知為不實之事項,而開立不實之統一發票,係犯商業會計法第71條第1款之以明知為不實之事項而填製會計憑證罪,該罪為刑法第215條業務上登載不實文書罪之特別規定,依特別法優於普通法之原則,自應優先適用,無論以刑法第215條業務上登載不實文書罪之餘地。

6-9-2 天上掉下來的薪餉[27]

案情概要:徐大明是生物科技股份有限公司之負責人,負責據實製作薪資所得扣繳暨免扣繳憑單及申報公司稅捐等事宜,為從事業務之人,而科技公司則是稅捐稽徵法規定之納稅義務人。徐大明知悉徐小明並未曾於該公司任職及支領任何薪資,基於以不正當之方法為科技公司逃漏營利事業所得稅及於業務上執掌之文書登載不實之犯意,申報科技公司年度營利事業所得稅時,將徐小明列為科技公司員工,並於其業務上製作之年度扣繳憑單,虛偽登載徐小明領得薪資之不實事項,再將不實之事項登載於其業務上所作成之科技公司年度營利事業所得結算申報書上,並持向財政部國稅局申報所得稅,致科技公司年度帳面上營業成本增加,營利所得減少,而以此不正當之方法為科技公司逃漏營利事業所得稅,足生損害於徐小明及

---

27 臺灣臺中地方法院96年中簡字第299號判決參照。

稅捐稽徵機關課稅之正確性。

主要爭點

科技公司負責人利用人頭虛報薪資所得，藉以增加營業成本，作為當年度營利事業所得結算申報，以逃漏營利事業所得稅。須證明被利用之人頭在被浮報薪資所得期間的確實任職機構，而被利用的人頭，往往是屬於待業中，舉證被浮報薪資所得人當時的真正身分，以評價是否違反稅捐稽徵法規定。

原告提出侵權主張

個人被科技公司作為虛報薪資之人頭，不僅影響個人申報所得稅之正確性，對於資金財務信用狀況亦造成與實際情形不符，為免權益受損，應要求更正，並對侵權行為提出告訴。

一、提出個人任職公司之履歷、勞工保險被保險人投保等資料，證明未於科技公司投保，無任職之情事。

二、個人年度之各類所得扣繳暨免扣繳憑單，證明個人所得詳細資料，反證未於虛報科技公司領取薪資。

三、侵權公司登記基本資料查詢，及年度營利事業所得稅結算申報核定通知書。

四、科技公司明知當事人並未任職於該公司並領得任何薪資，竟偽填載業務上作成之扣繳憑單，並據以虛偽填載不實之營利事業所得稅結算申報書再據以行使，足以生損害於當事人陷於受逃漏稅處罰之危險，及稅捐稽徵機關課稅之正確性。

被告防禦抗辯攻防

一、公司依員工任職實際情形給予薪資，並依規定製作年度扣繳憑單，作為申報所得之用，個人所得並不高，若要借此虛增公司帳面上營業成本，根本是緩不濟急，顯無逃漏營利事業所得稅之主觀犯意。

二、當事人若未實際於公司內任職，公司如何能取得其個人資料，並無虛報薪資之情事。

結語

科技公司負責人，為從事業務之人，利用人頭虛報薪資，並作成扣繳憑單，虛偽填載不實之營利事業所得稅結算申報書，並據以行使，已足以生損害於稅捐稽徵機關課稅之正確性，係違反刑法第216條、第215條行使業務上登載不實文書罪。

另營利事業所得稅結算申報書之低度行為，已分別為行使業務上登載不實文書之高度行為所吸收，行使業務上登載不實之扣繳憑單及營利事業所得稅結算申報書之行為，為想像競合犯，應從一重處斷。

相關法條

刑法第215條

從事業務之人，明知為不實之事項，而登載於其業務上作成之文書，足以生損害於公眾或他人者，處三年以下有期徒刑、拘役或五百元以下罰金。

刑法第216條

行使第210條至第215條之文書者，依偽造、變造文書或登載不實事項或使登載不實事項之規定處斷。

稅捐稽徵法第41條

納稅義務人以詐術或其他不正當方法逃漏稅捐者，處五年以下有期徒刑、拘役或科或併科新台幣6萬元以下罰金。

稅捐稽徵法第47條

本法關於納稅義務人、扣繳義務人及代徵人應處徒刑之規定，於下列之人適用之：
一、公司法規定之公司負責人。
二、民法或其他法律規定對外代表法人之董事或理事。

三、商業登記法規定之商業負責人。

四、其他法人團體之代表人或管理人。

前項規定之人與實際負責業務之人不同時，以實際負責業務之人為準。

最高法院95年度臺上字第3034、4968、6756號判決

公司為法人，而稅捐稽徵法第41條所規定之納稅義務人，係指包括自然人、法人等所有之納稅義務人，並非僅限於自然人而言，僅因公司於事實上無法擔負自由刑之責任，乃基於刑事政策上之考量，於同法第47條第1項第1款將納稅義務人之公司應處徒刑之範疇內，轉嫁於公司負責人。

6-9-3　打腫臉充胖子

案情概要：徐大明係科技股份有限公司董事長，為公司法第8條規定之公司負責人。依公司法規定，公司股款應確實向股東收足，不得僅以申請文件表明收足，而徐大明公司股東登記應繳股款共新臺幣1億5,000萬元，其雖可預見股款可能實際並未收足，惟為使公司順利完成登記，向金主借貸以取得驗資證明，由實際負責人徐小明透過會計業者尋找金主融資借款，充作公司之資本，並由銀行分別出具帳戶餘額為1億8,000萬元之存款餘額證明書後，再匯還本金與利息，並利用不知情之會計師事務所出具資本已收足之查核報告書，再持向經濟部商業司辦理公司設立登記，由經濟部商業司承辦人員實質審查後，據以核發公司執照。

主要爭點

科技公司負責人，以融資借款，充作公司之資本，向行庫取得帳戶存款餘額證明書，作成資本查核報告書，以取得公司執照。須證明行為人及有關股東人員的資金往來明細，確實與公司股款募集有所出入，且資金主要來源是由無關之第三人，即融資之金主，以評價公司應收之股款，並非

股東實際所繳納,是否涉及違反公司法規定。

原告提出侵權主張

　　科技公司意圖以虛偽之資料,辦理公司設立登記,實際上並未收足股東登記應繳股款,透過會計業者尋找金主融資借款,資金存入銀行公司籌備處帳戶,充作公司之資本,並由銀行出具帳戶餘額之存款餘額證明書後,再匯還本金與利息,再由會計師出具資本已收足之查核報告書,持向經濟部商業司辦理公司設立登記,其過程將可透過相關經辦資料了解始末。

　　一、公司基本資料查詢、公司登記資訊表、公司設於金融行庫之交易明細資料。

　　二、公司董事會會議紀錄、登記案卷暨公司章程、公司發起人會議紀錄、董事會議事錄、董事、監察人願任同意書、董事監察人名單、切結書、委託書、資產負債表、存款餘額證明書、存摺明細、股東出資名單、公司資本登記資本額查核報告書。

　　三、資金來源之清查、了解幕後金主提供資金辦理公司設立登記之過程詳情、引介金主洽談情形、比對資金提供、確認公司股款是否為確實向股東收足。

被告防禦抗辯攻防

　　一、由銀行出具之帳戶餘額證明公司已收足股款,且經會計師事務所認證,即已具備向主管之經濟部商業司辦理公司設立登記,且經主管機關實質審查後,核發公司執照,公司設立登記完全合法。

　　二、公司股款實際上均由股東自行籌措出資,公司無任何為其募集款項之情事,且公司既有能力尋得資金,成立公司,何須再找金主代為出資,即由這些出資之金主擔任股東即可,顯無任何犯罪動機可言。

結語

　　科技公司負責人未實際向股東收足股款,僅以申請文件表明收足,以此方式虛設公司,足以影響主管機關對於公司管理的正確性。行為人涉及

違反公司法第9條第1項之罪、刑法第214條之使公務員登載不實罪及商業會計法第71條第5款之罪。係以一行為觸犯三罪名，為想像競合犯，依刑法第55條之規定，應從重以公司法第9條第1項之罪處斷。

相關法條

公司法第8條

本法所稱公司負責人：在無限公司、兩合公司為執行業務或代表公司之股東；在有限公司、股份有限公司為董事。

公司之經理人或清算人，股份有限公司之發起人、監察人、檢查人、重整人或重整監督人，在執行職務範圍內，亦為公司負責人。

公司法第9條

公司應收之股款，股東並未實際繳納，而以申請文件表明收足，或股東雖已繳納而於登記後將股款發還股東，或任由股東收回者，公司負責人各處5年以下有期徒刑、拘役或科或併科新臺幣50萬元以上250萬元以下罰金。

有前項情事時，公司負責人應與各該股東連帶賠償公司或第三人因此所受之損害。

第1項裁判確定後，由檢察機關通知中央主管機關撤銷或廢止其登記。但裁判確定前，已為補正或經主管機關限期補正已補正者，不在此限。

公司之設立或其他登記事項有偽造、變造文書，經裁判確定後，由檢察機關通知中央主管機關撤銷或廢止其登記。

商業會計法第71條

商業負責人、主辦及經辦會計人員或依法受託代他人處理會計事務之人員有下列情事之一者，處五年以下有期徒刑、拘役或科或併科新臺幣60萬元以下罰金：

一、以明知為不實之事項，而填製會計憑證或記入帳冊。

二、故意使應保存之會計憑證、會計帳簿報表滅失毀損。

三、偽造或變造會計憑證、會計帳簿報表內容或毀損其頁數。

四、故意遺漏會計事項不為記錄，致使財務報表發生不實之結果。

五、其他利用不正當方法，致使會計事項或財務報表發生不實之結果。

第十輯　證券交易法

　　樂透彩連槓數十期，男女老少彩迷瘋狂下注，錢財大家都愛，為錢賭性命，亦不乏其人。在經濟高度發達的複雜社會，處處充滿金錢遊戲，人人樂於對金錢的追逐，一夕致富，更是許多人的夢想，但君子愛財，應取之有道，取不義之財，司法應報，將隨之到來。

6-10-1　明修棧道暗渡陳倉[28]

案情概要： 徐大明係上市科技公司董事長，在經濟景氣低迷之際，為維持該公司股票在集中交易市場之價格，遂召開臨時董事會決議「買回公司股份」，實施庫藏股制度買回自家公司股票，公司於實施庫藏股期間共計買進二千股自家公司股票，且並未賣出。徐大明係為公司處理事務之人，知悉公司實施庫藏股，係為維護公司信用及股東權益所必要而買回，意圖為自己不法之利益，利用身為公司暨所屬關係企業負責人職務之機會，以子公司設於證券經紀商之帳戶，於實施庫藏股期間內賣出公司股票，致生損害於公司與公司債權人及股東權益。再大量買賣公司股票，明顯影響該公司股票交易價格，並因而獲得不法利益後，藉由子公司之科技公司設於證券經紀商之帳戶，掩飾、隱匿交易所得。

主要爭點

　　科技公司董事長利用其職務上之機會，以子公司名義大量買賣公司股

---

28 臺灣台北地方法院92年訴字第1902號判決參照。

票，意圖影響公司股票交易價格，並將獲取不法利益掩飾、隱匿。須證明
行為人明知以抬高或壓低有價證券之交易價格，於特定時間之異常交易行
為，透過其他帳戶進行洗錢之客觀具體事證，舉證涉及違反證券交易法及
洗錢防制法有關規定。

原告提出侵權主張

在證券交易所上市之有價證券，不得有意圖抬高或壓低集中交易市場
某種有價證券之交易價格，自行或以他人名義，對該有價證券，連續以高
價買入或以低價賣出之行為，牟取私人不法利益，受損害之公司與公司債
權人及股東，應提出權益受損主張。

一、依法向司法機關提出告訴，請司法機關依職權進行調查取證，並
予追訴。

二、科技公司之公司登記資料及有關帳冊資料。

三、臺灣證券交易所股份有限公司之投資人基本資料。

四、科技公司定期召開之董事會議紀錄資料。

五、科技公司發布之重大訊息資料、股票資金流向表、銀行轉帳傳
票、庫藏股明細表、銀行存摺等資料。

被告防禦抗辯攻防

一、證券交易市場價格隨時變化，要操作特定股票之高買及低賣證券
行為並非易事，個人無法一手遮天，股票買賣交易完全依照市場需求及股
東利益決定。

二、股票買賣交易所得，均於特定帳戶進行交易，無法對交易所得進
行掩飾、隱匿，無涉及洗錢問題。

結語

科技公司負責人意圖為自己不法所有，而致公司權益受損之行為，
屬刑法第342條第1項背信之犯罪行為。而操縱證券股價之行為，係屬涉嫌
高買及低賣證券之行為，屬證券交易法第171條第1項第3款之證券交易法
發行之有價證券公司之董事、監察人或經理人，意圖為自己或第三人之利

益，而為違背其職務之行為之特別背信罪名。

　　製造證券交易活絡表象及發布不實訊息行為，屬證券交易法第171條第1項第1款有關高買、低賣證券罪及製造證券交易活絡表象罪暨散布不實資料罪。

　　掩飾、隱匿高買及低賣證券交易所得之行為，係另觸洗錢防制法第11條第1項洗錢犯罪行為。

相關法條

證券交易法第171條

　　有下列情事之一者，處三年以上十年以下有期徒刑，得併科新臺幣1,000萬元以上2億元以下罰金：

　　一、違反第20條第1項、第2項、第155條第1項、第2項或第157條之1第1項之規定者。

　　二、已依本法發行有價證券公司之董事、監察人、經理人或受雇人，以直接或間接方式，使公司為不利益之交易，且不合營業常規，致公司遭受重大損害者。

　　三、已依本法發行有價證券公司之董事、監察人或經理人，意圖為自己或第三人之利益，而為違背其職務之行為或侵占公司資產。

　　犯前項之罪，其犯罪所得金額達新臺幣1億元以上者，處七年以上有期徒刑，得併科新臺幣2,500萬元以上5億元以下罰金。

　　犯第1項或第2項之罪，於犯罪後自首，如有犯罪所得並自動繳交全部所得財物者，減輕或免除其刑；並因而查獲其他正犯或共犯者，免除其刑。

　　犯第1項或第2項之罪，在偵查中自白，如有犯罪所得並自動繳交全部所得財物者，減輕其刑；並因而查獲其他正犯或共犯者，減輕其刑至二分之一。

　　犯第1項或第2項之罪，其犯罪所得利益超過罰金最高額時，得於所得利益之範圍內加重罰金；如損及證券市場穩定者，加重其刑至二分之一。

　　犯第1項或第2項之罪者，其因犯罪所得財物或財產上利益，除應發還

被害人、第三人或應負損害賠償金額者外,以屬於犯人者為限,沒收之。如全部或一部不能沒收時,追徵其價額或以其財產抵償之。

洗錢防制法第11條第1項

有第2條第1款之洗錢行為者,處五年以下有期徒刑,得併科新臺幣300萬元以下罰金。

刑法第342條

為他人處理事務,意圖為自己或第三人不法之利益,或損害本人之利益,而為違背其任務之行為,致生損害於本人之財產或其他利益者,處五年以下有期徒刑、拘役或科或併科1,000元以下罰金。

前項之未遂犯罰之。

6-10-2 金錢遊戲[29]

案情概要: 徐大明明知美商公司臺北辦事處未經設立登記,非經主管機關核准或向主管機關申報生效後,不得向不特定人出售所持有之未上市公司股票,及對不特定人公開招募。徐大明證券投顧公司登記之營業項目,並不包括有價證券買賣,不得居間出售未上市公司股票之業務。且證券商須經主管機關之許可及發給許可證照,方得營業。非證券商不得經營證券業務,徐大明任職之證券投顧公司並未經主管機關許可,依規定不能經營證券業務。徐大明基於出售名下美商公司股票目的,委由尚未登記完成的證券投顧公司僱用不知情業務人員對不特定人銷售,於客戶給付股金之前,先與客戶簽立股權轉讓契約書及確認書。並召開各式說明會,向與會之不特定人表示,美商公司預定在大陸地區設廠生產銷售、股票將上市等資

---

29 臺灣台北地方法院93年易字第96號判決參照。

訊，邀集社會大眾投資認股，甚至成為大陸特約經銷商，致不知情民眾受騙。

主要爭點

行為人以召開說明會方式，向不特定人招募，表示公司計畫設廠生產、股票將上市等資訊，邀集大眾投資認股，行為是否涉及不法，須舉證行為人自始即明知公司未經設立，依法不得經營證券業務，並無任何投資生產之具體行為，以證明行為人之不法意圖。

原告提出侵權主張

一、不特定民眾發覺有異後，為免遭受損失，向司法機關提出檢舉。

二、公司招攬民眾投資認股之說明會資料。

三、對於侵權之公司設立之在臺辦事處及證券投顧公司依法報請司法機關執行搜索，查扣股票換發函、股東持股數量、股務割流程資料、股東基本資料、香港公司臺北辦事處配股通知資料、股東名冊資料、股東轉讓契約書、股權轉讓確認書、股權轉讓認購書未寄回名單、確認書統計等資料。

四、買受美商公司股票，股款匯入帳戶之明細資料。

被告防禦抗辯攻防

一、股權買賣行為係屬單純民法上之財產權移轉，與證券交易法第22條規定之募集並不干涉。

二、證券交易法第7條規定募集謂發起人於公司成立前或發行公司於發行前，對非特定人公開招募有價證券之行為，未涉及任何募集行為，僅私人間之股權移轉行為，

三、公司係經過主管機關認許之公司，非未經登記設立之公司。

結語

外國之股票、公司債、政府債券、受益憑證及其他具有投資性質之有價證券，凡在我國境內募集、發行、買賣或從事上開有價證券之投資服

務，均應受我國證券管理法令之規範。未經主管機關准許非證券商不得經營證券業務。對不特定人公開招募及進行有價證券買賣，違反證券交易法及公司法規定。

相關法條

證券交易法第22條

有價證券之募集及發行，除政府債券或經主管機關核定之其他有價證券外，非向主管機關申報生效後，不得為之。

已依本法發行股票之公司，於依公司法之規定發行新股時，除依第43條之6第1項及第2項規定辦理者外，仍應依前項規定辦理。

第1項規定，於出售所持有之公司股票、公司債券或其價款繳納憑證、表明其權利之證書或新股認購權利證書、新股權利證書，而公開招募者，準用之。

依前三項規定申報生效應具備之條件、應檢附之書件、審核程序及其他應遵行事項之準則，由主管機關定之。

前項準則有關外匯事項之規定，主管機關於訂定或修正時，應洽商中央銀行同意。

證券交易法第44條

證券商須經主管機關之許可及發給許可證照，方得營業；非證券商不得經營證券業務。

證券商分支機構之設立，應經主管機關許可。

外國證券商在中華民國境內設立分支機構，應經主管機關許可及發給許可證照。

證券商及其分支機構之設立條件、經營業務種類、申請程序、應檢附書件等事項之設置標準與其財務、業務及其他應遵行事項之規則，由主管機關定之。

前項規則有關外匯業務經營之規定，主管機關於訂定或修正時，應洽商中央銀行意見。

證券交易法第175條

違反第18條第1項、第22條、第28條之2第1項、第43條第1項、第43條之1第2項、第3項、第43條之5第2項、第3項、第43條之6第1項、第44條第1項至第3項、第60條第1項、第62條第1項、第93條、第96條至第98條、第116條、第120條或第160條之規定者，處2年以下有期徒刑、拘役或科或併科新臺幣180萬元以下罰金。

證券交易法第179條

法人違反本法之規定者，依本章各條之規定處罰其為行為之負責人。

公司法第19條

未經設立登記，不得以公司名義經營業務或為其他法律行為。

違反前項規定者，行為人處1年以下有期徒刑、拘役或科或併科新臺幣15萬元以下罰金，並自負民事責任；行為人有二人以上者，連帶負民事責任，並由主管機關禁止其使用公司名稱。

財政部81年2月1日臺財證（二）第50778號函

財政部前依證券交易法第6條第1項之授權，核定「外國之股票、公司債、政府債券、受益憑證及其他具有投資性質之有價證券，凡在我國境內募集、發行、買賣或從事上開有價證券之投資服務，均應受我國證券管理法令之規範。

最高法院90年度臺上字第7884號裁判要旨

證券交易法第179條規定：法人違反本法之規定者，依本章各條之規定處罰其為行為之負責人，既規定係處罰「為行為」之負責人，非代罰之性質。

6-10-3 吸金大挪移

案情概要：徐大明係上市A科技股份有限公司之董事長，復以公司轉投資上櫃B科技公司之法人董事長。徐大明公司所投資之公司及子公司，已發生重大虧損情事，而對公司股票價格有重大影響，又因子公司為A公司之法人董事。是此A公司產生重大虧損情事，亦足以對B公司之股票價格產生重大影響，徐大明獲知重大利空消息，依證券交易法第157條之1之規定，其為該條所規範之公司內部人，在該消息未公開前，不得對該A公司、B公司等上市或上櫃之股票為買入或賣出，徐大明違反上開規定，並基於概括犯意，指示公司經理徐小明以股票人頭帳戶，連續將其該帳戶內之A公司、B公司等上市、上櫃之股票賣出獲取鉅額利益。

主要爭點

內線交易的認定要件為「實際知悉」，發行股票公司有重大影響其股票價格的消息時，在該消息「明確後」，未公開前或公開後「18小時」內，不得對該公司之上市或在證券商營業處所買賣之股票或其他具有股權性質之有價證券，自行或以他人名義買入或賣出。

內線交易案常見之企業併購，及母公司與子公司之交易行為，涉及之商業層面複雜廣泛，要舉證如何確認「消息成立的時間點」，才能論及違反證券交易法規定。

原告提出侵權主張

一、透過臺灣證券交易所股份有限公司勾稽了解是否有異常交易情形，並提報司法機關，啟動司法調查，蒐集具體不法事證。

二、由財團法人中華民國證券櫃檯買賣中心，對於股票賣出若發現有價量異常情形，追查了解賣出之帳戶，若與公司負責人有關，合理懷疑為公司內部人交易，透過向司法機關提出告發，追查不法交易。

被告防禦抗辯攻防

一、公司營運均屬正常，商場競爭激烈，一日數變，公司業績本來就

會受到大環境的影響有所波動，以公司未來會有虧損情事，推論將對子公司之股票會有價格產生重大影響，無事實之根據。

　　二、公司既然一切正常營運，對公司之上市或上櫃之股票為買入或賣出，屬商業上之正常行為，無涉違反證券交易法規定。

結語

　　行為人若經證明於獲悉重大影響公司股票價格之消息時起至消息公開後18小時內止，多次利用人頭帳戶買賣股票，涉及證券交易法第157條之1罪嫌。而多次買賣股票行為，係基於單一犯意，利用同一犯罪機會，接續多次行為，侵害單一法益，為接續犯。

　　行為人買進之股數與消息公開後價格上漲之變化幅度差額計算結果有正數之差額者，即屬內線交易之犯罪所得。

相關法條

證券交易法第157條之1

　　下列各款之人，實際知悉發行股票公司有重大影響其股票價格之消息時，在該消息明確後，未公開前或公開後十八小時內，不得對該公司之上市或在證券商營業處所買賣之股票或其他具有股權性質之有價證券，自行或以他人名義買入或賣出：

　　一、該公司之董事、監察人、經理人及依公司法第27條第1項規定受指定代表行使職務之自然人。

　　二、持有該公司之股份超過百分之十之股東。

　　三、基於職業或控制關係獲悉消息之人。

　　四、喪失前三款身分後，未滿六個月者。

　　五、從前四款所列之人獲悉消息之人。

　　前項各款所定之人，實際知悉發行股票公司有重大影響其支付本息能力之消息時，在該消息明確後，未公開前或公開後十八小時內，不得對該公司之上市或在證券商營業處所買賣之非股權性質之公司債，自行或以他人名義賣出。

違反第1項或前項規定者，對於當日善意從事相反買賣之人買入或賣出該證券之價格，與消息公開後十個營業日收盤平均價格之差額，負損害賠償責任；其情節重大者，法院得依善意從事相反買賣之人之請求，將賠償額提高至三倍；其情節輕微者，法院得減輕賠償金額。

第1項第5款之人，對於前項損害賠償，應與第1項第1款至第4款提供消息之人，負連帶賠償責任。但第1項第1款至第4款提供消息之人有正當理由相信消息已公開者，不負賠償責任。

第1項所稱有重大影響其股票價格之消息，指涉及公司之財務、業務或該證券之市場供求、公開收購，其具體內容對其股票價格有重大影響，或對正當投資人之投資決定有重要影響之消息；其範圍及公開方式等相關事項之辦法，由主管機關定之。

第2項所定有重大影響其支付本息能力之消息，其範圍及公開方式等相關事項之辦法，由主管機關定之。

第22條之2第3項規定，於第1項第1款、第2款，準用之；其於身分喪失後未滿六個月者，亦同。第20條第4項規定，於第3項從事相反買賣之人準用之。

最高法院96年度臺上字第7644號判決參照

行為人買進之股數與消息公開後價格漲跌之變化幅度差額計算，有正數之差額者，則其所加值之利益，仍屬內線交易之犯罪所得。

6-10-4 明知不可爲而爲[30]

案情概要：徐大明擔任生技股份有限公司總經理，負責主管職務，其明知經營證券投資信託事業、證券金融事業、證券投資顧問事業、證券集中保管事業或其他證券服務事業，及對非特定人公開招募出售所持有之公司股

---

30 臺灣桃園地方法院96年易字第226號判決書參照。

票，非經主管機關財政部證券暨期貨交易管理委員會之核准，不得為之；且證券商須經主管機關證期會之許可及發給許可證照方得營業，非證券商不得經營證券業務。竟利用「111人力銀行」、「104人力網站」刊登招募不知情之徐小明等人進入公司任職，並在員工新進人員教育訓練時要新進人員購買生技公司之未上市（櫃）股票，並作為評估晉升之考核方式，對員工及不特定對象銷售有價證券。

主要爭點

證券投資事業公司未經主管機關核准，對不特定人公開招募出售所持有之公司股票，復利用不知情員工，購買公司之未上市（櫃）股票，並向不特定對象銷售有價證券。要證明行為人犯罪事實，必須舉證主觀明知之犯意及客觀上向有關人員銷售公司未上市股票，與客戶間有關之往來匯款單、股票交易契約書、員工訓練資料、公司簡介資料及於媒體報導有關之公司上市資料，以判斷是否違反證券交易法有關規定。

原告提出侵權主張

員工發現以行銷方式及本身購買公司未上市（櫃）股票，作為員工考核之唯一依據，似與一般作為有異，發現自身權益可能受到損害，應依法尋求保障自我權利。

一、向司法調查機關提出告訴檢舉，訴求司法機關進行調查了解科技公司是否涉及不法，強調對於科技公司謀取利益，漠視國家法令禁止之行政事項，侵害國家法令威信，所為造成公司其他員工及不特定人財產上之損失。

二、向科技公司承購之未上市股票、匯款單，公司股票交易契約書，員工辦理公司股票投資分析之專案講習訓練資料。

三、科技公司簡介資料及報章雜誌關於公司上市狀況之有關報導資料。

四、公司持有未上市股票相關資料、匯款資料等。

被告防禦抗辯攻防

一、公司已向主管機關申請登記為合法之證券商，得以向非特定人公開招募出售所持有之公司股票。

二、公司員工均自願認同購買公司股票，且充分了解公司經營型態，並無以不實方法使員工銷售有價證券。

結語

行為人所為可能造成公司員工及社會上不特定人財產上之損失，且法令禁止自然人或未核准之公司，從事有價證券之承銷、買賣業務，主要在於保障人民在透明機制之市場上不受財產上之無端損害。利用不知情員工購買公司之未上市股票，並向不特定對象銷售有價證券，涉及證券交易法第179條、第175條、第44條第1項、第18條第1項罪嫌。

相關法條

證券交易法第18條

經營證券金融事業、證券集中保管事業或其他證券服務事業，應經主管機關之核准。

前項事業之設立條件、申請核准之程序、財務、業務與管理及其他應遵行事項之規則，由主管機關定之。

證券交易法第44條

證券商須經主管機關之許可及發給許可證照，方得營業；非證券商不得經營證券業務。

證券商分支機構之設立，應經主管機關許可。

外國證券商在中華民國境內設立分支機構，應經主管機關許可及發給許可證照。

證券商及其分支機構之設立條件、經營業務種類、申請程序、應檢附書件等事項之設置標準與其財務、業務及其他應遵行事項之規則，由主管機關定之。

前項規則有關外匯業務經營之規定，主管機關於訂定或修正時，應洽商中央銀行意見。

證券交易法第175條

違反第18條第1項、第22條、第28條之2第1項、第43條第1項、第43條之1第2項、第3項、第43條之5第2項、第3項、第43條之6第1項、第44條第1項至第3項、第60條第1項、第62條第1項、第93條、第96條至第98條、第116條、第120條或第160條之規定者，處二年以下有期徒刑、拘役或科或併科新臺幣180萬元以下罰金。

證券交易法第179條

法人違反本法之規定者，依本章各條之規定處罰其為行為之負責人。

6-10-5　先下手為強

案情概要：徐大明是股票上市公司科技公司之董事長，明知科技公司已發生財務危機，召開董事會時決議向地方法院聲請公司重整，該聲請公司重整之訊息屬有重大影響科技公司股票價格之消息，在上開消息未公開前，不得買入或賣出科技公司之股票。徐大明於獲知上開重大影響科技公司股票價格之利空消息後，竟於該消息未公開前，接續賣出科技公司所持有之公司股票，並將賣得之股款自金融行庫提領現金得款。之後始將該重整訊息公告於臺灣證券交易所股份有限公司之「公開資訊觀測站」予股市投資人知悉，致影響證券市場交易制度之公平性及有關投資人權益。

主要爭點

科技公司負責人明知公司財務發生危機，已「實際知悉」公司有重大影響其股票價格的消息，在該消息「明確後」，未公開前或公開後「18小時」內，不得對該公司之股票進行買賣，或其他具有股權性質之有價證

券,自行或以他人名義買入或賣出,須證明行為人實際知悉,該消息明確後,及相關的股票買賣事證。

原告提出侵權主張

公司董事、監察人、經理人、持有該公司股份超過百分之十以上之股東、基於職業或控制關係獲悉消息之人、自獲悉發行股票公司有重大影響其股票價格之消息時,在該消息未公開前,不得對該公司之上市或在證券商營業處所買賣之股票買入或賣出,避免影響證券市場交易制度之公平性及有關投資人權益,此即一般所謂之「內線交易」。基於「平等取得資訊理論」,在資訊公開原則下所有市場參與者,應同時取得相同之資訊,任何人先行利用,將違反公平原則。投資人權益受損,自可依法向司法機關提出告訴,追訴不法,可證明不法事證之資料如下:

一、科技公司召開董事會,決議向法院聲請公司重整之相關出席人員及會議紀錄資料。

二、科技公司向法院聲請公司重整之訊息公開後,公司股票成交價連續下跌及成交量之公司股票監視查核報告,證明公司重整訊息明顯屬公司財務之重要訊息,對於一般投資人之投資決定當有重要影響,足以影響公司之股票價格,即屬於重大影響該公司股票價格之消息。

三、公司董事長屬該公司之內部人,主觀上明知公司有重大利空消息,涉及公司之財務、業務或該證券之市場供求,對公司股票價格有重大影響,或對正當投資人之投資決定有重要影響之消息,應均屬證券交易法第157條之1第1項所稱之重大消息,在消息未公開前,不得買入或賣出公司之股票。

被告防禦抗辯攻防

一、科技公司於市場上進行股票買賣,為正常交易行為,並未於獲知上開重大影響科技公司股票價格之利空消息後,接續賣出科技公司所持有之公司股票。

二、公司已將財務實際狀況訊息公告於臺灣證券交易所股份有限公司之「公開資訊觀測站」予股市投資人知悉,無任何主觀上之犯意。

結語

行為人於實際知悉重大影響公司股票價格之消息時起至消息公開後18小時內止，進行買賣股票，涉及證券交易法第157條之1罪嫌。行為人買進之股數與消息公開後價格上漲之變化幅度差額計算結果有正數之差額者，即屬內線交易之犯罪所得。

相關法條

證券交易法第157條之1

下列各款之人，實際知悉發行股票公司有重大影響其股票價格之消息時，在該消息明確後，未公開前或公開後十八小時內，不得對該公司之上市或在證券商營業處所買賣之股票或其他具有股權性質之有價證券，自行或以他人名義買入或賣出：

一、該公司之董事、監察人、經理人及依公司法第27條第1項規定受指定代表行使職務之自然人。

二、持有該公司之股份超過百分之十之股東。

三、基於職業或控制關係獲悉消息之人。

四、喪失前三款身分後，未滿六個月者。

五、從前四款所列之人獲悉消息之人。

前項各款所定之人，實際知悉發行股票公司有重大影響其支付本息能力之消息時，在該消息明確後，未公開前或公開後十八小時內，不得對該公司之上市或在證券商營業處所買賣之非股權性質之公司債，自行或以他人名義賣出。

違反第1項或前項規定者，對於當日善意從事相反買賣之人買入或賣出該證券之價格，與消息公開後十個營業日收盤平均價格之差額，負損害賠償責任；其情節重大者，法院得依善意從事相反買賣之人之請求，將賠償額提高至三倍；其情節輕微者，法院得減輕賠償金額。

第1項第5款之人，對於前項損害賠償，應與第1項第1款至第4款提供消息之人，負連帶賠償責任。但第1項第1款至第4款提供消息之人有正當

理由相信消息已公開者，不負賠償責任。

第1項所稱有重大影響其股票價格之消息，指涉及公司之財務、業務或該證券之市場供求、公開收購，其具體內容對其股票價格有重大影響，或對正當投資人之投資決定有重要影響之消息；其範圍及公開方式等相關事項之辦法，由主管機關定之。

第2項所定有重大影響其支付本息能力之消息，其範圍及公開方式等相關事項之辦法，由主管機關定之。

第22條之2第3項規定，於第1項第1款、第2款，準用之；其於身分喪失後未滿六個月者，亦同。第20條第4項規定，於第3項從事相反買賣之人準用之。

證券交易法第171條

有下列情事之一者，處三年以上十年以下有期徒刑，得併科新臺幣1,000萬元以上2億元以下罰金：

一、違反第20條第1項、第2項、第155條第1項、第2項、第157條之1第1項或第2項規定。

二、已依本法發行有價證券公司之董事、監察人、經理人或受雇人，以直接或間接方式，使公司為不利益之交易，且不合營業常規，致公司遭受重大損害。

三、已依本法發行有價證券公司之董事、監察人或經理人，意圖為自己或第三人之利益，而為違背其職務之行為或侵占公司資產。

犯前項之罪，其犯罪所得金額達新臺幣1億元以上者，處七年以上有期徒刑，得併科新臺幣2,500萬元以上5億元以下罰金。

犯第1項或第2項之罪，於犯罪後自首，如有犯罪所得並自動繳交全部所得財物者，減輕或免除其刑；並因而查獲其他正犯或共犯者，免除其刑。

犯第1項或第2項之罪，在偵查中自白，如有犯罪所得並自動繳交全部所得財物者，減輕其刑；並因而查獲其他正犯或共犯者，減輕其刑至二分

之一。

　　犯第1項或第2項之罪，其犯罪所得利益超過罰金最高額時，得於所得利益之範圍內加重罰金；如損及證券市場穩定者，加重其刑至二分之一。

　　犯第1項或第2項之罪者，其因犯罪所得財物或財產上利益，除應發還被害人、第三人或應負損害賠償金額者外，以屬於犯人者為限，沒收之。如全部或一部不能沒收時，追徵其價額或以其財產抵償之。

最高法院91年度臺上字第3037號判決

　　內線交易之禁止，僅須內部人具備「獲悉發行股票公司有重大影響其股票價格之消息」及「在該消息未公開前，對該公司之上市或在證券商營業處所買賣之股票，買入或賣出」此二形式要件即成，並未規定行為人主觀目的之要件。故內部人於知悉消息後，並買賣股票，是否有藉該交易獲利或避免損失之主觀意圖，應不影響其犯罪之成立；且該內部人是否因該內線交易而獲利益，亦無足問，即本罪之性質，應解為即成犯（或行為犯、舉動犯），而非結果犯。

第十一輯　妨害電腦使用罪

電腦科技影響當代社會發展深遠，更左右人類的生活方式，我們很難想像，沒有電腦的日子，生活還過得下去嗎，對電腦科技的依賴感將更與日俱增。由於電腦的快速便捷特性，也讓有心人士利用電腦從事各類型的犯罪，妨害電腦使用即為當代的新興犯罪，身處於當代社會，為避免涉及侵權問題，應審慎運用電腦科技。

6-11-1　電腦神偷　暢行無阻[31]

案情概要：徐大明在科技股份有限公司擔任執行經理，負責控管公司電子郵件信箱之工作，離職後轉任徐小明科技股份有限公司經理後，為取得徐大明公司之營業資料，徐小明在新任公司之網路設備上網後，登入前公司之郵件伺服器。利用前公司在其離職後尚未變更郵件管理密碼之機會，輸入帳號及密碼，藉此讀取前公司董事長商業上往來之電子郵件，並取得前公司之資產負債表、業務往來報價單、產品規格表、客戶資料、進銷存貨明細表等營業秘密，下載至其個人之筆記型電腦後，將資料列印成冊，交予不知情的新任公司負責人分析使用。

主要爭點

行為人利用前公司在其離職後尚未變更郵件管理密碼之機會，輸入帳號及密碼，藉此讀取前公司之電子郵件，須證明無故取得他人電腦之電磁

---

31 臺灣桃園地方法院96年訴字第1290號判決書參照。

紀錄，致生損害於他人之具體事證，舉證涉及刑法第359條之無故取得他人電腦之電磁紀錄罪。

原告提出侵權主張

一、提出於員工勞工保險被保險人投保資料表、公司員工個人資料表、員工離職書資料及電腦管理資料，確認員工離職後，電腦消除離職登入密碼之時間。

二、向司法機關提出檢舉，請求查扣離職員工之電子郵件、桌上型電腦檔案資料、筆記型電腦電子郵件，並列印出被下載之進銷存貨明細表、資產負債表、公司損益表等有關資料。

三、提出電信公司數據通信客服中心回覆單暨所附公司伺服器主機紀錄彙整資料。

四、離職員工以電子郵件帳號、密碼，擅自登入原公司之郵件伺服器，藉此取得公司之營業資料，嚴重破壞網路安全，並使公司之營業資料外流，損害公司之商業競爭能力，更破壞產業倫理與競爭秩序。

被告防禦抗辯攻防

一、以個人未被取銷之帳號、密碼登入原公司電腦系統，並無任何損害電腦紀錄及損害他人之犯意。

二、登入原公司取得之資料，均為工商登記之公開資料，均可透過公開搜尋方式取得資訊，無損害於原公司之利益。

結語

行為人無故取得他人電腦之電磁紀錄罪，係觸犯刑法第359條之罪。行為人先後多次登入他人電腦伺服器，讀取他人電子郵件，其基於相同目的，於緊接之時間內，實施相同之犯罪行為，具有反覆、延續性行為之特徵，評價上應認係集合多數犯罪行為所成立之獨立犯罪型態「集合犯」，為包括一罪，論以一罪。

相關法條

刑法第359條

無故取得、刪除或變更他人電腦或其相關設備之電磁紀錄，致生損害於公眾或他人者，處五年以下有期徒刑、拘役或科或併科20萬元以下罰金。

6-11-2 通行密碼 毀屍滅跡

案情概要：徐大明為科技股份有限公司副理，負責公司鍍膜機相關電腦設備之管理維護，乃為公司處理事務之人。其明知附檔名為RCP之參數執行檔係供鍍膜設備生產使用，附檔名為LG1、LG2、LG3、LG4之參數，係記錄各次鍍膜製程中機臺之電壓、氣體流量、真空壓力特性品質及相關流程與參數圖等重要生產資料。未經公司同意，進入科技園區育成中心，以公司核發之通行碼開啟鍍膜設備之控制電腦，將電腦內負責量產之參數執行檔內容修改後，以同檔名回存，同時將附檔名為LG1、LG2、LG3、LG4之鍍膜製程監控參數及附檔名之參數執行檔刪除，使上開設備所建立之生產、研發、測試數據均無從查知，量產品質亦因參數執行檔修改而受影響，致公司受有損害。

主要爭點

行為人未經公司同意，以通行碼進入將電腦內之參數執行檔內容修改，造成公司量產品質受影響，致公司受有損害。須證明行為人無故進入電腦擅自修改參數資料，及造成量產品質不佳之因果關係，及公司受有損害之具體證據。

原告提出侵權主張

‥、提出通行碼檔案資料，進入電腦室之門禁記錄、檔案修改刪除電腦資料。

二、參數執行檔若屬於自行研發者,公司並未以口頭或書面與被告簽訂著作財產權之權利歸屬合約,既然是用公司的機器設備研發,研發後之著作財產權應該為公司取得所有。

被告防禦抗辯攻防

一、無背信及妨害電腦使用之故意及犯行,基於個人工作之習慣而例行性地刪除電腦檔案,且對於公司並無任何影響。

二、監控參數檔為鍍膜製程之紀錄,並無原創性,非著作之表達,依著作權法第3條第1項第3款規定,並無被保護之價值。且監控檔乃電腦產生結果之紀錄,並非使電腦產生一定結果之指令組合,檔案並無存在之價值,不會造成公司任何損失。

三、當事人進入公司以及修改、回存或刪除系爭參數,並不需要得到公司之同意,公司未規定修改或刪除檔案需向公司提出口頭報告、亦未規定所有的參數均要保留備用,當事人僅係執行工作時之微調行為,乃執行職務過程中之正當工作行為,並非違背任務之行為,無意圖損害公司利益,故無背信行為。

四、公司未能提出因為刪除參數所造成損害之因果關係及損害實例。

五、電腦內之系爭參數檔案刪除,僅止於將參數檔案移置至仍可隨時將之找回並復原之電腦資源回收筒內,並非將該參數刪除,完全不能復原之狀態。

六、參數並無智慧財產權,買儀器銷售時,原廠公司就必須提供參數給購買者,生產時還要再稍微做調整,每一部機器如何調整都不一樣,不可能有智慧財產權,參數沒有抄襲的問題,同樣的設備不同機器,參數仍會不同,必須調整、嘗試錯誤,將原先不好的參數加以刪除,對公司並無影響。

結語

行為人未經公司同意入侵他人電腦相關設備,係犯刑法第358條罪嫌,及同法第359條無故刪除及變更他人電腦相關設備之電磁紀錄罪。

相關法條

刑法第342條

為他人處理事務，意圖為自己或第三人不法之利益，或損害本人之利益，而為違背其任務之行為，致生損害於本人之財產或其他利益者，處5年以下有期徒刑、拘役或科或併科1,000元以下罰金。

前項之未遂犯罰之。

刑法第358條

無故輸入他人帳號密碼、破解使用電腦之保護措施或利用電腦系統之漏洞，而入侵他人之電腦或其相關設備者，處3年以下有期徒刑、拘役或科或併科10萬元以下罰金。

刑法第359條

無故取得、刪除或變更他人電腦或其相關設備之電磁紀錄，致生損害於公眾或他人者，處5年以下有期徒刑、拘役或科或併科20萬元以下罰金。

最高法院95年度臺上字第5671號判決

背信罪為目的犯，對於損害本人之利益，僅需對於未來予本人財產損害之事實，有容認其發生之認識即可。

最高法院85年臺上字第1113號判決

僅因處理事務之人怠於注意，致其事務生不良之影響，則為處理事務之過失問題，既非故意為違背其任務之行為，自不負罪責。

最高法院87年臺上字第1055號判決

刑法第342條之背信罪，以有取得不法利益或損害本人利益之意圖為必要，若無此意圖，即屬缺乏意思要件，縱有違背任務之行為，並致生損

害於本人之財產或其他利益，自難律以本條之罪。

最高法院87年臺上字第2450號判決

刑法上之背信罪，以損害本人之財產或其利益為構成要件之一，並以本人之財產或其他利益已否受有損害，為區別既遂與未遂之標準。

參考書目

一、中文部分

石東超，2003，網路犯罪偵查之搜索與扣押，網路犯罪與智權保護研討會論文集，第2頁，國立交通大學科技法律研究所編印。

李旦，1999，營業秘密之保護——關於客戶名單，智慧財產期刊，第120頁。轉引自湯文章，2008，勞工離職後競業禁止與營業秘密之保護，國立東華大學財經法律研究所碩士論文。

李湧清，1995，警察勤務之研究。桃園：中央警察大學出版社。

李傑清，2006，洗錢防制的課題與展望，第11-12頁，法務部調查局編印。

林山田，1986，電腦犯罪之研究，政大法學評論，第三十期，第45-48頁。

林山田，經濟犯罪與經濟刑法，1987，政大法學叢書。

林宜隆、林宗評，2003，兩岸網路犯罪相關法律之比較初探，學術研究暨實務研討會論文集，第269頁。

林宜隆，2003，網際網路與青少年保護之初探。網際空間：科技、犯罪與法律社會學術研究暨實務研討會論文集，第102頁、528頁。

林東茂，危險犯與經濟刑法，1986，五南圖書出版社。

林東茂，1997，刑法體系對於集團犯罪的回應，台灣法學會學報第18期，第187頁。

吳芙如，2003，網路犯罪之管轄權，網路犯罪與智權保護研討會論文集，第21-22頁。

周素嫻，2001，白領犯罪的定義與爭議，犯罪問題與刑事政策研討會，嘉義：中正大學。

洪漢周，2003，「新興詐欺犯罪趨勢與對策研究」，警學叢刊，34卷1期，第144頁。

侯崇文，2001，政策競爭通訊，第5卷第5期。

胡忠慈，2002，維繫經濟穩定──觀測我國與國際防制洗錢之努力，第119頁。

徐國楨，2008，揭開偵訊的神秘面紗──暴力篇，五南圖書出版股份有限公司。

許智誠，1989，營業秘密之立法趨勢與政策課題，法令月刊第11期，第100頁。

陳立中，1991，警察行政法。自印：第32-34頁。

陳金靜，2005，刑事警察人員核心職能與組織效能之研究。國立高雄師範大學成人教育研究所碩士論文。

陳志銘，1999，網路犯罪偵查之研究，臺灣臺南地方法院檢察署研究報告，第35-38頁。

陳松寅，2001，當前台灣地區洗錢犯罪之研究，中央警察大學行政警察研究所碩士論文。

理律法律事務所，2006，「九十二年六月六日立法院三讀通過新修正著作權法之附帶決議」研究，經濟部智慧財產局編印。

陳淑美，2005，我國著作權業務之現況與願景，著作財產權月刊第73期。

郭昭吟，2003，泛論網路犯罪之相關問題──以跳板攻擊為中心，網路犯罪與智權保護研討會論文集，第38-39頁，

黃朝義，論經濟犯罪的刑事法問題，1998，刑事政策與犯罪研究論文集（一），第140頁，法務部犯罪研究中心編印。

張夏萍，1997，洗錢犯罪及其防制措施之研究，中興大學碩士論文。轉引自同註6。

葉奇鑫，2001，常見電腦犯罪類型與法律對照表。

維基百科全書，2009，zh.wikipedia.org/wiki/洗錢。

蔡德輝、楊士隆，2001，犯罪學，第266頁，五南圖書出版社。

劉志鵬，2002，我國法院競業禁止法理之形成，行政院勞工委員會2002年10月4日研商「競業禁止條款」座談會，第22頁。

劉國讚，2007，專利舉發實務，第5頁，國立台灣大學科際整合法律學研

究所編印。

謝立功、蔡庭榕，2001，跨境犯罪偵查之理論與實務，行政院國家科學委員會補助專題研究計畫成果報告，第76頁。

謝立功，2003，兩岸洗錢現況與反洗錢規範之探討——兼論兩岸刑事司法互助，中央警察大學，第60頁。

謝銘洋，營業秘密之保護與管理，經濟部智慧財產局專利法網頁。

羅明通，2002，著作權法論，臺英國際商務法務事務所出版。

藍家瑞，2008，參加「亞太防制洗錢組織」第11屆年會（APG Annual Meeting 2008）出國報告，第20-29頁。

魏憶龍、林合民，2008，台海兩案實施智慧財產民事、刑事及行政訴訟三合一審理制度之比較評析，日新司法年刊第8期，第71頁，臺灣雲林地方法院檢察署印行。

二、政府出版品

司法院，2009，施政計畫綱要，審判行政。

法務部，1995，洗錢防制法草案補充報告，立法院司法財政委員會第2屆第5會期第1次聯席會。

法務部調查局，2008，經濟及毒品犯罪防制工作年報，第6頁，法務部調查局編印。

法務部調查局洗錢防制處，2008年，洗錢防制工作年報。

法務部統計處，2008，法務統計年報。

法務部統計處，2008，專題分析，侵害智慧財產權案件統計分析。

法務部統計處，2009。

法務部統計年報，2010，法務部統計處。

經濟部智慧財產局，2010，商標審查基準彙編五「混淆誤認之虞」審查基準。

最高法院30年上字第816號判例。

最高法院19年台上字第1530號判例。

最高法院76年台上字第4986號判例。

最高法院81年度台上字第1899號判決。

最高法院81年度台上字第2322號判決。

臺灣高等法院87年度勞上字第18號判決76。

臺灣高等法院88年度上易字第1461號刑事判決。

臺灣高等法院88年度重勞上字第5號判決。

臺灣高等法院95，上易，2287號判決。

臺灣桃園地方法院87年度訴字第263號判決。

臺灣臺北地方法院89年度重訴字第302號判決。

臺灣雲林地方法院89年度易字第237號刑事判決。

臺灣臺中地方法院90年度訴字第1825號判決。

臺灣桃園地方法院，90，易，2084號判決。

臺灣台北地方法院，92，訴，1902號判決。

臺灣桃園地方法院，92，易，87號判決。

臺灣高雄地方法院，92，訴，805號判決。

臺灣新竹地方法院，93，易，243號判決。

臺灣高雄地方法院，93，易，1462號判決。

臺灣台北地方法院，93，易，96號判決。

臺灣桃園地方法院，94，訴，2383號判決。

臺灣板橋地方法院，94，易，353號判決。

臺灣板橋地方法院，94，訴，452號判決。

臺灣桃園地方法院，95，桃簡，2012號判決。

臺灣臺中地方法院，96，易，4446號判決。

臺灣臺中地方法院，96，易，6333號判決。

臺灣臺中地方法院，96，中簡，299號判決。

臺灣新竹地方法院，96，自，16號判決。

臺灣台北地方法院，96，簡上，177號判決。

臺灣桃園地方法院，96，易，226號判決。

臺灣桃園地方法院，96，訴，1290號判決。

臺灣台北地方法院，97，簡，2822號判決。

臺灣板橋地方法院，97，易，2708號判決。

臺灣臺南地方法院，97，易，1395號判決。

智慧財產法院，98，刑智上易，85號判決。

智慧財產法院，98，刑智上易，48號判決。

三、新聞及網路資料

經濟部智慧財產局，http://naes.tnc.edu.tw/~wisdom/q-a.htm，智慧財產權Q
　　& A。

經濟部智慧財產權，2009，發明專利與實質審查，第二章，何謂發明。

經濟部智慧財產權，2009，第三篇，新式樣實體審查。

經濟部智慧財產權，2009，第四篇，新型形式審查。

經濟部智慧財產局，2010.Q & A。oldweb.tipo.gov.tw/copyright/
　　qaBookContent.asp。

四、英文部分

Clarke, R. and Cornish, D., 2000. Rational Choice, in R. Paternoster and R.
　　Bachman (Ed), Explaining Crime and Criminals: Essays in Contemporary
　　Criminological Theory, LA: Roxbury publishing Company.

W. H. Sutherland, "Whute-Collar Criminality." American Sociological Review
　　5:1, 1939.

U. N. Convention, Art. 3 (1)(b)(c)

Wolfgang & Ferracuti, 1967, p.104

國家圖書館出版品預行編目資料

科技與法律／徐國楨著. －－二版. －－臺北
市：五南，2014.03
　面；　公分
ISBN 978-957-11-7539-3（平裝）
1.科技管理　2.法規　3.論述分析
555.433　　　　　　　　　103002809

1UB3

科技與法律

作　　者－ 徐國楨（179.6）

發 行 人－ 楊榮川

總 編 輯－ 王翠華

主　　編－ 劉靜芬

責任編輯－ 宋肇昌

封面設計－ P. Design視覺企劃

出 版 者－ 五南圖書出版股份有限公司

地　　址：106台北市大安區和平東路二段339號4樓

電　　話：(02)2705-5066　　傳　真：(02)2706-6100

網　　址：http://www.wunan.com.tw

電子郵件：wunan@wunan.com.tw

劃撥帳號：01068953

戶　　名：五南圖書出版股份有限公司

台中市駐區辦公室/台中市中區中山路6號

電　　話：(04)2223-0891　　傳　真：(04)2223-3549

高雄市駐區辦公室/高雄市新興區中山一路290號

電　　話：(07)2358-702　　傳　真：(07)2350-236

法律顧問　林勝安律師事務所　林勝安律師

出版日期　2011年1月初版一刷
　　　　　2014年3月二版一刷

定　　價　新臺幣400元

※版權所有·欲利用本書內容，必須徵求本公司同意※